KiWi 187

Über das Buch
Seit seinem Erscheinen vor zweieinhalb Jahren hat sich das Ernährungsbuch der Kölner KATALYSE e.V. zu einem Klassiker entwickelt. In keinem vergleichbaren Buch werden in gleicher Gründlichkeit die Prinzipien einer gesunden Ernährung erläutert und praktische Anleitungen zur richtigen Ernährung gegeben. Das Buch steht mittlerweile nicht nur als unentbehrlicher Ratgeber in Zehntausenden von Haushalten, sondern wird in vielfacher Form im Bildungs- und Ausbildungsbereich eingesetzt.

Die KATALYSE e.V. führt seit Jahren Verbraucherberatungen (0221/232923) und Weiterbildungsveranstaltungen z.B. für die Verbraucherzentrale NRW durch. Weitere Arbeitsgebiete: Laboranalysen für Privathaushalte, Institutionen und Betriebe (z.B. Produktanalysen, Formaldehyd-Tests etc.).

Von der gleichen Autoren-Gruppe liegt in Ergänzung zum Ernährungsbuch der KiWi-Band 136 *Kinderernährung* vor.

Das Ernährungsbuch

Lebensmittel und Gesundheit

Herausgegeben von der Katalyse e. V.

Kiepenheuer & Witsch

Grafiken Frank Hoffmann
Fotos Schwarz-Weiß Verlag
Umschlag Manfred Schulz, Köln
nach einer Konzeption von Hannes Jähn
Gesamtherstellung Clausen & Bosse, Leck
ISBN 3 462 01957 0

Mitarbeiter

Michael Pickel
Eva Wandelt
Elisabeth Dümmer
Dorothee Hippe
Sebastian Hoffmann
Anke von Hollen
Helga Keil
Peter Pickel
Regine Rehaag
Thomas Schmülling
Martina Schneider

Inhalt

Vorwort

Zwei Trends bestimmen unseren Nahrungsmittelüberfluß: die »Edelfreßwelle« einerseits, auf der Suche nach immer neuen Gaumengenüssen, die dem verwöhnten Konsumenten schmackhaft gemacht werden sollen, Fast Food andererseits, auf dem besten Weg, zur Masseneinheitskost im hektischen Alltag zu werden. Obwohl diese Überflußsituation eigentlich die Chance bietet, qualitativ beste Lebensmittel in den richtigen Mengen zu produzieren, wird sie lediglich dazu genutzt, täglich neue Fertigprodukte auf den hart umkämpften Nahrungsmarkt zu werfen. Eine gesundheitliche Bewertung der meisten Produkte steht noch aus: Aus schierer Hilflosigkeit drückt man sich davor in Fachkreisen – für uns Grund genug, den Wert dieser Produkte anzuzweifeln und unter die Lupe zu nehmen.
Die Ernährungslage des Bundesbürgers spiegelt ein direktes Bild dieses Marktes wider: Quantitative Überernährung bei gleichzeitig qualitativer Unterernährung führt zu einer Zunahme ernährungsbedingter Krankheiten, die eigentlich gar nicht existieren müßten.
Diese Situation ist der Anlaß für unser Ernährungsbuch. Auf dem Hintergrund von Schadstoffen und Zusatzstoffen stellt sich für uns die Frage, was uns heute eigentlich als Lebensmittel verkauft wird, um herauszufinden, wo zwischen Lebensmittelproduktion, Lebensmitteltechnologie und Welthungerproblem der Weg verläuft, der uns und unsere Umwelt am erfolgversprechendsten schont.
Zu allem Überfluß sehen wir uns seit Mai '86 gezwungen, in besonderem Maße auch Radioaktivität als Risikofaktor zu berücksichtigen.
Mehr Kenntnisse darüber zu vermitteln, wie Ernährung funktioniert, und damit Grundlagen für eigene Entscheidungskompetenz zu schaffen, ist *eine* Konsequenz unserer Überlegungen, eine andere ist, zu zeigen, daß wir über unsere Ernährung vieles, was mit unserer Gesundheit geschieht, selbst beeinflussen können. Die meisten Ernährungskrankheiten treten nämlich nur auf, wenn man jahrelang einige grundlegende Ernährungsregeln grob mißachtet.

Das Resümee der uns bekannten Fakten über Lebensmittel und Gesundheit ist der Bewertungskatalog für Lebensmittel, der im zweiten Kapitel dieses Buches vorgestellt wird.
Mit diesem Beurteilungsschema ist jeder in der Lage, seinen gesunden »Warenkorb« selbst zusammenzustellen.
In diesem Sinne: Guten Appetit!

I. Fehlernährung macht uns krank

Der letzte Ernährungsbericht der Deutschen Gesellschaft für Ernährung (DGE) brachte es wieder einmal an den Tag:
Die Deutschen essen zu viel, zu fett, zu süß, zuviel Fleisch und gleichzeitig zu wenig: nämlich Vitamine, Ballaststoffe und bestimmte Mineralstoffe. Allgemein kann man von einer Unterernährung im Überfluß sprechen, denn bei einer im Grunde einseitigen Kost mit hoher Energiedichte kommt es zu einer niedrigen oder unausgewogenen Zufuhr an essentiellen Nährstoffen.
Manch einer hat vielleicht das Gefühl, sich nicht ganz richtig zu ernähren, weiß aber nicht genau, wieso und was er konkret ändern sollte.
Ein anderer leidet an einer Krankheit, ohne sie mit seiner Ernährung in Verbindung zu bringen. Mit Krankheit ist in diesem Falle jegliche Beeinträchtigung des körperlichen Wohlbefindens gemeint.
Daß Zusammenhänge zwischen Krankheiten und Fehlernährung bestehen, ist heute für eine ganze Reihe von Krankheiten unbestritten, und daß gerade diese Krankheiten die Todesstatistiken anführen, sollte zu denken geben – für uns Grund genug, uns hier zu diesem Thema zu äußern.
Die Zuordnung einzelner Erkrankungen zu einzelnen Nahrungsbestandteilen ist natürlich einseitig und fragwürdig. Nicht nur Organe und Teile des Körpers stehen in Wechselwirkung zueinander, sondern auch die Bestandteile unserer Nahrung.
Das ganze Paket der Ernährung und Lebensgewohnheiten bedingt oder begünstigt ein ganzes Paket an »Zivilisationskrankheiten«. Je nach Veranlagung, individueller Gewohnheit und Konstitution drückt sich eine Fehlernährung in verschiedenen Erkrankungen zuerst aus.
Der Zusammenhang wird oft deshalb nicht wahrgenommen, weil die Frist zwischen Fehlernährung und dem Auftreten der Erkrankung durchschnittlich 20 Jahre beträgt. Das rührt daher, daß der menschliche Körper aufgrund seiner Anpassungsfähigkeit relativ lange braucht, um auf Ernährungsfehler mit einer ersten Erkrankung zu reagieren. *Zivilisationserkrankungen einseitig auf eine Ursache zurückzuführen, z. B. lediglich Zucker oder Schweinefleisch für Ernährungskrankheiten verantwortlich*

zu machen, ist daher völlig falsch. Eine geringe Anzahl von Menschen, die trotz Fehlernährung und allerlei ungesunden Lebensgewohnheiten auch im hohen Alter noch kerngesund sind, hat es sicherlich schon immer gegeben. Das sind jedoch Ausnahmen, und ob gerade Sie zu dieser Gruppe gehören, wissen Sie zweifelsfrei erst mit 95.

Herz und Kreislauf

Arteriosklerose oder Arterosklerose

Unter Arteriosklerose versteht man eine degenerative Veränderung der Arterienwand. Nach WHO-Definition handelt es sich bei Arteriosklerose um eine Kombination von Veränderungen der Arterieninnenwand. Lipide, besonders Cholesterol und freie Fettsäuren, komplexe Kohlenhydrate und Blutbestandteile sind herdförmig angehäuft. An diesen Stellen kommt es zur Bildung faserigen Gewebes und Kalkanlagerungen (daher auch die volkstümliche Bezeichnung »verkalken«!). Die Arterien werden enger und unelastisch. Ihre Innenwände sind nicht mehr glatt, sondern besonders an den Engstellen rauh, was das Anlagern von Blutplättchen und Lipoproteinen fördert. Durch Thromben (Pfropfbildung) kann es rasch zu Gefäßverschlüssen kommen. Durch den Gefäßverschluß eines den Herzmuskel versorgenden Gefäßes kommt es zur Unterversorgung mit Sauerstoff und anschließend zum Untergang von Herzmuskelgewebe. Häufigste und für den Erkrankten unangenehmste Folge ist der Herzinfarkt.

Eine weitere Folgeerkrankung ist der Schlaganfall oder Hirnschlag.

Herz- und Kreislauferkrankungen sind mittlerweile in den Industriestaaten die häufigste nicht-natürliche Todesursache gerade im mittleren Lebensalter. Von Herzinfarkt sind am häufigsten Männer betroffen. Unter Herzinfarktforschern besteht weitgehend Einigkeit darüber, daß Fehlernährung der Hauptauslöser für Arteriosklerose und ihre Folgeerkrankungen ist. Über die Bedeutung der einzelnen Fehlernährungs*bestandteile* herrscht allerdings weitgehend Uneinigkeit. Wir wollen im folgenden einige Ursachenkomplexe und Wechselwirkungen aufzeigen. *Der Herzinfarkt tritt häufig bei einer Ernährung mit hohem bis überhöhtem Energiegehalt (durch zuviel Zucker und Fett), überhöhtem Fleischkonsum (zuviel*

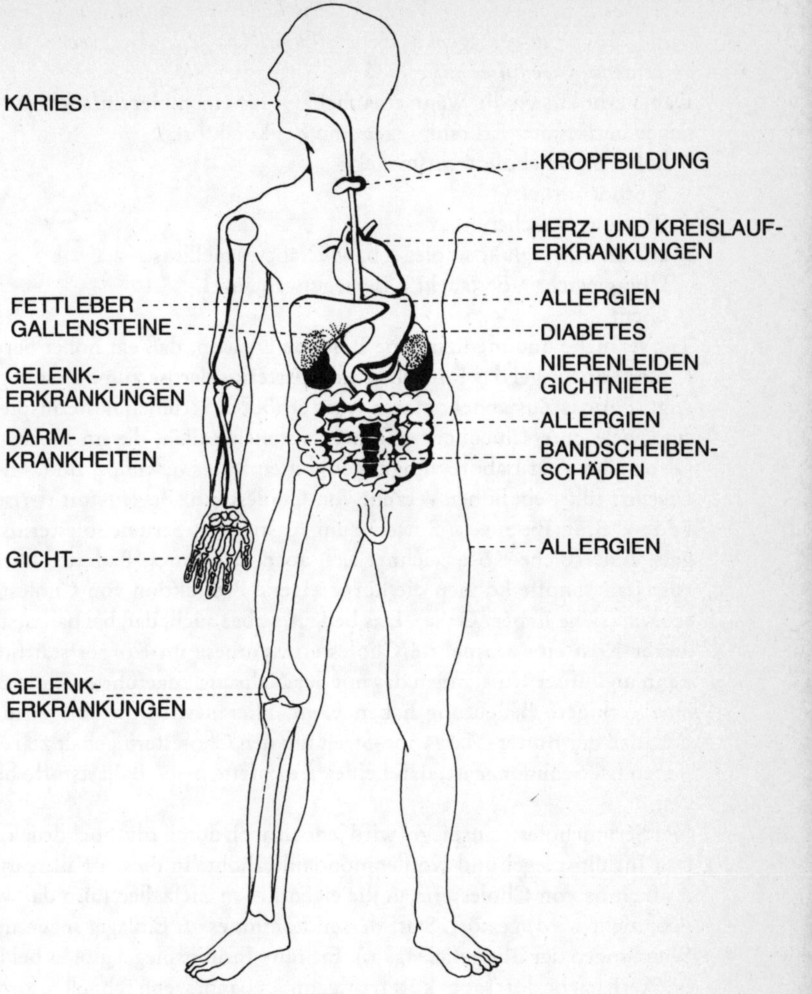
KARIES
KROPFBILDUNG
HERZ- UND KREISLAUF-ERKRANKUNGEN
ALLERGIEN
FETTLEBER
GALLENSTEINE
DIABETES
NIERENLEIDEN
GICHTNIERE
GELENK-ERKRANKUNGEN
ALLERGIEN
DARM-KRANKHEITEN
BANDSCHEIBEN-SCHÄDEN
GICHT
ALLERGIEN
GELENK-ERKRANKUNGEN

tierisches Eiweiß), hohem Verzehr tierischer Fette (zu viel Cholesterin) in Verbindung mit niedrigem Ballaststoffanteil (zu geringer Verzehr an Vollgetreide und Gemüse) auf.

Dabei erhöht sich die Wahrscheinlichkeit für einen Herzinfarkt bei Vorliegen bestimmter Erkrankungen und Risikofaktoren:

- hoher Serumcholesterinspiegel
- Bluthochdruck
- Zigarettenrauchen
- erhöhter Blutglukosespiegel bzw. Diabetes mellitus
- Übergewicht / Fettsucht / Bewegungsmangel
- Gicht

Tierversuche und medizinische Befunde ergaben, daß ein hoher Serumcholesterinspiegel das Entstehen einer Arteriosklerose zumindest begünstigt. Für das Zustandekommen eines erhöhten Serumcholesterinspiegels sind viele unterschiedliche Faktoren verantwortlich, die im Normalfall (also nicht unter Laborbedingungen) miteinander verknüpft sind. Mit Sicherheit führt ein hoher Verzehr von Cholesterin (Begleitstoff tierischer Fette z. B. in Ei, Speck, Butter) zum Anstieg des Serumcholesterinspiegels. Eine solche Kost zeichnet sich aber auch durch Ballaststoffarmut aus; Ballaststoffe können die körpereigene Produktion von Cholesterin senken (siehe Leber / Galle). Das bedeutet aber auch, daß bei ballaststoffarmer Kost eine vermehrte Cholesterinsynthese im Körper stattfinden kann und unter Umständen das mit der Nahrung zugeführte Cholesterin eine geringere Bedeutung haben *kann.* Hieran wird im übrigen deutlich, daß der Butter-Margarine-Streit um den Cholesteringehalt zu relativieren ist. Schlimmer ist, daß beide Streichfette *keine* Ballaststoffe besitzen.

Der Serumcholesterinspiegel wird jedoch auch durch Bluthochdruck, hohen Insulinspiegel und Kohlenmonoxid erhöht. In diesen Fällen ist die Aufnahme von Cholesterin in die eigentlichen Zielzellen (also da, wo es gebraucht wird) gestört. Statt dessen kommt es zu Einlagerungen in die Wandungen der Blutgefäße (s. o.). Erhöhte Insulinspiegel gibt es bei Diabetikern (siehe dort) aber kurzfristig immer dann, wenn schnell resorbierbare Kohlenhydrate wie Haushaltszucker oder Traubenzucker verzehrt werden. Zu Belastungen durch Kohlenmonoxid führt insbesondere Inhalieren von Zigarettenrauch (auf Lunge rauchen); zusätzlich kann die gefäßverengende Wirkung des Nikotins Gefäßverengungen verschlimmern und dadurch auch einen Herzinfarkt auslösen.

Kleiner Exkurs: Fette und fettähnliche Stoffe werden im Blut von sogenannten Lipoproteinen, Transporteiweißen, befördert. Füllt man Blutserum in ein Gefäß, so steigen die Lipoproteine mit höherem Fettanteil nach oben, während die anderen weiter unten bleiben. Deshalb bezeichnet man diese Lipoproteine als Lipoproteine hoher (mit niedrigem Fettanteil), niedriger (mit hohem Fettanteil) und sehr niedriger Dichte. Auf gut deutsch folglich HDL (high density lipoprotein), LDL (low density lipoprotein) und VLDL (very low density lipoprotein).
Bei Arteriosklerose ist der Anteil an LDL erhöht, der an HDL erniedrigt. Die HDL sollen nach neueren Untersuchungen einer Arteriosklerose entgegenwirken. Durch geringe Mengen Alkohol soll der Anteil an HDL steigen. Dieser Effekt ist aber nur bei körperlich inaktiven Männern zu beobachten, nicht jedoch bei Sportlern. Da Bewegungsmangel an sich jedoch schon riskant ist, muß sicher körperlicher Betätigung gegenüber Alkohol der Vorzug gegeben werden.

Bei den weiteren Risikofaktoren ist schwierig zu unterscheiden, was Ursache und was Wirkung ist.
Personen mit hohem Harnsäurespiegel (siehe Gicht) verzehren in aller Regel zuviel tierisches Eiweiß (Fleisch und Eier) und damit automatisch auch Cholesterin.
Auch übergewichtige Personen essen entweder zuviel (oder haben irgendwann zuviel gegessen) und nehmen damit auch zuviel »ungesunde« Nahrung zu sich und / oder bewegen sich zu wenig. *Ausreichende körperliche Bewegung kann nämlich dem Auftreten von ernährungsbedingten Krankheiten entgegenwirken.* Nach Wendt führt eine Überernährung an tierischem Eiweiß zu Einlagerungen in den Gefäßmembranen und begünstigt dadurch Arterioskleroseentstehung. Ein hoher Verzehr von isolierten Kohlenhydraten (Zucker aller Färbungen, Weißmehl, Honig, süße Säfte) ist zumindest indirekt Ursache von Arteriosklerosebildung, weil er zwangsläufig auf ballaststoffarmer Kost beruht.
Der Zusammensetzung des Nahrungsfettes kommt noch eine weitere Bedeutung zu: Die mehrfach ungesättigte Linolsäure ist Vorstufe von Hormonen und anderen Substanzen, die mit der Thrombocytenaggregation zu tun haben, d. h. mit der Verklumpung von Blutplättchen, die am Zustandekommen von Infarkten beteiligt sind. Eine vermehrte Linolsäurezufuhr (über kaltgepreßte Pflanzenöle) hemmt über eine optimale Synthese der Prostaglandine, Prostacycline und Thromboxane die beim Infarkt gefährlich erhöhte Gerinnungsaktivität und wirkt damit herzschützend.

Hypertonie (Bluthochdruck)
In der BRD leiden etwa 15 % der Gesamtbevölkerung an erhöhtem Blutdruck, d. h. der Blutdruck liegt *dauernd* über 160 zu 95 mm Hg. Die Übergänge zwischen Normal-Blutdruck und Hypertonie sind fließend und altersabhängig, die Diagnose ist grundsätzlich Sache des Arztes. Bluthochdruck ist deshalb so gefährlich, weil er zu Gefäßschädigungen aller Art führen kann, die wiederum Herzinfarkt fördern oder zu Erblindungen führen können. Etwa 15–20 % der Erkrankungen sind sogenannte sekundäre Hypertonien, d. h. sie sind die Folge anderer Erkrankungen. Am häufigsten in dieser Gruppe ist der von Nierenerkrankungen hervorgerufene Bluthochdruck. Weitere Verursacher sind Funktionsstörungen von Hormondrüsen und Gefäßanomalien.
Den Hauptanteil (80 %) stellen die sogenannten primären oder essentiellen Hypertonien, deren Ursache letztlich unbekannt ist. Die »Fachleute« sprechen von einer multifaktoriellen Genese, d. h., viele Ursachen können zum Auftreten, Manifestwerden eines Bluthochdrucks beitragen. Häufiges Auftreten in der Familie deutet auf eine erbliche Komponente hin. Bei einer solchen Veranlagung führen Umweltfaktoren, besonders eine erhöhte Kochsalzzufuhr, aber auch psychische Faktoren, zum Ausbruch der Erkrankung.
Bei der Untersuchung größerer Bevölkerungsgruppen sind jedenfalls Zusammenhänge zwischen dem Auftreten von Bluthochdruck und einer erhöhten Natriumchloridzufuhr (Kochsalz) festgestellt worden:
Naturvölker haben meist eine relativ niedrige Kochsalzzufuhr (max. 5 g). Je niedriger die Kochsalzzufuhr liegt, desto niedriger liegt die Rate an Bluthochdruckerkrankten. Die höchste Hypertonierate von fast 40 % findet man folgerichtig in Nordjapan bei einem mittleren täglichen Kochsalzverzehr von ca. 30 g / Tag.
Chinesische Ärzte hatten schon vor 4000 Jahren einen Zusammenhang zwischen Kochsalzverzehr und Bluthochdruck beobachtet: In Texten aus dieser Epoche wurde beschrieben, daß zu viele gesalzene Speisen den Puls hart machten und zu Schlaganfall führen konnten. Im Verlauf der Menschheitsgeschichte war Kochsalz ein »knappes« Gut, wie das Bestehen alter Salzhandelsstraßen u. ä. zeigt. Das Überleben des Menschen ist von Gesichtspunkten der Evolution her wahrscheinlich eher auf Salzmangel als auf Salzüberschuß eingerichtet. Zur Entstehung eines Bluthochdrucks bei hoher Kochsalzzufuhr besteht folgende Theorie: Entscheidend für den Bluthochdruck ist das Natrium-Ion aus dem Kochsalz (NaCl). Der Na-

triumspiegel im Körper wird durch ein Ausscheidungs- und Rückresorptionssystem in der Niere reguliert. Bei Natriumempfindlichkeit ist dieses Niveau höher eingestellt, so daß eine größere Menge Natrium rückresorbiert wird und ein höherer Natriumgehalt der Körperzellen erreicht wird. Das bewirkt unter anderem stärkere Kontraktionen der Gefäßwandmuskulatur. Werden Blutgefäße stärker zusammengepreßt, verengt sich ihr Querschnitt, folglich steigt der Druck. Von Bedeutung ist jedoch nicht allein die Natriumzufuhr, sondern das Natrium-/Kaliumverhältnis in der Nahrung. Natrium und Kalium sind in vielen Körperfunktionen Antagonisten (Gegenspieler). Ein im Verhältnis hoher Kaliumkonsum wirkt blutdrucknormalisierend.

Eine Nahrung mit hohem Natriumgehalt ist in aller Regel arm an Kalium: Besonders unangenehm fallen hier die gängigen Fast-Food-Gerichte auf, auch Gemüsekonserven und Wurst.

Relativ häufig tritt eine Hypertonie bei (tatsächlich) Übergewichtigen auf, wobei unklar bleibt, was Ursache ist und was Wirkung. Ein Faktor könnte die höhere Nahrungsaufnahme sein: Dabei wird bei üblicher Ernährung auch zuviel Kochsalz gegessen.

Teilweise haben Hypertoniker einen regelrechten Salzhunger. Kliniker berichten, daß die Patienten mit höchsten Blutdruckwerten oft auch den höchsten Salzverbrauch haben.

Dieser Salzhunger ist aber keineswegs angeboren, sondern durch Eßgewohnheiten erworben. Bei niedriger Kochsalzzufuhr kann die Geschmacksschwelle des Menschen für salzige Nahrungsmittel um eine ganze Zehnerpotenz absinken (von 0,011 mol auf 0,001 mol), d. h., nach einer (unterschiedlich langen) Umgewöhnungszeit schmeckt auch ein »salzloses« Essen wieder salzig genug. Für akzeptabel wird ein Salzverzehr von 3–5 g pro Tag gehalten, der Bundesbürger nimmt aber durchschnittlich die 3–4fache Menge täglich zu sich.

Karies

Karies (Zahnfraß) ist keineswegs eine Fluormangelkrankheit, wie es uns Hersteller von Fluortabletten etc. gerne glauben lassen möchten, sondern eindeutig zurückzuführen auf einen übermäßigen Verzehr niedermolekularer Kohlenhydrate, bestens bekannt ist Zucker. Unterstützt wird der Zahnfraß durch mangelhafte Mundhygiene. Also: nichts Süßes und richtiges Zähneputzen = keine Karies! Ganz einfach – sollte man glauben, jedoch der Anteil 94–100 % Kariöser spricht für sich!

Kariesentstehung:

Etwa vier Stunden nach dem Zähneputzen bildet sich aus Speichel und Abbauprodukten der Nahrung ein Belag. Dieser Belag dient Bakterien als Haft- und Nahrungsgrundlage, welche ihrerseits den Belag »ausbauen«. Schon nach zwei Tagen ist der Belag (Plaque) so fest, daß er nur durch intensives Putzen mit der Bürste entfernt werden kann.

Die Plaque-Bakterien bauen niedermolekulare Kohlenhydrate zu organischen Säuren ab, und diese Säuren greifen dann die Zahnhartsubstanz an (etwas ganz ähnliches geschieht übrigens, wenn Sie ihre Kaffeemaschine mit Ameisen- oder Essigsäure entkalken!).

Wenn der harte Schmelz zerstört ist, greift der Zahnfraß schnell auf das weiche Zahnbein über; in diesem Fall fängt es schnell an zu schmerzen (und Geld zu kosten!).

Nach jeder Zuckerzufuhr steigt die Säureproduktion der Plaquebakterien stark an und geht erst nach etwa dreiviertel Stunden auf das Ausgangsniveau zurück. Häufiges Essen kleinerer Mengen Süßigkeiten (also eine Tafel Schokolade auf den Tag verteilt) wirkt also wie ein Dauerangriff auf den Zahnschmelz.

Normalerweise nimmt die Zahnoberfläche aus dem Speichel Calciumsalze auf. Diese »Remineralisierung« von außen, welche theoretisch eine Zahnentkalkung wieder beheben kann, wird meistens durch den Plaque behindert. Dieser nimmt hingegen das Calcium selbst auf und wird dadurch fester und haftet noch besser (Zahnstein).

Alle klebrigen niedermolekularen Kohlenhydrate sind mehr oder weniger kariogen, Honig genauso wie Zucker (aller Färbungen) und Limonaden. Die Ausbildung von Plaques und die Bakterienzusammensetzung sind abhängig von der Nahrungszusammensetzung. Es ist naheliegend, daß Beläge bei faserreicher Kost (Vollkorn, Gemüse) kaum Gelegenheit haben, sich auszubilden, da sie regelrecht weggesäbelt werden. Die säureproduzierenden Bakterien sind in gewisser Weise auf niedermolekulare Kohlenhydrate (Zucker, Traubenzucker, Fruchtzucker) und Auszugsmehle angewiesen; fehlen diese entweder ganz oder werden sie nur selten verzehrt, gibt es nur bescheidende Bakterienansammlungen, die nur wenig »anstellen« können.

Verschiedene Außenseiter der Medizin und Zahnheilkunde machen unsere Ernährungsgewohnheiten für weitere Gebißschäden und besonders für die Fehlstellungen der Zähne in Folgegenerationen verantwortlich. Wenngleich dies von seiten der Schulmedizin bestritten wird, ist es nicht völlig von der Hand zu weisen: Ernährungsfehler und mangelnde Vitalität werden zuerst an »unwichtigen« Körperorganen spürbar.
Fluoride haben tatsächlich bei der Schmelzbildung eine karieshemmende Wirkung. Statt Hydroxylapatit wird teilweise das härtere Fluorapatit gebildet; der Zahn wird dadurch widerstandsfähiger. Die Schmelzbildung ist jedoch spätestens bei Durchbruch der bleibenden Zähne abgeschlossen. Beim Erwachsenen entfällt mithin die Zahnhärtung. Eine positive Wirkung von Fluoriden ist dann, wenn überhaupt vorhanden, nur sehr gering.
Eine entsprechende Ernährung und verbesserte Mundhygiene sind erfolgversprechender und für den ganzen Menschen sicherlich gesünder als Fluoridverabreichungen jeder Art.

Erkrankungen der Verdauungsorgane

Appendizitis (»Blinddarmentzündung«)
Die Bedeutung von Ernährungsfaktoren für die Entstehung von Blinddarmentzündungen sind umstritten. Epidemiologische Studien weisen jedoch auf einen Zusammenhang zwischen einem niedrigen Ballaststoffverzehr und der Häufigkeit einer akuten Appendizitis hin. Bei Bevölkerungen mit hohem Ballststoffverzehr sind »Blinddarm«entzündungen (nicht der Blinddarm ist entzündet, sondern der Wurmfortsatz) extrem selten.

Colitis ulcerosa
Man versteht hierunter eine mit Geschwürbildung einhergehende Entzündung der Dickdarmschleimhaut. Die Ursache der Erkrankung ist unbekannt, es wird aber angenommen, daß ein niedriger Verzehr von Ballaststoffen das Auftreten begünstigt.

Morbus Crohn oder Enteritis regionalis
Morbus Crohn ist eine Darmentzündung unbekannter Ursache, die den

gesamten Verdauungstrakt befallen kann. Seit Jahren wird in den Industriestaaten eine Häufigkeitszunahme von Morbus Crohn beobachtet. Als begünstigende Faktoren werden der zunehmend hohe Verzehr von Zucker- und Weißmehlprodukten und der kontinuierlich abnehmende Ballaststoffverzehr diskutiert.
Eine schwedische Untersuchung glaubt einen Zusammenhang zwischen einem hohen Margarineverzehr und der Morbus-Crohn-Häufigkeit festgestellt zu haben.
Weiterhin wird der Ersatz von Muttermilch durch Kuhmilch in der Säuglingsernährung in Zusammenhang mit der Entstehung von Morbus Crohn, aber auch Colitis Ulcerosa, diskutiert.

Divertikulose

Divertikel sind kleine sackartige Ausstülpungen der Dickdarmwand, besonders im absteigenden Bereich des Dickdarms.
Als Folgeerkrankung kann es zu einer Entzündung der Divertikelwand, begleitet von starken Schmerzen, kommen, zur sogenannten Divertikulitis.
Auch das häufige Auftreten von Divertikulose (bei ca. 50 % der Personen über 60 Jahren) wird mit dem Verzehr von ballaststoffarmer Ernährung erklärt. In Ländern mit hohem Ballaststoffverzehr ist die Divertikulose extrem selten. In Deutschland war sie um die Jahrhundertwende noch nahezu unbekannt.
Bei einer ballaststofffreien Ernährung ist der Druck im Dickdarm (intraluminös) relativ hoch und stülpt wahrscheinlich die Schleimhaut im Bereich von Schwachstellen aus.

Verstopfung: ein Volksleiden

Von einer Verstopfung oder vornehmer »Obstipation« spricht man, wenn der Darm seltener als alle 2–3 Tage entleert wird. Sonstige Synonyme sind Hartleibigkeit und Darmträgheit. Nach Angaben der Deutschen Gesellschaft für Ernährung sind 30 % der Bevölkerung obstipiert. Es wird geschätzt, daß über 60 % der Erwachsenen »verstopft« sind, wobei die Verteilung weiblich / männlich bei 2 : 1 liegt. Wie viele es nun genau sind, ist letztendlich nicht so entscheidend, jedenfalls wurden 1975 / 76 in der BRD Abführmittel im Wert von 130 Mio. DM gekauft! Nach der Kostendämpfung im Gesundheitswesen stieg die Nachfrage nach Abführtees und Kleieprodukten enorm an.

Die Ursache ist eigentlich ganz einfach: Eine ballaststoff- und faserarme Ernährung ergibt automatisch geringes Stuhlvolumen und geringe Defäkationsreize. Wird der Kot länger angehalten, verhärtet er sich, und die damit verbundenen unangenehmen Empfindungen verleiten dazu, den Zeitpunkt der Entleerung noch weiter hinauszuschieben. Der Darm gewöhnt sich daran und »verschlafft« regelrecht. Die Darmperistaltik (Eigenbewegungen, die den Wegtransport des Darminhaltes fördern) wird geschwächt. Wird dann mit Abführmitteln Abhilfe geschaffen, kommt ein circulus vitiosus in Gang: Der Darm wird immer träger, und das Geschäft kann am Ende nur noch mit Abführmitteln bewerkstelligt werden! Schon im Mittelalter hatten die Menschen einen Horror autotoxicus, eine Angst vor der Selbstvergiftung aus dem zurückgehaltenen Kot. Wie Sie schon am Geruch feststellen können, entstehen bei einer langen Verweildauer des Kots im Darm einige nicht unbedenkliche Abbauprodukte. Bei Verweildauern von mehreren Wochen ist daher tatsächlich eine Selbstvergiftung wahrscheinlich. Möglicherweise bestehen auch Zusammenhänge zwischen Allergien und Darmträgheit. Das rechtfertigt aber in keinster Weise den oben beschriebenen Abführmittelgebrauch und -mißbrauch. Der Darmträgheit darf nicht mit Gewalt zu Leibe gerückt werden, sondern nur mit einer Ernährungsumstellung.

Nierenerkrankungen

Die Überernährung mit Eiweiß wird von verschiedenen Klinikern für das Ansteigen der Nierenerkrankungen und insbesondere für im Alter nachlassende Nierenleistung verantwortlich gemacht: Nach einer eiweißreichen Mahlzeit steigen die harnpflichtigen Substanzen im Blut an, und die Nieren reagieren mit einer Funktionssteigerung: Die Durchblutung der Nieren und die Filtrationsleistung steigen erheblich an. Diese Fähigkeit der Niere zur kurzfristigen Leistungssteigerung unter hoher Proteinzufuhr wird damit erklärt, daß in der Entwicklung des Menschen früher eine hohe Eiweißzufuhr über Fleisch nur phasenweise erfolgte. Heute noch essen »primitive« Jägervölker große Mengen Eiweiß, wenn es ihnen gelungen ist, Beute zu machen, und dann wochen- oder auch monatelang nur noch Samen und Wurzeln. Auch traditionelle bäuerliche Bevölkerungen essen nur an sogenannten Schlachttagen viel Eiweiß (Fleisch). In den westlichen Industrieländern wird durch den konstant hohen Verzehr an tierischem Eiweiß den Nieren praktisch dauernd die Höchstleistung abverlangt, ohne ihnen Erholungsphasen zu gönnen. Diese dauernde Überforderung soll chronische Nierenerkrankungen und besonders Glomerulosklerose (»Verkalken« der Nierenfunktionseinheiten) begünstigen (Nierensteine siehe bei Gicht).

Leber und Galle

Fettleber

Eine häufige ernährungsabhängige Lebererkrankung ist die Fettleber. Normalerweise machen die Fette weniger als 5 % des Leberfeuchtgewichtes aus. Steigt der Anteil auf etwa 10 %, spricht man von einer mäßigen, ab 25 % von einer ausgeprägten Fettleber. Im Extremfall kann der Anteil eingelagerten Fettes über 50 % liegen. Ursachen für eine Fettleber können sein: Alkoholismus, Überernährung, Eiweißmangel, Vergiftungen (bestimmte Pharmaka und Pflanzenschutzmittel).

Die häufigste Form ist die sogenannte Mastfettleber. Bei zu energiereicher Ernährung (zu viele Kalorien über Alkohol, Weißbrot, Nudeln, Süßigkeiten) kommt es in der Leber zu einer gesteigerten Neusynthese von Triglyceriden (Fetten). Ausgangsmaterial sind jedoch nicht das Nahrungsfett, sondern die Kohlenhydrate. Da Kohlenhydrate, welche nicht zur Energiegewinnung verwendet werden, nur in geringer Menge gespeichert werden können, werden sie in Glycerol umgewandelt und dann mit Fettsäuren zu Triglyceriden verestert.

Häufig kommt eine Fettleber auch beim Typ 2 Diabetiker vor (siehe Diabetes). Ursache ist jedoch nicht der Diabetes, sondern die zu kalorienreiche Ernährung; sie verursacht sowohl die Fettleber als auch den Diabetes. Erfreulicherweise bildet sich die Mastfettleber bei einer Normalisierung des Körpergewichts zurück. Eine alkoholische Fettleber bildet sich bei dauernder hoher Alkoholzufuhr, nicht jedoch bei »Quartalssäufern«. Ein Beispiel: Nimmt man täglich 160 g reinen Alkohol zu sich, das entspricht etwa zwei Flaschen Wein, so findet sich nach drei Wochen bereits eine Fettleber. Ursache der alkoholischen Fettleber:

Der Alkoholabbau (in der Leber) liefert die Ausgangssubstanzen für die Fettsäuresynthese (Acetyl-CoA und $NADH_2$), so daß eine vermehrte Fettsäuresynthese stattfindet. Gleichzeitig wird durch verschiedene Wechselwirkungen sowohl der Abbau von Fettsäuren (die ß-Oxidation) als auch der Abtransport von Triglyceriden in die Peripherie gehemmt. Das Fett bleibt regelrecht in der Leber hängen. Sowohl die Mastfettleber als auch die alkoholische Fettleber können über Übergangsstufen in eine Leberzirrhose (Schrumpfleber) übergehen.
Die Mangelfettleber, die sich bei einem Mangel an essentiellen Aminosäuren (z. B. bei ausschließlicher Maisernährung) in der Nahrung ausbildet, hat derzeit in Europa keine Bedeutung.

Gallensteine

Die Gallenwege sind das Ausscheidungsorgan der Leber in den Verdauungstrakt und müssen deshalb im Zusammenhang mit der Leber gesehen werden. Die Leber ist nämlich das Zentrum des Stoffwechsels. Die Gallenflüssigkeit enthält Gallensalze, Bilirubin, Cholesterin und Phospholipide. Bei Konzentrationsänderungen einiger dieser Komponenten können Bilirubin oder Cholesterin oft in Verbindung mit Calciumsalzen auskristallisieren. Diese Kristalle bilden die Grundlage der Steinbildung oder Lithogenese.
Die Gallenflüssigkeit wird sowohl bei einer erhöhten Cholesterinkonzentration als auch bei einer gesenkten Konzentration an Gallensalzen lithogen, d. h., sie neigt zur Kristallisation. Ursachen und Auslöser der Gallensteinbildung sind vielschichtig und letztendlich ungeklärt. Fest steht nur:
In Ländern mit hohem Lebensstandard und westlicher Ernährung ist die Gallensteinhäufigkeit höher als in anderen Gebieten. In der BRD ist die Gallensteinhäufigkeit seit dem 2. Weltkrieg stark angestiegen.
Ballaststofffreie Ernährung, die dafür reich an Stärke und Zucker war, führte in Tierversuchen zu einer Verminderung der Gallensalzsynthese in der Leber und damit zu einer lithogenen Gallenflüssigkeit. Zuerst ändert sich also der Leberstoffwechsel, dann erst kann es zu einer Gallensteinbildung kommen.
Untersuchungen darüber, ob eine ballaststoffreiche Kost einen Einfluß auf die Zusammensetzung der Gallenflüssigkeit beim Menschen habe, kamen zu folgendem Ergebnis:
Bei Gallensteinträgern mit zu hoher Cholesterinkonzentration in der Gal-

lenflüssigkeit würde sich diese schon nach 6-wöchigem Verzehr von täglich 30 g Weizenkleie vermindern.

Durch Versuche mit radioaktiv markierten Gallensäuren konnte auch der Wirkungsmechanismus aufgeklärt werden:
Die mit dem Gallensaft abgegebenen primären Gallensäuren werden im Dickdarm von Bakterien umgebaut. Es entstehen sekundäre Gallensäuren, die zumindest teilweise resorbiert werden und in den Leberstoffwechsel gelangen. Weizenkleie verringert die Resorption der sekundären Desoxycholsäure (die aus der primären Cholsäure entsteht). Die Konzentration von Desoxycholsäure sinkt damit in der Leber. In hohen Konzentrationen hemmt Desoxycholsäure die Produktion von Chenodesoxycholsäure, einer primären, in der Leber gebildeten Gallensäure. Diese Hemmung fällt nun aus, es kommt also zu einer gesteigerten Produktion von Chenodesoxycholsäure. Diese hemmt wiederum ein Schlüsselenzym der Cholesterinsynthese in der Leber und damit die Cholesterinsynthese selbst. Damit ändert sich die Zusammensetzung der Gallenflüssigkeit. Wahrscheinlich wird auch der Serumcholesterinspiegel sinken, auf den das endogene, also das vom Körper selbst gebildete Cholesterin, den größten Einfluß hat. Bruker bezeichnet ja nicht umsonst die Gallensteine als einen Vorboten der Arteriosklerose (siehe Arteriosklerose).

Hier wird deutlich, daß die Stoffwechselvorgänge des Menschen ineinander greifen und kleine Änderungen an einer Stelle große Auswirkungen an einer ganz anderen Stelle haben, daß auch die Erkrankungen immer im Zusammenhang und nicht isoliert betrachtet und behandelt werden dürfen.

Arthritis urica oder Gicht

Gicht ist eine Störung des Harnsäurestoffwechsels. Die Anlage zur Gicht ist erblich, zum Auftreten der Erkrankung kommt es jedoch erst durch Ernährungsfehler.
Das Nahrungseiweiß enthält neben den Aminosäuren, die zu Harnstoff abgebaut und in dieser Form ausgeschieden werden, auch geringe Mengen an Purinen. Das sind stickstoffhaltige Basen, die u. a. Bestandteil der DNA (Träger der Erbsubstanz) sind (Adenin, Guanin, Inosin). Da die DNA im Zellkern lokalisiert ist, sind folglich alle zellkernreichen Gewebe (Leber, Innereien, Bries) relativ purinreich.

Die überschüssigen Purine aus der Nahrung, aber auch körpereigene, werden zu Harnsäure abgebaut und größtenteils über die Niere ausgeschieden.
Die Harnsäure und ihre Salze, die Urate, sind aber nur schlecht löslich. Wenn die Konzentration 8 mg/l Körperflüssigkeit überschreitet, kommt es zu Ausfällungen, besonders in den Gelenken. Die Kristalle werden dann von Leukocyten phagocytiert (gefressen), die aber wegen der Scharfkantigkeit der Kristalle zugrunde gehen. Dadurch werden intrazelluläre Enzyme und Entzündungshormone frei. Zu dem mechanischen Reiz durch die Kristalle kommt also eine schmerzhafte Entzündung. Die besonders häufige Entzündung des Großzehengrundgelenkes nennt man Podagra.
Die Harnsäure kann auch im Nierenmark ausfallen (Gichtniere) und zur Nierenzerstörung führen oder auch einen nierenbedingten Bluthochdruck auslösen.
Früher galt Gicht als eine Krankheit der Reichen, weil sie nur bei einer an Kalorien überreichen Ernährung bei gleichzeitig hohem Anteil an tierischem Eiweiß (über Fleisch, Eier etc.) manifest wird. In Notzeiten ist Gicht extrem selten. Bei Gichtkranken ist das Ausscheidungsvermögen der Niere für Harnsäure (Clearance) verringert. Kommt es dann zu einer erhöhten Purinzufuhr mit der Nahrung, kann die Niere die vermehrte Harnsäuremenge nicht mehr ausscheiden, und es kommt zu den oben beschriebenen Auskristallisierungen.
Ein Gichtanfall kann jedoch auch durch einen vermehrten Anfall an körpereigenen Purinen, beispielsweise wenn beim Fasten Körpersubstanz abgebaut wird, ausgelöst werden.
Bewegungsmangel und überkalorische Ernährung begünstigen das Auftreten von Gicht. Alkohol senkt zusätzlich das Ausscheidungsvermögen der Niere für Harnsäure.
Männer erkranken wesentlich häufiger an Gicht als Frauen. Das Erkrankungsverhältnis beträgt 20:1. Die Erkrankungszahl liegt bei etwa 2% der Bevölkerung.
Häufig ist eine manifeste, primäre Gicht von folgenden Erkrankungen begleitet: Übergewicht, Nierensteine, Bluthochdruck, Fettleber, Störungen im Kohlenhydratstoffwechsel, Arteriosklerose.
Kurz zusammengefaßt: Eine Ernährung mit hohem Anteil an tierischem Eiweiß, wie bei uns in der BRD üblich, kann bei genetisch Prädisponierten Gicht auslösen. Alkoholgenuß wirkt dabei begünstigend. Ob man

diese Anlagen geerbt hat, weiß man sicher erst dann, wenn die Beschwerden auftreten.
Pflanzliche Eiweiße und Milch haben aufgrund der niedrigen Zellkerndichte viel niedrigere Puringehalte und lösen deshalb in aller Regel keine Gicht aus (wenn nicht viel zu viel davon, etwa in Form pflanzlicher Eiweißkonzentrate, gegessen wird!). Tee und Kaffee führen übrigens entgegen einer weit verbreiteten Ansicht nicht zu einer Harnsäureerhöhung.

Diabetes mellitus (Zuckerharnruhr)

Diabetes ist in erster Linie eine Störung des Glukose(Zucker)-Stoffwechsels, die aber auf alle anderen Stoffwechselbereiche Auswirkungen hat. Meßbare Anzeichen sind:
Der Blutglucosespiegel liegt teilweise erheblich über dem Normalwert von 70–120 mg %. Wird die sogenannte Nierenschwelle von 160 mg % überschritten, so kommt es zum Übertritt von Zucker in den Urin (Glucosurie). Daher auch der Name.
Man unterscheidet zwei Typen dieser Stoffwechselerkrankung, den Typ 1 (oder jugendliche Diabetes) und den Typ 2 (Erwachsenen-Diabetes).
Zuerst zu dem nicht ernährungsabhängigen Typ 1, auf den wir nur kurz eingehen. Aus bisher noch unbekannter Ursache (diskutiert werden Infektionen und Autoimmunerkrankungen) kommt es zu einer plötzlichen Schädigung der Beta-Zellen der Pankreas (Bauchspeicheldrüse) und damit zu einem absoluten oder völligen Mangel an Insulin. Bei dieser Erkrankung *muß* lebenslang mit Fremdinsulin substituiert werden! Durch ausgeglichene Ernährung kann jedoch der Stoffwechsel so eingestellt werden, daß möglichst geringe und gleichbleibende Insulindosen benötigt werden. Dazu ist selbstverständlich eine entsprechend angepaßte Vollwertkost geeignet (in Absprache mit dem Arzt). Es muß aber entschieden vor Versuchen gewarnt werden, die Insulinspritze durch irgendwelche Heildiäten zu ersetzen. Solche Versuche sind für den insulinpflichtigen Diabetiker in höchstem Maße lebensgefährlich.

Exkurs in die Biochemie (Stoffwechselsteuerung durch Insulin): Insulin ist ein von den Beta-Zellen der Bauchspeicheldrüse gebildetes Hormon. Erst wird eine

inaktive Vorstufe gebildet, aus der das eigentliche Insulin entsteht und auf Vorrat gespeichert wird.
Rezeptoren auf den Beta-Zellen reagieren hochempfindlich auf kleine Änderungen der Glukosekonzentration im Blut: Steigt nach einer Mahlzeit der Blutzuckerspiegel an, wird innerhalb von Sekunden Insulin ausgeschüttet, und der Blutzuckerspiegel sinkt wieder. Eine hohe Insulinkonzentration hemmt die Ausschüttung (feed back). Auch die Streßhormone hemmen die Insulinausschüttung. Mit der Insulinausschüttung wird gleichzeitig die Produktion des hormonellen »Gegenspielers« Glukagon unterdrückt.
Das ausgeschüttete Insulin hat eine ganze Reihe wichtiger Stoffwechselfunktionen: In Muskel- und Fettgewebe reagiert das Insulin mit einem Rezeptor der Zellmembran und bewirkt, daß die Zellen vermehrt Glukose aufnehmen. In dem ruhenden Muskel erfolgt eine Glukoseaufnahme nur unter Insulineinwirkung, während Arbeit den Insulineinfluß teilweise überflüssig macht.
Durch die gesteigerte Aufnahme sinkt der Blutzuckerspiegel rasch wieder ab. Diese Wirkung von Insulin kann durch Spuren von Chrom (dreiwertig) gesteigert werden. Das heißt, daß Chrom die Toleranz des Stoffwechsels für hohe Zuckerzufuhren erhöht. Chrom ist unter anderem im Zuckerrohr enthalten, jedoch nicht mehr in Zucker. Insulin wirkt auf den eigentlichen Zuckerstoffwechsel dadurch ein, daß es die Glukokinase, ein Schlüsselenzym der Glykolyse (Zuckerabbau zu Energie) und der Glykogensynthese (Bildung von körpereigenem Reservezukker), aktiviert. Bei Insulinabwesenheit wird praktisch keine Glukokinase gebildet. Für Fruktose gibt es ein spezielles eigenes Enzym. Deshalb kann auch bei Insulinmangel eine begrenzte Menge Fruktose »verstoffwechselt« werden.
Weiterhin steigert Insulin die Fettsäuresynthese und die Proteinbiosynthese.
Bei Insulinmangel kann also trotz hohen Angebotes an Nahrungsenergie diese nicht verwendet werden. Zudem ist die Regulation anderer Stoffwechselkreise gestört. Akute Folge ist das Coma diabeticum, das durch die Folgen der Fehlregulation ausgelöst wird und tödlich enden kann.

Der Typ 2 Diabetiker verfügt im Gegensatz zu Typ 1 über eine normale, oft sogar gesteigerte Insulinproduktion. Man spricht auch vom relativen Mangel.
Die Anlage zum Typ 2 Diabetes wird offensichtlich vererbt, zum Auftreten der Krankheit kommt es aber nur durch Ernährungsfehler! Die Krankheit tritt meist nach dem 40. Lebensjahr schleichend auf, und zwar relativ häufiger bei Frauen als bei Männern. Sehr häufig besteht ein Übergewicht. Vorher wird häufig eine Phase verminderter Glukosetoleranz durchlaufen. Eine dauernd erhöhte Insulinausschüttung durch hyperkalorische Ernährung und hohen Anteil schnell resorbierbarer Kohlenhydrate wird die Anzahl der membrangebundenen Rezeptoren auf den Zielzellen (s. o.) verringern. Man könnte auch sagen, daß sie abstumpfen und unempfind-

lich werden. Damit werden die Insulinwirkungen auf den Kohlenhydratstoffwechsel teilweise bis ganz verringert, die Wirkung auf die anderen Stoffwechselprozesse bleibt jedoch erhalten. Da der hohe Blutzuckerspiegel aber einen Reiz zur andauernden Insulinausschüttung bildet, machen die Beta-Zellen irgendwann auch »schlapp«: Es kommt dann zum Insulinmangel.

Durch Reduzierung des Körpergewichts, richtig ausgeglichene Ernährung und körperliches Training sind Typ 2 Diabetiker fast immer zu normalisieren. Fassen Sie das aber nicht als Anleitung zur Selbstbehandlung auf, auch der Typ 2 Diabetiker bedarf unbedingt medizinischer Kontrolle!

In Ländern mit traditioneller Ernährung ist Diabetes mellitus realtiv selten. In Europa sank die Zahl der Diabetiker in sogenannten Mangeljahren stark ab.

Wird ein Diabetes nicht behandelt, so kann es außer zu dem erwähnten diabetischen Koma zu einer ganzen Reihe unerfreulicher Folgeerkrankungen kommen.

Die hohe Zuckerkonzentration im Harn begünstigt Harnblasen und Nierenentzündungen. Eine besonders unangenehme Folgeerkrankung ist die diabetische Angiopathie, eine arteriosklerotische Gefäßveränderung, die besonders die Endabschnitte des Arteriensystems befällt. Besonders betroffen sind Auge, Niere und Zehen.

Bei den Augen führt die schlechte Durchblutung von verminderter Sehkraft bis zur Erblindung. Die diabetische Glomerulosklerose (Verkalken der Nierenfunktionseinheiten) führt erst zu Bluthochdruck (das ist dann eine sekundäre Hypertonie) und später zum Ausfall des Organs. Im Bereich der Zehen kann es zu Gangrän (fressendes Geschwür an abgestorbenem Gewebe) kommen, was eine Amputation derselben nach sich zieht.

Degenerative Gelenkerkrankungen

Der Anteil der Personen mit Bandscheibenerkrankungen, Gelenkschäden (Meniskusriß) u. ä. scheint ständig zu steigen. Neben unserer gesamten Lebensweise mit Fehlbeanspruchung und Fehlhaltung kommen besonders eine nichtoptimale Versorgung mit essentiellen Nährstoffen als auslösende Faktoren in Betracht.

Da der Körper bei schlechten Versorgungszuständen die lebenswichtigeren Organe besser versorgt, werden weniger lebenswichtige wie das Bindegewebe, zu dem Gelenkknorpel und Bandscheiben gehören, in solchen Fällen benachteiligt. Das Bindegewebe deckt seinen Energiebedarf wie die roten Blutkörperchen und das Zentralnervensystem (vorwiegend) aus Glukose und ist damit auf die Anwesenheit von Thiamin (Vitamin B 1) (hauptsächlich in Vollkorn, aber auch in Leber und Schweinefleisch vertreten) als wirksamen Bestandteil eines Schlüsselenzyms angewiesen. Eine suboptimale Versorgung mit Vitamin B 1, wie sie in der BRD offensichtlich recht häufig existiert, kann zu einer schlechten Ernährung des Bindegewebes und damit zu größerer Empfindlichkeit der Bandscheiben und Gelenkknorpel führen. Auch eine schlechte Versorgung mit anderen Vitaminen, besonders mit Ascorbinsäure (Vitamin C), begünstigt eine solche Bindegewebsdegeneration. Falsch ist die verbreitete Ansicht, die o. a. Körperteile würden durch Belastung »verschleißen«. Der menschliche Körper ist kein Automobil, das nach einer gewissen Kilometerzahl verschlissen ist. Im Gegenteil, gerade wenn der Körper zu wenig belastet wird, kommt es zu Abbauerscheinungen. Nicht gebrauchte Muskeln atrophieren (schwinden), wenig benutzte Gelenke werden steif. Entsprechende körperliche Bewegung (in vernünftigen Grenzen) und richtige Ernährung sind die einzigen Maßnahmen, einem vorzeitigen Abbau vorzubeugen. Ein extremes Beispiel für das »wie« der Betätigung stellen übrigens Gewichtheber dar: Obwohl diese Menschen ja ungeheure Lasten bewegen, sind bei Gewichthebern normalerweise Bandscheibenschäden unbekannt. Die Lasten werden nämlich mit geradem Rücken unter Ausnutzung der Beinmuskulatur zur Hochstrecke gebracht. Untersuchungen an Landarbeitern, bei denen Bandscheibenschäden viel häufiger waren (und sind), zeigten, daß Lasten vorwiegend mit dem Rücken gehoben und bei gekrümmter Wirbelsäule getragen werden. Durch diese »Fehlhaltung« ist der Verschleiß dann nur noch eine Frage der Zeit!

Im Zuge der Änderung der Eßgewohnheit in Richtung Fast Food ist auch eine längst überwunden geglaubte, echte Vitaminmangelkrankheit unter neuem Namen wiederaufgetaucht.

In den USA beobachtete man eine Form des klinischen Thiaminmangels, früher als Beri-Beri bekannt, welche man Junk-food-disease (Sucht-fraßkrankheit) nannte.

Beri-Beri war früher vor allem in Asien nach der Einführung des polierten Reises aufgetreten. Neben allgemeinen Beschwerden wie Gewichtsverlust, Herzbeschwerden, Muskelschmerzen kommt es zu einer Degeneration des peripheren und zentralen Nervensystems, die sich zuerst durch psychische Labilität, Nervosität und Konzentrationsstörungen bemerkbar macht. Bei dem fraglichen Vitamin handelt es sich um dasselbe wie oben: nämlich Vitamin B 1 oder Thiamin, für das Vollkorn Hauptlieferant ist.

Alkoholismus

Alkohol ist eine staatlich legitimierte und gesellschaftlich anerkannte Droge. Nicht das Trinken an sich, sondern nur das »aus der Rolle fallen« wird von der Gesellschaft verachtet. Deshalb sind die Übergänge von Schwachtrinkern/innen (1–40 g reiner Alkohol pro Tag: 76 % der Bevölkerung der BRD!) zu Starktrinker/innen (mehr als 80 g Alkohol pro Tag: 3 % der Bevölkerung) fließend.
Die Gründe für Alkoholmißbrauch sind vielfältig; oft spielen psychische Krisen eine Rolle.
Nur in wenigen Fällen ist sozialer Abstieg die Folge von Alkoholismus; häufig bleibt diese Krankheit der Umgebung jahrelang verborgen. Die Abhängigen führen nach außen hin ein mehr oder weniger normales Leben und gestehen nicht einmal sich selbst ein, abhängig zu sein.
Man unterscheidet fünf Typen von Alkoholkonsumenten und -konsumentinnen:
1. Alpha-Typ: Alkohol wird getrunken, um Konflikte zu bewältigen.
2. Beta-Typ: Zu bestimmten Gelegenheiten wird getrunken.
3. Gamma-Typ: Es besteht physische und psychische Abhängigkeit.
Der Genuß kleiner Alkoholmengen hat unkontrolliertes Trinken zur Folge.
4. Delta-Typ: »Spiegeltrinker«: Ein bestimmter Blutalkoholspiegel wird durch kontinuierliches Trinken aufrechterhalten.
5. Epsilon-Typ: »Quartalssäufer«: Trinkexzesse treten in größeren Zeitabständen auf.
Bei übermäßigem Alkoholkonsum wird ein Teil des Energiebedarfs durch Alkohol gedeckt. Hier fehlen aber notwendige Mineralstoffe und Vitamine. Häufig (z. B. bei Vitamin B 1, auch Thiamin genannt) ist auch die

Resorption gestört, so daß dadurch der Vitaminmangel noch verstärkt wird. Organschäden beruhen zum großen Teil auf der Anreicherung von Acetaldehyd, vor allem in der Leber. Bei großem Alkoholkonsum bildet sich viel Acetaldehyd, das erste Abbauprodukt. Es wirkt toxisch auf die Mitochondrien (Kraftwerke der Zelle).

Auf die alkoholische Fettleber wurde vorne schon eingegangen, zu erwähnen bleibt, daß die individuelle Empfindlichkeit der Leber sehr unterschiedlich ist: Frauen erkranken schon durch viel kleinere Alkoholmengen als Männer (Frauen bei täglich ca. 20 g, Männer bei ca. 60 g reiner Alkoholmenge).

Weitere Organe, die durch überhöhte Alkoholmengen geschädigt werden, sind: Bauchspeicheldrüse, Speiseröhre und Magen. Hochprozentige Getränke schädigen die Schleimhäute. Das Karzinomrisiko (vor allem im Mund; Kehlkopf und Speiseröhre) ist erhöht: Alkoholiker leiden häufig an chronischem Magen-Darm-Katarrh mit Erbrechen und Appetitlosigkeit. Außerdem kommt es zu Stoffwechselstörungen und Bluthochdruck. Kinder von Alkoholikerinnen kommen häufig mit zu geringem Gewicht zur Welt. Bei der Wirkung von Alkohol auf das zentrale Nervensystem unterscheidet man zwischen der kurzfristigen Wirkung, der durch chronischen Mißbrauch (oft nicht mehr zu heilen) und den Entzugserscheinungen bei einer Unterbrechung der Alkoholzufuhr um 1–2 Tage. Kurzfristig wirkt Alkohol dämpfend und erregend; dabei ist bei Alkoholikern die Toleranz erhöht (entsprechend wirken auch einige Medikamente, wie z. B. Beruhigungsmittel, bei ihnen schwächer). Bei chronischem Alkoholmißbrauch kommt es zu Leistungsabfall, Schlafstörungen, Impotenz, Realitätsverlust, Polyneuropathien (Nervenkrankheiten, hauptsächlich durch die Fehlernährung verursacht) und Korsakowscher Psychose (Störungen der Merkfähigkeit, Verblödung). Bei Alkoholentzug können Zittern, Halluzinationen und Delirium tremens (Sinnestäuschung: »weiße Mäuse sehen«, Krämpfe, Verkennungen von Ort und Zeit) auftreten. Die Entgiftung sollte unter klinischer Überwachung geschehen. In mehr als 90 Ländern gibt es bereits über 30 000 Selbsthilfegruppen von Alkoholabhängigen, die Anonymen Alkoholiker (AA). Als Voraussetzung für die Mitgliedschaft ist nur der Wunsch nötig, mit dem Trinken aufzuhören. Der erste wichtige Schritt ist das Eingeständnis vor sich und der Gruppe, Alkoholiker zu sein. Dann folgt der Vorsatz, 24 Stunden lang nichts zu trinken – und das jeden Tag wieder neu. In den Gruppen bestärken sich dabei die Mitglieder/innen gegenseitig.

Adipositas (Fettsucht / Übergewicht)

In den 50er Jahren machte eine Lebensversicherung, die Metropolitan Life Ensurance Company, in Amerika folgende Beobachtung:
Die weiblichen, eher untergewichtigen Versicherten erkrankten unterproportional an Zivilisationserkrankungen gegenüber Übergewichtigen.
Die Versicherung erstellte daraus Tabellen und definierte danach den neuen Begriff des Idealgewichtes.
In der Bundesrepublik errechnet die Deutsche Gesellschaft für Ernährung (DGE) das Idealgewicht nach der modifizierten Broca-Formel:
Körpergewicht nach Broca abzgl. 15 % bei Frauen
Körpergewicht nach Broca abzgl. 10 % bei Männern
Was heißt das nun: Broca und Idealgewicht?
Die Broca-Formel gibt das Normalgewicht (rel. Körpergewicht) eines Erwachsenen wieder:

Broca	(in kg)	Körperlänge (in cm)	– 100
z. B.	70 kg	= 170 cm	– 100.

Das Idealgewicht ist nicht von einem Menschen auf den anderen übertragbar, das wird bei dieser Formel aber nicht mitberücksichtigt. Heute ist man der Meinung, daß die Lebenserwartung geschlechts- und altersabhängig am höchsten ist, wenn das Körpergewicht 20–30 % über dem oben definierten Idealgewicht liegt.
Ab wann beginnt das Übergewicht?
Frauen, die z. B. 2 Kilo über dem Idealgewicht liegen, machen völlig unnötige Abmagerungskuren. Sie vergessen dabei, daß die Stoffwechselregulationen entgleisen und sie dann doch wirklich zu dick werden können. Der Grund dafür: Der Körper schafft die Eigenregulation nicht mehr.
Das eigentliche Übergewicht, das bei 20 % über Broca beginnt (wenn z. B. eine Person von 1,70 m Größe 84 kg wiegt), kann individuell sehr variieren: Zu stark sollte man sich also nicht an diese Formel klammern.
Liegt aber ein echtes Übergewicht vor, ist damit ein Risikofaktor für das Auftreten arteriosklerotischer Gefäßerkrankungen, Störungen im Herz- und Kreislaufsystem, sowie Diabetes mellitus (Typ 2) gegeben.
Das Gewicht ist aber nicht das primäre Problem, sondern wie es dazu kommt: Nur durch eine Fehlernährung wird man zu dick und riskiert gleichzeitig die o. a. Ernährungskrankheiten.

Um das Übergewicht zu reduzieren, reicht es nicht aus, einfach weniger zu essen, sondern die Ernährung muß völlig umgestellt werden.
Bei richtig hohem Übergewicht (3–4 Zentner schweren Frauen und Männern) wirkt sich auch das reine Gewicht aus:
Die Zentner belasten die ohnehin durch Fehlernährung in Mitleidenschaft gezogenen Gelenke und Bandscheiben im Übermaß: Arthrosen, Bandscheibenschäden, Hüftgelenksleiden, Plattfüße etc. sind die Folge. Bewegen tut weh. Der Energiebedarf sinkt – aber es wird sicher nicht weniger gegessen!

Einflüsse der Ernährung auf das Immunsystem

Für das Immunsystem stellt der geordnete Ablauf der Stoffwechselfunktionen die wesentlichste Grundlage dar. Das wird nur erreicht, wenn der Körper ausreichend mit allen wichtigen Nahrungssubstraten versorgt wird. Eine Ernährung, die diesen Voraussetzungen nicht genügt, schlägt sich immer in einer verschlechterten Infektabwehr nieder. Bedeutend sind hier latente Mangelzustände an Vitaminen wie B_1, B_2, B_6, Folsäure und an Mineralstoffen wie Eisen, Calcium, Jod, an denen große Teile der Bevölkerung leiden. »Latent« bedeutet keine klinischen Symptome, die z. B. bei akuten Mangelzuständen auftreten, jedoch kann mit Hilfe biochemischer Untersuchungsmethoden nachgewiesen werden, daß verschiedene Stoffwechselprozesse nicht mehr normal ablaufen. Besonders betroffen ist hierbei das Immunsystem, das auf Veränderungen der Nahrung und auf Nährstoffmangel sehr empfindlich reagiert. So wurde u. a. eine verringerte Bildung und Aktivität von Blutzellen beobachtet, die Antigene vernichten können, und eine geringere Antikörperbildung. Nicht nur Mangelzustände, sondern auch übermäßige Zufuhr von einzelnen Komponenten wie Eisen (Fe), Vitamin A+E (über Eisen- oder Vitamintabletten), Cholesterin und gesättigten Fettsäuren (durch übermäßigen Genuß tierischer Fette) können zu einer verschlechterten Infektabwehr führen. Aus der Tatsache, daß 70–80 % der Immunsysteme in der Darmwand lokalisiert sind, wird der direkte Zusammenhang zwischen Ernährung und Immunabwehr deutlicher. Der Körper ist durch diese Einrichtungen in der Lage, den Nährstofftransport ins Körperinnere ständig zu kontrollieren und gefährliche Substanzen wie krankheitserregende Keime und Bakterien gegebenenfalls unschädlich zu machen oder zu vernichten. Eine schnelle Reaktion des Organismus auf eindringende Stoffe ist nur möglich, wenn genügend Abwehrstoffe vorhanden sind oder im Bedarfsfalle sofort produziert werden können. Dieses erreicht man durch Aufnahme von immunstimulierenden Nahrungsinhaltsstoffen, die besonders in Rohkost und Ballaststoffen enthalten sind. Durch ständigen Kontakt mit solchen nichtpathogenen (nicht-krankheitserregenden) Substanzen wird der Körper dazu gebracht, sein Abwehrsystem immer wieder neu auf fremde, nicht-körpereigene Stoffe hin einzustellen. Der Organismus verschafft sich so laufend ein aktuelles Bild seiner direkten Umwelt und ist in ständiger Reaktionsbereitschaft, um gefährliche Stoffe abzuwehren.

Ein zusätzlicher wichtiger Effekt dieser Immunstimulanz ist, daß Reaktionsmöglichkeiten gegen eine Überreaktion der Abwehrmechanismen geschaffen werden. Beeinträchtigungen dieses komplexen Selbstregulationssystems wurden mit Allergien in Verbindung gebracht.

Für die Stimulierung des Immunsystems spielt die Darmflora, die aus ungefähr 500 verschiedenen Mikroorganismenarten zusammengesetzt ist, eine entscheidende Rolle. Hierbei ist jedoch die qualitative und quantitative Zusammensetzung von entscheidender Bedeutung. Eine normale »Fehlernährung«, die reich an tierischen Proteinen und isolierten Kohlenhydraten, aber ballaststoffarm und zum Teil sogar vollkommen keimfrei ist (z. B. H-Milch), hat zur Folge, daß durch Nahrungssubstratmangel einige »gute« Mikroorganismen zugrunde gehen, andere schlechte aber besonders gut gedeihen und zur Fehlbesetzung der Darmflora führen. Für eine optimale, in qualitativer und quantitativer Zusammensetzung intakte Darmflora ist eine ballaststoffreiche, vorwiegend pflanzliche Kost sehr empfehlenswert.

Allergien

In den letzten Jahren hat das Auftreten von Allergien stark zugenommen. In fast jeder Familie gibt es Angehörige, die unter Allergien leiden.
Unter Allergie versteht man die Überreaktion (Hypersensitivität) des Immunsystems auf einen die Immunreaktion auslösenden Reiz. Dabei müssen zwei Arten von Allergien unterschieden werden. Einmal die sogenannte antikörper-vermittelte Hypersensitivität, die mit Symptomen wie allergischem Asthma oder Heuschnupfen einhergeht, und zum anderen die sogenannte zell-vermittelte Hypersensitivität, wie z. B. allergische Hautreaktionen bei chronischen Infekten und Kontaktallergien auf Metallverbindungen und Chemikalien.
Bei allen Arten von Allergie zeigt der Körper auf einen oder mehrere Stoffe (Allergene) eine allergische Reaktion.
Die Reaktion wird jedoch nur indirekt von diesen Allergenen hervorgerufen: Sie setzen vielmehr im Körper einen Prozeß in Gang, durch den es zur Ausschüttung von körpereigenen Substanzen wie Histamin, Serotonin und Lymphokininen kommt, die dann die sicht- und fühlbaren Auswirkungen hervorrufen. Die allergische Reaktion beruht immer auf dem Kontakt mit dem jeweiligen Allergen.
Anlaß für den Ausbruch von Allergien sind jedoch in der Regel nicht die jeweiligen oder späteren Allergene selbst, sondern meist ist ein anderer Stoff, ein sogenannter Promotor, erheblich an der Sensibilisierung beteiligt. Beispielsweise stehen Formaldehyd, chlorierte Kohlenwasserstoffe und Pestizide stark im Verdacht, eine solche Überreaktion des Immunsystems zu induzieren.
Für den Anstieg der Allergien ist die Ernährung als solche direkt *nicht*

verantwortlich. Durch die Nahrung werden aber viele Promotoren, d. h. die Allergien begünstigende Substanzen wie Pestizide u. ä., aufgenommen. Diese gelangen bei der Nahrungsmittelproduktion, besonders bei der konventionellen Schädlingsbekämpfung mit den Insektiziden auf und in das Lebensmittel. Ein zweiter Faktor ist, daß mit normaler ballaststoffarmer, stark cholesterinhaltiger Kost das Immunsystem nicht genügend unterstützt wird. Mit gezielter Ernährung kann man das Immunsystem dagegen sozusagen trainieren und darüber hinaus auf seinen komplizierten Autoregulationsmechanismus, der ein Überschießen der Reaktionen vermeiden soll, positiv einwirken.

Bei Nahrungsmittelallergien ist das Allergen ein Bestandteil eines Nahrungsmittels. In diesem Fall können die betroffenen Personen eigentlich nur versuchen, das jeweilige Produkt zu meiden. Das kann kompliziert werden: so können z. B. bei einer Allergie gegen Fisch durch den Genuß von Eiern die gleichen Reaktionen hervorgerufen werden, wenn die Hühner, wie es üblich ist, mit Fischmehl gefüttert wurden. Solche Probleme können generell bei industriell erzeugten Nahrungsmitteln und Fertigprodukten auftreten, da es durch die Fertigungsmethoden zu einer Vermengung einzelner Nährmittelarten kommt, z. B. bei der Streckung von Nahrungsmitteln mit Getreide, Milch, Kartoffelpulver u. ä.

Zur Vorbeugung gegen Allergien ist zu empfehlen, den Kontakt mit Substanzen mit Promotorwirkung (Formaldehyd, Pestizide etc.) weitestgehend einzuschränken, da diese eine Sensibilisierung zur Folge haben können. Auch ist eine ausgewogene Vollwerternährung ratsam, da durch sie das Immunsystem gestärkt wird.

II. Gesundheit durch richtige Ernährung

Der Tisch ist überreichlich gedeckt im bundesdeutschen Nahrungsmittelschlaraffenland: Nur hereinspaziert in Supermarkt und Imbißstube, Reformhaus oder Schlemmerbar: für jeden Geschmack die garantierte Gaumenfreude! – Angesichts dieses unüberschaubaren Überangebotes helfen wir uns mit individuellen Auswahlstrategien. Wir kaufen z. B. bevorzugt Produkte, die wir von der Küche unserer Mutter her gewöhnt sind; die wiederum hat uns nach der (allerdings auch heute noch gängigen) Nachkriegsernährungsformel: »Zucker sparen – grundverkehrt; der Körper braucht ihn! Zucker nährt!« versorgt. Konsequenz: Wir lieben Süßigkeiten und Gebäck und vermeiden lästige Entzugserscheinungen durch Anlage reichlicher Versorgungsdepots in der Speisekammer. Oder wir kaufen spontan, was uns bereits beim äußeren Anblick das Wasser im Munde zusammenlaufen läßt, weil uns das Werbefernsehen tagtäglich optisch, musikalisch und rhetorisch die Vorzüge eines Produktes schmackhaft gemacht hat. Manch einer greift zu folgender Rationalisierung, um sein Ernährungsverhalten zu erklären: Der Körper wird schon wissen, was er braucht. Gebe ich also diesem Heißhunger z. B. auf saure Gurken oder einen »Energiebarren« nach, wird das bestimmt das Richtige und dann wohl auch gesund sein. Nach eben der Devise wird häufig bei der Säuglings- und Kleinkindernährung verfahren: Es gibt nichts Natürlicheres als die instinktnahe Bedürfnisstruktur eines Säuglings, so sollte man meinen. Wenn der genug hat, wird er selbst aufhören zu trinken. Die Auflistung von Begründungszusammenhängen für Ernährungsformen ließe sich leicht unendlich fortführen – man möchte fast annehmen, es existieren so viele Gründe, wie es Menschen gibt, schließlich ist die Befriedigung dieses vitalen Grundbedürfnisses lebensnotwendig. Ernährung ist in der BRD scheinbar etwas ganz Persönliches, und da wir nicht in einem afrikanischen Mangelland, in dem es nur Yamswurzeln zu essen gibt, leben, ist niemand zu einer bestimmten Ernährungsform gezwungen – ein Grund für die Erfolglosigkeit von »Moraldiäten«, so gesund sie vielleicht sein mögen. Ernährung ist nur im psychophysischen Gesamtzusammenhang zu betrachten: Wer sich vor einem Lebensmittel ekelt, sollte nicht versu-

chen, es trotzdem zu verzehren – sogar der Stoffwechsel wird von diesen Gefühlen beeinflußt und reagiert unter Umständen mit einer verminderten Verdauungsleistung.
Aber selbst wenn der Esser bewußt den Vorsatz gefaßt hat, sich lustvoll gesund zu ernähren, um dies auch in 30 Jahren noch tun zu können, steht er vor dem Auswahlproblem mitten im Nahrungsmitteldschungel: Er steht vor der gesamten Angebotspalette zwischen reiner Natur einerseits – ausgereift, gesund und frisch, gleichzeitig aber vielleicht unhandlich, unberechenbar und unhygienisch – und dem künstlichen Verarbeitungsprodukt andererseits – unnatürlich, synthetisch, verfremdet, dafür aber verfeinert, gesäubert, unter dauernder Kontrolle – und ist stärker verunsichert denn je. *Sicher ist nur:*
– Ernährungsgewohnheiten sind resistenter als ein Virusbefall und im allgemeinen selbst bei ernstem Anlaß (bereits akute Erkrankung) nur schwer und allmählich zu verändern.
– Werbung ist lediglich an der Manipulation des Kaufverhaltens und nicht an der Gesundheit des Käufers interessiert. Sie mißbraucht die Tatsache, daß wir gewissermaßen ganzheitlich essen, nämlich nicht nur mit Mund und Zähnen, sondern auch mit Auge, Herz und selten mit Verstand. Absatzfähig sind derzeit Produkte, die mit den Präfixen »Bio-« oder »Natur-« Gesundheit suggerieren. Produktwerbung und äußere Merkmale sind häufig daraufhin ausgerichtet: So findet man heute in jeder Bäckerei Körner in Auszugsmehlbroten, möglichst noch mit Zuckercouleur vollkorngetönt, frisch-grüne Feld-, Wald- und Wiesen-Verpackungen für Instant-Tees.
Lebensmitteltechnologische Raffinesse auf dem Wurstmarkt wird als »hausgemacht« verkauft. Reine Kunstprodukte erscheinen natürlicher als die Natur.
– Auf unsere »gesunden Instinkte« ist in puncto Ernährung kein Verlaß: Schleichende lebensmitteltechnologische Innovationen führen unmerklich vom natürlichen Lebensmittel zum künstlichen, mit Aromastoffen aufgemotzten Nahrungsmittel und erlauben keinen Vergleich zwischen gesund und ungesund. Wir spüren die Stoffwechselreaktionen kaum, die uns in Langzeitwirkung die »Junk-Food-Disease« bescheren.
Leider hilft uns auch die Ernährungswissenschaft oft nicht weiter: Was gerade als gesund eingeschätzt wird, ist sehr im Fluß und deshalb mit Vorsicht zu genießen. Keiner weiß, was wir als Lebensmittel effektiv brauchen: Das Verhalten des lebenden Stoffwechsels ist einer direkten

Untersuchung schwer zugänglich. Rückwirkend, wenn Krankheiten nach krasser Fehlernährung bereits eingetreten sind, sind Aussagen möglich. Neue Erkenntnisse werden also erst mit einer Zeitverzögerung gewonnen. Die Ursachen für eine manifeste Krebserkrankung beispielsweise liegen mindestens 20 Jahre zurück. Aber auf Langzeituntersuchungen ist unser Wissenschaftsbetrieb an den Universitäten nicht eingerichtet, und sie sind dementsprechend selten. Tatsache ist, daß der sogenannte »homo sapiens« bis heute mit Nahrungsmitteln überleben konnte, die sich durch einen hohen Grad an Naturbelassenheit auszeichnen. Die allgemeine Verbreitung stark verarbeiteter Nahrungsmittel geht auf Erfindungen der letzten 100 Jahre zurück und ist menschheitsgeschichtlich damit äußerst jungen Datums.

Die massiv auftretenden ernährungsbedingten Volkskrankheiten sind sicheres Indiz für den schlechten Gesundheitszustand der bundesdeutschen Bevölkerung. Trotzdem hält der Trend zum »convenience food«, zum stark verarbeiteten, technologisch gut handhabbaren, aus extrahierten Bestandteilen komponierten Nahrungsmittel unvermindert an und macht auch vor manch einer Reformhaustür keinen Halt. Und das, obwohl bisher nur ein Teil körpernotwendiger Nahrungsbestandteile und diese auch nur in isolierter Funktion bekannt sind:

Die Herstellung eines Apfels aus seinen derzeit bekannten Bestandteilen ist noch keinem gelungen!

Der biotechnologische Einsatz von Bakterien zur Lösung des Welthungerproblems durch Produktion gewünschter Mengen an Kohlenhydraten, Eiweißen oder Fetten ist der konsequente Schritt auf dem eingeschlagenen Weg der Lebensmitteltechnologien. Der Verbraucher unterstützt diesen Trend durch ein Ernährungsverhalten, das derartig zubereiteten Nahrungsmitteln angepaßt ist:

1. Die Zubereitung von Essen darf im Zeitalter des Stresses und der unbegrenzten Handlungsvielfalt keine Zeit mehr in Anspruch nehmen.
2. Eine Lagerhaltung ist für die Mehrheit der bundesdeutschen Bevölkerung nicht mehr möglich oder zu lästig.

Nebenbei: Der Handel ist am unverarbeiteten Produkt auch gar nicht interessiert: Mit Gemüse pur sind keine Gewinne zu erzielen!

Gesundheit – oberstes Ernährungsziel

Gesundheit – so die Weltgesundheitsorganisation – ist ein Zustand absoluten körperlichen, geistigen und sozialen Wohlbefindens – und nicht einfach nur die Abwesenheit von Krankheit. Nach dieser Definition bedeutet Gesundheit maximales Lebensglück. Klar, daß durch Ernährung allein noch keiner glücklich werden kann, aber ihr Wert als glücksfördernder Faktor sollte unbedingt in Betracht gezogen werden. Der Bundesdeutsche erachtet Gesundheit als höchstes persönliches erhaltenswertes Gut. Leider setzt sich dieses Bedürfnis gegen den systemintegrierten Umgang mit den Massengesundheitskillern Alkohol und Nikotin nur mangelhaft durch. Vielleicht will um den Preis von Gesundheitsdisziplin auch keiner gesund sein ...? Trotzdem wir bleiben dabei: Gesundheit soll für uns oberstes auch durch Ernährung zu förderndes Ziel sein und dient uns als geeignetes Kriterium für die Bewertung von Nahrungsmitteln. Ein weitgefaßter Gesundheitsbegriff umfaßt neben direkten individuellen gesundheitlichen Aspekten auch eine ressourcen- und energiesparende Produktion von gesunden Nahrungsmitteln, die Menschen in anderen Teilen der Welt nicht die »gesunde« Lebensgrundlage entzieht. Wenn dann das Nahrungsmittel tatsächlich für den Verzehr geeignet ist und außerdem noch gut schmeckt, dürfte doch alles in Butter sein ...

Die Prüfsteine für Lebensmittelqualität

Einem Nahrungsmittel, das sich die Bezeichnung »Lebensmittel« verdienen will, muß es gelingen, nach folgendem Bewertungskatalog möglichst viele Pluspunkte einzuheimsen: Der Gesundheitswert eines Lebensmittels ist zunächst einmal bestimmt durch
A. direkte gesundheitsbezogene Aspekte.
Dazu gehört:
1) **ein hoher natürlicher Gehalt an bekanntermaßen lebensnotwendigen Inhaltsstoffen.**
Das sind Kohlenhydrate (besonders hochmolekulare), Eiweiße (besonders solche, mit hohem Anteil essentieller Aminosäuren), Fette (mit ho-

hem Anteil essentieller Fettsäuren), ein richtiges Mineralstoffverhältnis gemessen am Gesamtbedarf, Vitamine und Ballaststoffe. Natürlich liefert nicht jedes Lebensmittel alle Stoffe gleichzeitig in ausgewogenen Mengen; gemeint ist hier das artspezifische Optimum der Zusammensetzung eines Lebensmittels. Apfel ist nicht gleich Apfel, wie ein einfacher Vergleich des Vitamin-C-reichen Berlepsch mit dem an diesem Vitamin armen Delicious zeigt. Ist ein pflanzliches oder tierisches Lebensmittel grundsätzlich arttypisch arm an wertvollen Inhaltsstoffen, besitzt es für die Zusammenstellung eines Speiseplanes auch nur untergeordnete Bedeutung und ist im schlechtesten Fall ein reines Genußmittel (Kaffee, Tee). Die Forderung bezieht sich auch nicht auf verarbeitete Lebensmittel: Mit Schokolade z. B. kann man zwar seinen täglichen Energiebedarf spielend decken, nur kann dann eine ausreichende Aufnahme der anderen notwendigen Nahrungsbestandteile nur mit Übergewichtsrisiko gesichert werden – es sei denn, man schluckt konzentrierte Nährstoffpräparate. Naturbelassene Lebensmittel (Pflanzen, Tiere) enthalten üblicherweise eine Kombination aller Nährstoffe, alleine um ihre eigene Existenz aufrechterhalten zu können. Je nachdem, welches Pflanzen- oder Tierorgan zum Verzehr kommt, dominiert aber der eine oder andere Nährstoff: Samen, wie Hülsenfrüchte oder Getreidekörner, enthalten viel Speicherstärke, Eiweiß oder Fett, grüne Pflanzenteile mehr Vitamine, Muskelfleisch wiederum viel Eiweiß und Fett. Nur eine bedarfsgerechte, vielseitige Zusammenstellung von Lebensmitteln sichert die Gesamtversorgung.

2) **die Vollständigkeit oder weitgehende Naturbelassenheit des Lebensmittels.**

Neben bereits identifizierten und als essentiell erkannten Inhaltsstoffen gibt es eine Vielzahl von Bestandteilen in natürlichen Lebensmitteln, deren Funktion und Wirkung für den menschlichen Organismus noch gar nicht oder nur mangelhaft bekannt sind. Das trifft beispielsweise für eine Fülle von Aromastoffen zu. Zudem ist unbekannt, welche Rolle die natürliche Zusammensetzung von Lebensmitteln für unsere Gesundheit spielt, daß sie eine Rolle spielt, ist wiederum sehr wahrscheinlich. Die Lebensmittel, an die sich der menschliche Organismus im Laufe seiner Evolution angepaßt hat, weisen im allgemeinen einen sehr geringen Bearbeitungsgrad auf, obwohl bekanntermaßen schon die Griechen ganz versessen auf helles Mehl waren und Napoleon mit Weißmehlbaguettes in Preußen einmarschierte. Von den dazu passenden Ernährungskrankheiten, Karies und Diabetes mellitus, wird aber auch zumindest seit dem Mittelalter berichtet.

3) **Der Vollständigkeitsforderung ist direkt das Frischekriterium zuzuordnen,**
denn nachweislich ist mit Vitamin-, Aromastoffverlusten und Ranzigwerden guten Öles durch oxidative Veränderungen und enzymatische Umwandlungen besonders in pflanzlichen Lebensmitteln schon bei kurzfristiger Lagerung zu rechnen. Ein welker Kohl im Bioladen mag zwar verglichen mit Frischkohl ein relativ höheres Trockengewicht aufweisen: Von den oben genannten Alterungserscheinungen ist er dagegen mit einer kleinen Verzögerung genauso betroffen wie andere alternde Lebensmittel auch.

4) **Das Vollständigkeitskriterium schließt außerdem einen ausgewogenen Ballaststoff- und Energiegehalt in der Nahrungsmittelzusammensetzung mit ein.**
Kein natürliches Lebensmittel besteht, wie gesagt, *nur* aus Ballaststoffen oder *nur* aus Energieträgern. Wird einerseits Zucker (ob Raffinade – oder Traubenzucker) als Energiespender Nr. 1 (– bringt verbrauchte Energie sofort zurück –) hochgejubelt, so ist gleichzeitig der gegenläufige Trend zur Kleietablette oder zum ballaststoffangereicherten Brot zu beobachten – kein Wunder, da 30 % der bundesdeutschen Bevölkerung an Verstopfung leidet. Bei geringer Flüssigkeitsaufnahme ist diese Form der Ballaststoffzufuhr vielleicht gefährlich, zumindest aber ist sie überflüssig: Denn Lebensmittel wie Vollgetreide (-brot) oder Gemüse (nicht aber Honig, Fleisch oder Milch) liefern den Ballaststoffanteil frei Haus gleich mit. Das rührt natürlich den, der sich sein geliebtes Weißmehlbrötchen mit einem Eßlöffel Kleie erkauft, wenig ...
Ein ausgewogener Ballaststoffanteil bedingt nicht zuletzt die nächste Anforderung, die an ein Lebensmittel gestellt werden muß, mit; nämlich

5) **Lebensmittel müssen ein andauerndes, subjektiv empfundenes Sättigungsgefühl,** das vor übermäßigem Essen und damit vor Übergewicht schützt, **bewirken.** Damit ist nicht *der* Sättigungsgrad gemeint, der sich bei manchem erst nach Verschlingen von 10 Negerküssen einstellt, um bald danach einem neuen Hungergefühl Platz zu machen, aufgrund der Einseitigkeit (hier: unmäßig hoher Kohlenhydrat-Input) der Sättigungswirkung.

6) **Ein weiteres, teilweise subjektives Kriterium ist die Bekömmlichkeit oder Verträglichkeit eines Lebensmittels aus psychischen und organischen Gründen.**
Wer Milch oder Weizen nicht verträgt, muß, so hoch ihr Gesundheitswert

auch sein mag, vom Verzehr dieser Produkte absehen, muß sich aber nach wertgleichen Ersatzstoffen umsehen. Objektiv ist die Verträglichkeit mancher Hülsenfrüchte durch pflanzeneigene Hemmstoffe beeinträchtigt. In unveränderter Form sind sie überhaupt nicht genießbar. Das gilt auch für Kartoffeln. Das Argument der leichten Verdaulichkeit, das jahrelang ausschlaggebend für die Zusammenstellung hochverarbeiteter Krankenhaus- und Altersheimkost war und noch ist, hat mit Gesundheit nicht viel zu tun, da es sich ausschließlich auf die schnelle und hohe Resorptionsrate der in Nahrungsmitteln enthaltenen Nährstoffe aus dem Darm in den Körperkreislauf bezieht. Ballaststoffreiche Lebensmittel sind so gesehen schlecht verdaulich, zum Erhalt einer gesunden Darmfunktion aber unentbehrlich.

Gesundheitswertmindernde Eigenschaften von Nahrungsmitteln sind:

1) **ein hoher Gehalt an schädlichen Inhaltsstoffen.**

Ein hoher natürlicher und auch ein hoher rückstandsbedingter Schadstoffgehalt zerstören den Gesundheitswert des Produktes. Produkte mit hohem natürlichen Giftstoffanteil können per se nicht zu den Lebensmitteln zählen, sofern dieser nicht durch entsprechende Zubereitungsmethoden unschädlich gemacht werden kann (wie im Fall der Sojabohne). Produktions- und umweltbedingte Rückstände mindern dagegen die Qualität von Produkten, die eigentlich Lebensmittel darstellen. Wir möchten an dieser Stelle nicht in die ohnehin unsinnige Debatte einer Grenzwerterмittlung für Schadstoffgehalte einsteigen, sondern nur betonen, daß **jeder** Schadstoff in noch so geringer Konzentration unerwünscht ist. Produktionsmethoden, die diese Vorgabe berücksichtigen, sind danach immer vorzuziehen. Leider bleibt oft nur die Wahl zwischen größerem und kleinerem Übel.

2) **Anknüpfend an die Vollständigkeitsforderung sei hier noch einmal als wertmindernd ein hoher Verarbeitungsgrad von Nahrungsmitteln herausgestellt:**

Neben der Zerstörung der Vollständigkeit (s. o.) haben Verarbeitungsprozesse weiteren Fremdstoffeintrag zur Folge, etwa durch Extraktions-, Lösungsmittel etc., die in geringen Mengen in den Nahrungsmitteln zurückbleiben oder durch bewußten Einsatz von Zusatzstoffen, die – vom Nitritpökelsalz bis zum Farbstoff – heute zur üblichen Fremdstoffausstattung unseres Nahrungsmittelangebots gehören. Lebensmitteltechnologische Kriterien, maschinelle Verarbeitbarkeit, platzsparende Lagerfähigkeit usw. haben mit dem Gesundheitswert von Lebensmitteln nichts zu tun. Jeder noch so ungefährliche Zusatzstoff bedeutet im Endeffekt eine unkalkulierbare Veränderung. Künstlich »aufzubessern« (z. B. durch Vitaminzusätze) sind verarbeitete Lebensmittel nicht. Ein Zusatz bewirkt bestenfalls ein »Mehr« eines bekannten Stoffes. Wie der aber das Gesamtprodukt beeinflußt (z. B. die Resorbierbarkeit anderer Inhaltsstoffe), ist weitgehend unbekannt.

3) **Ein Befall mit schädlichen Mikroorganismen ist bei frischen und verarbeiteten Nahrungsmitteln gleichermaßen unerwünscht,** dürfte allerdings bei Produkten, die unserem Kriterienkatalog genügen, selten sein. Besonders betroffen sind lange und unter ungeeigneten Bedingungen gelagerte Lebensmittel, Produkte aus Massentierhaltung und (insbesondere tierische) Nahrungsmittel, die in Großküchen- und Gemeinschaftsverpflegungen Verwendung finden und dort entsprechend langen Warmhaltezeiten ausgesetzt sind.

B. Unter indirekten gesundheitlichen Aspekten sind, entsprechend dem weitgefaßten Gesundheitsbegriff, »agrarisch-ökologische« Gesundheitsaspekte zu verstehen; dazu gehören:

1) eine ressourcen- und energieschonende Produktion, die
- ohne Zusätze künstlicher Düngemittel,
- ohne Einsatz synthetischer Pflanzenschutzmittel,
- ohne tierquälerische Massentierhaltungen,
- ohne Zerstörung der natürlichen Landschaft unter Erhalt von Anbauvielfalt und Anbau ortsangepaßter Sorten
- und ohne Vernichtung der umgebenden Fauna und Flora

auskommt.

Dieses System erfordert zusätzlich eine hohe Dichte nach diesen Prinzipien wirtschaftender Betriebe, um Verteilungsprobleme (lange Transportwege, Lagerungsverluste) gering zu halten.

2) Nur eine derartige Produktionsweise kann gleichzeitig als »menschenfreundlich« bezeichnet werden, da sie ohne Importfuttermittel und Luxusgut-Importe aus Monokulturen der »Dritten Welt« wirtschaftet und so den dort lebenden Menschen nicht ihre Lebensgrundlage entzieht oder zerstört. Dem hier wirtschaftenden Bauern erspart sie maschinenfixierte Fließbandarbeit oder Arbeitslosigkeit. Wer auf Dritte-Welt-Exoten nicht verzichten will (wer kennt nicht die Macht der Gewohnheit oder den Reiz immer neuer Gaumengenüsse?) sollte sich darauf einlassen, einen *gerechten* Preis dafür zu zahlen und auch die in heimischen Landen vergammelnde Ernte finanziell mitzutragen.

Dieser Kriterienkatalog läßt sich unschwer mit einer Ernährungsformel in Einklang bringen, die auf Leitzmann, von Kürten und Männle zurückgeht:

Definition der Vollwert-Ernährung Vollwerternährung ist eine Ernährungsweise, in der ernährungsphysiologisch wertvolle Lebensmittel schmackhaft und abwechslungsreich zubereitet werden. Sie besteht vornehmlich aus pflanzlichen Lebensmitteln – Vollgetreide, Gemüse, besonders Kartoffeln und Obst, möglichst aus kontrolliertem Anbau – sowie Milch und Milchprodukten unter bestmöglicher Ausnutzung ihrer Ergänzungswirkungen. Etwa die Hälfte der Lebensmittel wird als Frischkost verzehrt; Fleisch und Eier spielen eine untergeordnete Rolle. Vollwerternährung unterscheidet sich von üblicher Mischkost durch das Vermeiden übertriebener Be- und Verarbeitung der Lebensmittel.

Damit stoßen wir auf Eigenschaften von Lebensmitteln, die über ihren Gesundheitswert hinausgehen, aber dennoch mit ihm zu tun haben:

1) **Lebensmittel müssen einen hohen Genußwert besitzen.**

Entscheidend für den Genußwert sind natürlich arteigene Idealeigenschaften, die sich auf Geruch, Konsistenz, Form, Farbe und Geschmack von Lebensmitteln beziehen. Der krampfhafte Versuch, all diese Eigenschaften durch die sogenannte Handelsklasseneinteilung, die sich an Einheitsgröße und äußerer Makellosigkeit orientiert, einzufangen, dürfte als gescheitert betrachtet werden: Wer heute noch vom Delicious-Sechser-Einheitspaket *mehr* als sechs gleich große, gelbgrüne, apfelähnliche Gebilde erwartet, ist selber schuld. Den Genuß, den ein Lebensmittel verspricht und den es u. U. auch verschafft, ist ein nicht zu vernachlässigender Gesundheitsaspekt. Sicher ist nicht genau festzulegen, was die Sätze »Das Auge ißt mit« oder »Die Liebe geht durch den Magen« für den Gesundheitswert eines Lebensmittels bedeuten, das mindert jedoch nicht die Geltung, die sie beanspruchen sollten. Psychische Wirkungen von unmäßigem Kaffee-, Tee- oder Alkoholkonsum sind unbestritten. Das gilt

im Grunde für alles, was man sich »reinzieht«. Kritiker der Vollwerternährung bemühen im übrigen immer wieder dieses Grenzterrain von Körper-Geist-Zusammenhängen, um den Gesundheitswert dieser Ernährungsform mit dem Placeboeffekt, also dem nur vorgestellten Gesundheitswert, abwerten zu können. Wir meinen aber, mit dem vorgelegten Kriterienplan einen objektiven Beurteilungsrahmen gegeben zu haben.

2) **Schließlich und endlich müssen Lebensmittel selbstverständlich einen küchentechnischen Eignungswert besitzen.**

Was nützt ein Korb voller streichholzgroßer Möhren, deren Zubereitung Stunden dauern würde oder eine Portion hochgesunder, aber durchsetzt holziger Kohlrabi, die nach jedem Bissen zum Spucken zwingen? Im allgemeinen entsprechen aber unsere eingebürgerten Nutzpflanzen den Anforderungen an eine küchentechnische Eignung. Klar abzulehnen ist dagegen die Züchtung von Pflanzen und Tieren auf ihre großtechnische Verwertbarkeit hin, die einseitig an »maschinengerechten« Eigenschaften interessiert ist, wie z. B. für McDonalds Hamburgerproduktion. Also, hier noch einmal zusammengefaßt:

Beurteilungsrahmen zur Auswahl gesunder Lebensmittel

A. direkte gesundheitsbezogene Aspekte. Gefordert wird:
   1. hoher Gehalt an lebensnotwendigen Inhaltsstoffen
   2. Vollständigkeit oder weitgehende Naturbelassenheit des eßbaren Anteils
   3. Frische des Lebensmittels
   4. ausgewogener Ballaststoff- und Energiegehalt
   5. Erzeugung einer andauernden Sättigung
   6. Bekömmlichkeit und Verträglichkeit
   7. Minimalgehalt schädlicher Inhaltsstoffe
   8. geringer Verarbeitungsgrad
   9. Abwesenheit schädlicher Mikroorganismen

B. indirekte gesundheitsbezogene Aspekte. Gefordert wird:
   1. umweltfreundliche Produktion von Lebensmitteln
   2. menschenfreundliche Produktion von Lebensmitteln
   3. hoher Genußwert
   4. küchentechnischer Eignungswert

Achtung: Jetzt kommt die Eigenleistung:
Hat man dann Lebensmittel besorgt, die weitgehend die gestellten Anforderungen erfüllen, sind folgende Regeln zu beachten, um den Gesundheitswert des Lebensmittels möglichst zu erhalten:

8 Regeln für den Umgang mit Lebensmitteln

1. Lebensmittel rasch nach dem Kauf verarbeiten, Frischprodukte lieber mehrmals als für die ganze Woche im voraus einkaufen, denn selbst wenn man äußerlich keine Veränderungen feststellt, sind Vitaminverluste zu verzeichnen. Frische, eiweißreiche Produkte müssen binnen Stunden verbraucht werden. Auch der Kühlschrank schützt maximal einige Tage (Milch) vor Verderb. Unter den richtigen Lagerbedingungen sind Kartoffeln, Getreide, getrocknete Hülsenfrüchte und Öl am längsten lagerfähig. Bei Äpfeln, Möhren, Rote Bete und Kohl ist nach einem halben Jahr bereits mit erheblichen Lagerverlusten zu rechnen. Auch trockene, verarbeitete Produkte wie Müsli, Rosinen, Gewürze, Tee und Kaffee sind unter nicht-sterilen Bedingungen nur begrenzte Zeit aufzubewahren. Schlimmstenfalls ist mit Schimmelpilzbefall zu rechnen, wovon besonders das Getreideprodukt Brot betroffen ist. Sauerteig bietet allerdings Pilzen kein angenehmes Wachstumsmilieu und ist deshalb gut haltbar, Hefebrote hingegen sollten innerhalb 1 Woche verzehrt sein. Schonende Lebensmittelkonservierungsmethoden wie Milchsäuregärung (z. B. Sauerkraut) oder Tiefgefrieren sollten gegenüber Einkochen, Entsaften, Zucker- und Salzkonservierung, Trocknen, Einlegen in Alkohol und Essig bevorzugt werden.
2. Lebensmittel vor dem Zerkleinern gründlich waschen. Waschen nach dem Zerkleinern führt zu Verlusten wichtiger Mineralien und Vitamine. Intensives (aber kurzes) Waschen vermindert außen anhaftende Schadstoffe und unerwünschte Keime.
3. Lebensmittel nicht wässern oder im Wasser liegen lassen! Wässerung ist als altes Hausmittel zur Entfernung von Schadinsekten aus Kopfsalat und Blumenkohl bekannt: Die Raupen u. ä. ertrinken und werden an die Wasseroberfläche geschwemmt, von der sie abgeschöpft werden können. Vergessen wird dabei leicht, daß auch wasserlösliche Vitamine und Mineralien ausgeschwemmt werden.
4. Einmal zerkleinerte Lebensmittel rasch verzehren! Sie bieten dem Luftsauerstoff eine vergrößerte Angriffsfläche zur Vitaminzerstörung in durch die Zerkleinerung zerstörten Zellen. Im Zubereitungsnetzplan sollte deshalb der Frischkostanteil an letzter Stelle liegen.
5. Lebensmittel bei milder Hitze und kurzer Kochzeit in wenig Wasser und gut verschlossenem Topf gar dünsten. Dieses Verfahren verursacht

LAGERUNGSORT UND LAGER-DAUER VON LEBENSMITTELN

(RICHTWERTE) WIE LANGE? WO? WIE?

FRISCHE LEBENSMITTEL

	WIE LANGE?	WO?	WIE?
HACKFLEISCH	½ TAG	KÜHLSCHRANK	+2°C BIS +3°C
FISCH, FLEISCH, GEFLÜGEL, BRÜHWURST	1 BIS 2 TAGE		
MILCH, SAHNE, GEÖFFNET	1 BIS 2 TAGE		
BUTTERVORRAT, EIER	20 TAGE		+3°C BIS +6°C
KOPFSALAT, SPINAT, ERBSEN, BOHNEN, BEERENOBST	2 BIS 3 TAGE		GEMÜSEFACH ODER DARÜBER
STEINOBST, WURZELGEMÜSE	7 BIS 8 TAGE		CA. +6°C

HALBKONSERVEN

	WIE LANGE?	WO?	WIE?
VON FLEISCH UND FISCH	MAX. 3 MONATE ODER MINDESTHALTBARKEITSDATUM BEACHTEN		+3°C BIS +6°C

TIEFKÜHLKOST

	WIE LANGE?	WO?	WIE?
SPEISEEIS (JE NACH BESTANDTEILEN)	1 BIS 2 MONATE	DREISTERNEFACH ***	-18°C
FERTIGGERICHTE, BACKWAREN, TORTEN	2 BIS 3 MONATE		
ALLE ÜBRIGEN ARTIKEL	3 MONATE		
HACKFLEISCH, FETTFISCH	3 MONATE	VIERSTERNEFACH ****	-18°C UND TIEFER
ALLE ÜBRIGEN ARTIKEL	3 MONATE UND LÄNGER		

TROCKENVORRÄTE

	WIE LANGE?	WO?	WIE?
GRAUPEN, GRIEß, MEHL, HAFERFLOCKEN, DAUERWURST (UNVERPACKT)	½ JAHR	SPEISESCHRANK ODER SPEISEKAMMER	TROCKEN, BELÜFTBAR 15°C BIS 20°C
TEIGWAREN	½ BIS 1 JAHR		
GEWÜRZE, HONIG, HÜLSENFRÜCHTE, KAFFEE, KNÄCKEBROT, KONDENSMILCH, PLATTENFETT, SCHMALZ, ÖL, STÄRKEMEHL, TROCKENSUPPEN, ZWIEBACK	1 JAHR		IN HANDELSÜBLICHER VERPACKUNG
MARMELADE, KARTOFFELTROCKENPRODUKTE	1 BIS 2 JAHRE		
REIS	2 JAHRE		
ZUCKER	2 BIS 3 JAHRE		

VOLLKONSERVEN

	WIE LANGE?	WO?	WIE?
VON FISCH, FLEISCH, OBST, GEMÜSE, SUPPENGERICHTE	1 BIS 2 JAHRE		

WINTERVORRAT

	WIE LANGE?	WO?	WIE?
ÄPFEL	3 BIS 5 MONATE	KELLER	DUNKEL, BELÜFTBAR CA. 12°C LUFTFEUCHTE 80 BIS 90%
BIRNEN	1 BIS 3 MONATE		
KARTOFFELN	6 BIS 8 MONATE		
MÖHREN, SELLERIE, ROTE BETE, ROTKOHL, WEIßKOHL	3 BIS 4 MONATE		

geringere Inhaltsstoffverluste als der Dampfdrucktopf. Gemüse und Obst sollten noch knackig sein. Hülsenfrüchte, Kartoffeln und Getreide müssen gargekocht werden, sollten aber nicht zu Mus zerfallen.

6. Das Kochwasser mitverwenden, auf gute Kochwasserqualität achten! Zwar werden Schadstoffe zum Teil in das Kochwasser ausgeschwemmt, ebenso aber wasserlösliche Vitamine und Mineralstoffe in so hohem Ausmaß, daß der Vorteil der Mitverwendung des Kochwassers für Brühen, Saucen, Suppen überwiegt.
7. Warmhalten oder Aufwärmen von Lebensmitteln vermeiden!
8. Wegen der Frische und auch wegen der günstigen Preise sollte man sich beim Obst- und Gemüsekauf nach der Haupterntezeit richten, dabei helfen folgende Ernteübersichten:

GEMÜSEANGEBOT NACH HAUPTERNTEZEITEN

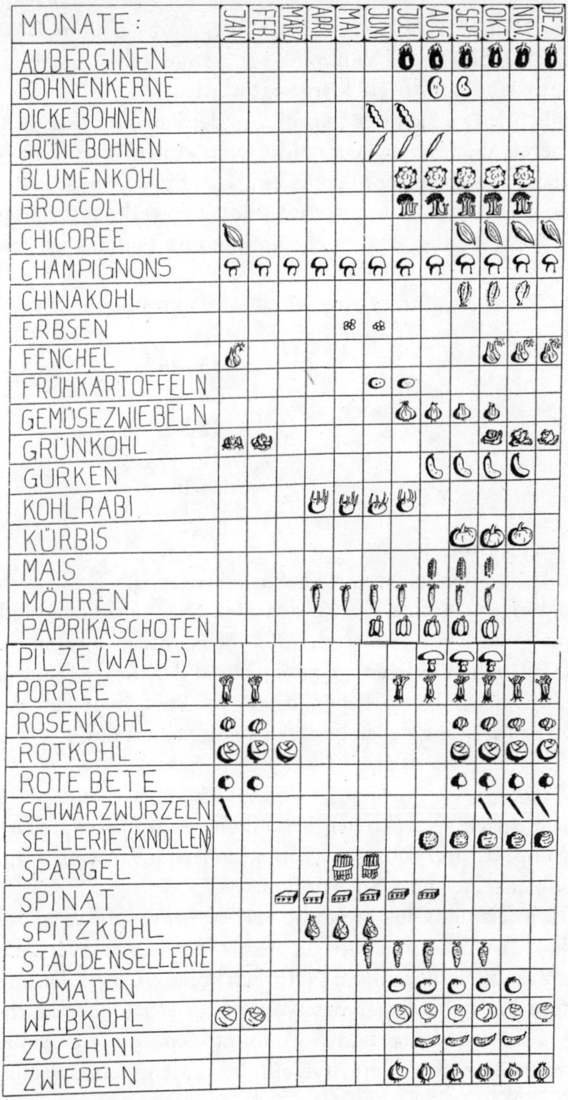

Die Eiweißfrage

Wegen der zentralen Stellung, die das Eiweißproblem immer wieder in der Ernährungsdiskussion einnimmt, soll an dieser Stelle noch einmal der Diskussionsstand um Eiweiß klargelegt werden:
Ursprünglich leitete sich der Begriff von der äußeren, flüssigen Schicht des Hühnereis ab, das man heute nicht mehr »Eiweiß«, sondern »Eiklar« nennt. Grundbausteine der hochmolekularen Eiweiße oder Proteine sind die Aminosäuren, die wiederum zu Peptidketten verknüpft sind (nach der Molekülgröße geordnet ergibt sich: Aminosäure-Peptid-Polypeptid oder Protein).
Eiweiß ist in Lebensmitteln prozentual etwa folgendermaßen verteilt anzutreffen:

Fleisch	15–25 %
Eigelb	16 %
Eiklar	12 %
Mehl	10–15 %
Brot	6–10 %
Milch	3–4 %
Gemüse und Kartoffeln	1–4 %

Eiweißstoffe werden leicht von Fäulnisbakterien angegriffen, oft entstehen dabei biogene Amine, die für den Menschen schädlich sein können; der leichte Verderb von eiweißreichen Lebensmitteln ist geradezu sprichwörtlich. Pflanzliche Eiweiße sind aufgrund der dicken Zellwände, die bei allen Pflanzenzellen vorliegen, besser vor Verderb geschützt als tierische Eiweiße (tierische Zellen besitzen keine Zellwände).

Aminosäuren

Was uns bei vielen verarbeiteten Produkten (z. B. Fleischprodukten) am besten schmeckt, sind häufig die Aminosäuren; denn Aminosäuren sind oft Grundbausteine von Aromastoffen.
Das Natriumsalz der Glutaminsäure z. B. ist bei uns die technisch meisthergestellte Aminosäure: Sie dient als Geschmacksverstärker und schmeckt nach Fleischbouillon. Natürlich kommt Glutaminsäure in großen Mengen im Klebereiweiß des Weizens vor (40 %), aber auch die Gewinnung aus Maiskleber und Soja lohnt sich. Andere Aminosäuren schmecken süß (z. B. Alanin, Glycin, Serin, Threonin, Prolin), bitter

(Histidin, Phenylalanin, Tryptophan) oder nach Schwefel (Methionin). Oft entwickelt sich das typische Aroma eines Lebensmittels erst beim Rösten, Braten, Backen oder Fritieren. Verantwortlich sind dafür meist schwefelhaltige Aminosäuren, zusammen mit Fett und auch Kohlenhydraten. Bekannter als die Aminosäure Histidin ist vielen Allergikern das biogene Amin Histamin, das aus Histidin auch in kleinen Mengen beim Rösten und Braten entsteht.

Wichtiger als für den Geschmack sind Aminosäuren als *essentielle Nährstoffe.*

Für den Menschen sind die Aminosäuren Isoleucin, Leucin, Lysin, Methionin, Phenylalanin, Threonin, Valin und Tryptophan essentiell.

Die biologische Wertigkeit eines Proteins (Gramm gebildetes Körperprotein / 100 g Nahrungsprotein) ist bestimmt durch:

1. Gehalt an diesen essentiellen Aminosäuren in Nahrungsmitteln,
2. durch das Mengenverhältnis der essentiellen Aminosäuren zueinander und zu den nicht-essentiellen.

Die biologische Wertigkeit eines Nahrungsmittels wird normalerweise durch die essentielle Aminosäure begrenzt, die im Minimum im Nahrungsmittel vorliegt. Orientierungsprotein, an dem die biologische Wertigkeit aller anderen Nahrungsmittel gemessen wird, ist das Hühnereiprotein oder Muttermilch.

Lebensmittel		Biologische Wertigkeit
Vollei und Kartoffel	(35% 65%)	137
Vollei und Milch	(71% / 29%)	122
Vollei und Weizen	(68% 32%)	118
Bohnen und Mais	(52% 48%)	101
Vollei		100
Kartoffel		90–100
Kuhmilch		84–88
Rindfleisch		83– 92
Edamer Käse		85
Schweizer Käse		84
Soja		84
Reis		83
Roggenmehl		86– 83
Grünalgen		81
Mais		72–76
Bohnen		73
Weizenmehl		59

Quelle: Kasper H.: Ernährungsmedizin und Diätik, München 1985

Entgegen weitverbreiteter Meinung liefern Fleisch und Kuhmilch kein vollwertiges Eiweiß. Beide enthalten zu wenig *Methionin.* Auch für Leguminosen ist *Methionin* limitierende Aminosäure. Außerdem ist Methionin hitzeempfindlich und wird auch beim Backprozeß geschädigt, besonders wenn gleichzeitig viele Kohlenhydrate vorliegen wie beim Brot. Ein Schwund ist auch bei erhitzten und länger z. T. unsachgemäß gelagerten Lebensmitteln wie Trockenei, Milch, Trockenmilch und Mehl zu vermerken.

Das Milchprotein Casein hat zudem ein *Tryptophan*defizit, das auch in hochgezüchtetem Mais und Reis vorliegt.

Bei Getreide und Getreideprodukten (Cerealien) und generell bei pflanzlichen Proteinen spricht man von der *»Lysin-Lücke«.* Da Lysin leicht von anderen Stoffen gebunden wird und dann nicht mehr verdaulich ist, treten auch in lysinreichen Lebensmitteln erhebliche Verluste auf. Lysinschwund tritt beim Backprozeß auf, bei längerer Lagerung von Trockenmilch, Trockenei und Mehl. Bei Säuglingsmilchpräparaten hat man in großen Mengen das nicht verwertbare Lysino-Alanin (150–640 mg/kg Protein) festgestellt. Werden Leguminosen (Erbsen, Linsen, Bohnen, Soja) einem Hitzeaufschluß im Autoklaven unterzogen, gehen auch Lysin und die schwefelhaltigen Aminosäuren verloren. Fleisch enthält zwar relativ viel Lysin, es wird aber beim Pökeln durch Nitrit zerstört.

Roggen, Weizen, Hirse und Reis haben einen *Threonin-Mangel.* Reich an Threonin sind Molkeneiweiß, Fleisch und Bierhefe. Die essentiellen Aminosäuren *Leucin und Isoleucin* sind in allen Lebensmitteln ausreichend vorhanden. Reich an *Valin* sind besonders Lupinensamen und Getreideeiweiß, speziell Reis.

Summa summarum gilt:

Tierische Proteine sind zwar höherwertiger als pflanzliche, die höchste biologische Wertigkeit erreichen Lebensmittelkombinationen. Aber auch mit Fleisch oder Milch alleine ist man hinsichtlich der Zufuhr an essentiellen Aminosäuren eher unterversorgt. Lebensmittelkombinationen sind also unerläßlich. Die höchste bislang beobachtete biologische Wertigkeit erbringt ein Gemisch aus 35% Eiprotein und 65% Kartoffelprotein. Aber auch reine Vegetarier brauchen keinen Mangel zu befürchten: Der Lysin- und Threoninmangel von Getreide z. B. ist durch Leguminosen (Hülsenfrüchte) ohne weiteres auszugleichen; die wiederum werden durch Getreide in ihrem Methionindefizit verbessert.

Denaturierte Proteine

Das hört man immer wieder, z. B., wenn von der H-Milch gesprochen wird: Da ist doch gar nichts mehr drin, die Eiweißstoffe sind denaturiert, das ist schädlich für den Menschen.

Denaturierung heißt:

Das Protein ist in seiner Grundform (Konfiguration) reversibel und oft auch irreversibel verändert worden durch Temperatureinwirkung, pH-Wert-Änderung, Zusatz von Salzen oder organischen Lösemitteln. Unter diesen Bedingungen werden in Eiweißstoffen chemische und elektrostatische Bindungen verändert.

Zu Hause abgekochte Frischmilch hat also auch denaturiertes Eiweiß, irreversibel denaturiert wird das Eiweiß beim »Eierkochen«. Für biologisch aktive Proteine, z. B. Enzyme, bedeutet die Denaturierung den Verlust der Aktivität.

Ein *Nährwertverlust* des Eiweißes ist mit der Denaturierung nicht verbunden, da Eiweißstoffe bei der Verdauung in ihre Aminosäurebausteine zerlegt werden müssen, um von unserem Körper aufgenommen werden zu können. Der Wertverlust der H-Milch entsteht durch die Zerstörung eines großen Teils der Vitamine bei der Ultrahocherhitzung und nicht bei der Denaturierung. Obwohl man weiß, daß die Verarbeitung von Lebensmitteln zu

– Zerstörung essentieller Aminosäuren (langfristige Lagerung bei Soja, Trockenmilch, Trockenei, Nitratpökelung zerstört Lysin)

– Überführung essentieller Aminosäuren in andere Stoffe, die im Stoffwechsel nicht verwertbar sind (Maillard-Reaktion bei starker Erhitzung in Anwesenheit von Kohlenhydraten führt zur Bindung der Aminosäuren, auch bei Sterilisierung von Dosen)

– Herabsetzung der Verdaulichkeit durch Vernetzungen

– und u. U. zur Entstehung giftiger Folgeprodukte führt

– und toxikologisch und ernährungsphysiologisch Unklarheiten bestehen, wird die Veränderung (Modifizierung) von Proteinen aus lebensmitteltechnologischen Gründen immer weiter vorangetrieben. Das Forschungsinteresse z. B. an Getreideeiweiß bezieht sich in der Hauptsache auf die Verbesserung des für uns relativ wertlosen Klebereiweißes von Weizen, um den Backprozeß zu erleichtern.

Texturierte Proteine

Seit Mitte der fünfziger Jahre müssen wir uns mit dem Unsinn der texturierten Proteine, die selbst vor den Reformhäusern nicht halt machen, auseinandersetzen. Und das kam so:

Das weltweit produzierte Protein ist zu 70% pflanzlichen und zu 30% tierischen Ursprungs, wobei das pflanzliche ausschließlich aus Getreidearten und Ölsaaten stammt. Leider dominiert bei pflanzlichen Proteinen die *globuläre Struktur.* Lebensmitteltechnologisch erwünscht ist aber die *Faserstruktur.* Es wurden deshalb Verfahren entwickelt, die globulären Proteinen Faserstruktur verleihen. Bei geschickter Prozeßführung erzielt man kochfeste Produkte von fleischähnlichem Aussehen, die zur Streckung von Fleisch (meat extender), als Fleischsurrogat (meat analog) und überhaupt überall da eingesetzt werden, wo Protein*stücke* erwünscht sind.

Die Proteinquellen sind:

Soja, Milcheiweiß (Casein), Weizenkleberprotein, Baumwollsaat, Erdnuß, Sesam, Sonnenblumen, Saflor, Lein, Raps, Hefe, Molkenprotein, Blutplasma, Schlachtabgänge (Lungen- und Magengewebe).

Wie günstig, daß man später die Eiweißquelle nicht mehr erkennen kann!

Für die Texturierung bestehen derzeit zwei Verfahren:

1. Das Ausgangsprotein wird aufgelöst und durch eine relativ dünne Spinndüse in ein Fällband gepreßt (Spinnprozeß).

2. Bekannter ist die billige Extrusion: Das Ausgangsprotein wird im feuchten Zustand bei hohem Druck und hoher Temperatur einer starken Scherbeanspruchung ausgesetzt und erstarrt in Faserstruktur.

Beide Prozesse sind abzulehnen,

denn:

a) Die Proteine sind im Ausgangszustand mit weniger Energieaufwand in einen verzehrfähigen Zustand zu bringen.

b) Das Eiweiß durchläuft eine Reihe von chemischen Bindungen, von denen jede Rückstände hinterläßt.

c) Das geschmacksneutrale Endprodukt wird mit Geschmacksverstärkern, Bindemitteln, Farb- und Aromastoffen in einen genießbaren Zustand versetzt.

Vitamine

Bedarf und wünschenswerte Menge der Zufuhr

Der exakte Bedarf an Vitaminen ist schwierig zu erfassen. Wenn keine Mangelkrankheit auftritt bzw. mit biochemischen Methoden kein Mangelzustand nachgewiesen werden kann, heißt das noch nicht, daß die Versorgung dann optimal ist. Empfehlungen für die Vitaminzufuhr, in der BRD von einer Kommission der Deutschen Gesellschaft für Ernährung (DGE) herausgegeben, operieren daher mit Sicherheitszuschlägen, deren Höhe in Abständen an neue Forschungsergebnisse und die jeweilige Ernährungssituation angepaßt wird. Von Land zu Land können diese Empfehlungen daher unterschiedlich ausfallen. Die Problematik von Empfehlungen wird an der Ascorbinsäure (Vitamin C) deutlich:

Bei Zufuhr von täglich 10 mg wird ein Skorbut verhindert, die DGE empfiehlt etwa 75–100 mg. Eine tägliche Zufuhr von 3–4 g soll vor Erkältungskrankheiten schützen, und insbesondere Linus Pauling erhofft sich von über 10 g (10000 mg) pro Tag einen wirksamen Schutz vor Krebs. Wem soll man da glauben?

Bei *Überdosierung* wasserlöslicher Vitamine kann gesundheitlich nicht viel passieren, da sie im Körper kaum angereichert werden können und das »Zuviel« ausgeschieden wird.

Die fettlöslichen, insbesondere die Vitamine A und D, sind viel gefährlicher: Überdosierungen können zu schweren Vergiftungen und Organschäden führen.

Wir gehen davon aus, daß bei der von uns empfohlenen Vollwerternährung auch die Zufuhr von Vitaminen in optimaler Weise gedeckt wird. Hinweise darauf, wieviel von welchem Vitamin in welchem Nahrungsmittel anzutreffen ist, erübrigen sich damit – wer kann schon bei seiner täglichen Küchen- und Essenspraxis darauf achten?

Der Vollständigkeit halber sind bei den einzelnen Vitaminen die entsprechenden Zufuhrempfehlungen der DGE genannt. Die jeweils höheren Werte beziehen sich auf Schwangere bzw. Stillende.

Thiamin (= Vitamin B_1)

Thiamin wurde bereits früh (Ende des letzten Jahrhunderts) entdeckt und untersucht. Man erkannte, daß es sich um eine stickstoffhaltige, lebensnotwendige Substanz handelt und prägte den Begriff »Vitamin« (vita = das Leben, amin = stick-

stoffhaltige Verbindung). Dieser Name steht nun für eine ganze Gruppe von Verbindungen.
Thiamin wird als solches aus der Nahrung resorbiert und in der Leber in Thiamintriphosphat (TPP) überführt. TPP ist als Coenzym Bestandteil von Enzymen, die eine Rolle spielen im Citronensäurezyklus und im Kohlenhydratabbau. Ein Mangel an Thiamin betrifft vor allem den Kohlenhydratstoffwechsel und daher vor allem die Zellen, die vorzugsweise oder ausschließlich Glukose verwerten, Mangelerscheinungen sind somit u. a. Muskelkrämpfe als Folge einer Degeneration der Nervenzellen.
Das Krankheitsbild der Beri-Beri, das vor allem in asiatischen Ländern bei einem hohen Anteil an poliertem Reis in der Nahrung beobachtet wurde, beruht auf einem Mangel an Thiamin und anderen Vitaminen. Bei chronischem Alkoholmißbrauch findet man ein ähnliches Krankheitsbild, das auf eine Resorptionsstörung zurückgeführt wird. Da Vitamin B_1 wasserlöslich ist und zudem nur eine kurze Halbwertszeit von etwa zwei Wochen hat, ist eine kontinuierliche Zufuhr mit der Nahrung wichtig. Die Diskussion, ob ein hoher Kohlenhydratanteil in der Kost einen höheren Thiaminbedarf hervorruft, ist noch nicht abgeschlossen. Manche Ernährungswissenschaftler vertreten die Meinung, daß pro Nichtfettkalorie ein Mikrogramm Thiamin zugeführt werden muß. Denkbar ist es, da bei hohem Kohlenhydratangebot auch die Menge an abbauenden Enzymen erhöht werden muß und damit auch von Coenzymen.
Die DGE empfiehlt für den Erwachsenen eine Thiaminzufuhr zwischen 1,4 und 1,8 Milligramm / Tag.

Riboflavin (= Vitamin B_2)

Riboflavin wurde zuerst aus Milch isoliert. Es ist für die grünlich-gelbe Farbe der Molke verantwortlich. Riboflavin ist Bestandteil der Coenzyme Flavinmononukleotid und Flavin-Adenin-Dinucleotid. Diese sind am Aufbau der Flavinenzyme beteiligt, die als Wasserstoffüberträger dienen. Besonders wichtig ist die Beteiligung an der Atmungskette, in der über viele Einzelschritte Wasserstoff unter Energiegewinnung auf Sauerstoff übertragen wird, wobei Wasser entsteht. Als Wasserstoffüberträger greifen die Flavinenzyme aber auch in den Kohlenhydrat-, Aminosäuren- und Fettsäurenstoffwechsel ein.
Ein Mangel an Riboflavin ruft schwere allgemeine Störungen hervor. Ein typisches Krankheitsbild gibt es nicht, statt dessen treten eine Vielzahl von unspezifischen Symptomen auf, wie Müdigkeit, Veränderungen der Lippen- und Mundschleimhaut, Hornhautveränderungen u. v. a. m. Leichte Mangelzustände äußern sich in Mundwinkelrissen, Schuppenbildung der Haut, brüchige Fingernägel usw. Das sind Symptome, die aber auch bei anderen Vitaminmangelzuständen beobachtet werden. Eine Erklärung dafür ist, daß Riboflavin z. B. auch im Stoffwechsel des Pyridoxins eine Rolle spielt, so daß bei Vitamin B_2-Mangel auch ein Pyridoxinmangel auftritt. Empfehlung für die Zufuhr: 1,8–2,5 Milligramm / Tag.

Niacin

2 Verbindungen, die Nicotinsäure (Niacin) und das Nicotinamid, besitzen die gleiche Vitaminwirksamkeit. Manchmal werden beide Substanzen unter dem Sammelnamen Niacin verwendet. Nicotinsäure kann in das Nicotinamid überführt werden. Diese Verbindung ist Bestandteil von wasserstoff-übertragenden Coenzymen, dem *N*icotinamid-*A*denin-*D*inucleotid (NAD) und dem *N*icotinamid-*A*denin-*D*inucleotid-*P*hosphat (NADP). Diese Coenzyme sind an einer Vielzahl von Vorgängen beim Auf- und Abbau der Kohlenhydrate, der Fettsäuren und der Aminosäuren beteiligt. Sie sind dabei an der Aufnahme oder Abgabe von Wasserstoff beteiligt. In der Atmungskette übertragen sie den Wasserstoff auf die Flavinenzyme (siehe Vitamin B_2).
In gewissen Mengen kann Niacin aus der essentiellen Aminosäure Tryptophan gebildet werden. Ist die Nahrung arm an dieser Aminosäure, so unterbleibt die Niacinbildung. Aber auch bei normaler Tryptophanmenge in der Nahrung reicht die Niacinbildung nicht aus, so daß eine Zufuhr unerläßlich ist.
Mangel an Niacin betrifft vor allem die Haut, den Verdauungstrakt und das Nervensystem. Charakteristisches Mangelsymptom sind schwarze Verfärbungen der der Sonne ausgesetzten Hautpartien (Pellagra). Die Veränderungen am Verdauungstrakt bewirken Appetitverlust, Verstopfung, Durchfall usw. Die nervösen Störungen äußern sich in Gliedmaßenschmerzen, Depressionen, Verwirrtheitszuständen usw.
Die Empfehlungen für die Zufuhr: 9–16 Milligramm Niacinäquivalente/Tag.

Pyridoxin (= Vitamin B_6)

Unter der Bezeichnung Pyridoxin werden 3 Verbindungen zusammengefaßt, nämlich Pyridoxol, Pyridoxal und Pyridoxamin. Die Wirkform ist das Pyridoxalphosphat. Diese Verbindung ist Bestandteil von Enzymen, die im Aminosäurenstoffwechsel eine Rolle spielen. Pyridoxin ist auch von Bedeutung für die Bildung von biogenen Aminen aus Aminosäuren, die als Gewebshormone und im Nervensystem als Neurohormone vorkommen.
Vitamin B_6 fördert auch die Resorption von Aminosäuren sowie den Aminosäurentransport in die Zellen. Diese Wirkung beruht möglicherweise auf der Stimulierung des Wachstumshormons. Pyridoxin ist auch erforderlich für die Aufrechterhaltung des Spiegels an Coenzym A in der Leber (siehe Pantothensäure). Wachstumsstörungen und Störungen der Eiweißsynthese treten bei einem Mangel an Vitamin B_6 auf. Hautveränderungen und eine nicht auf Eisentherapie ansprechende Blutarmut sind weitere Zeichen von Vitamin B_6-Mangel. Auch nervöse Störungen werden beobachtet. Frauen, die orale Kontrazeptiva nehmen, weisen einen gestörten Stoffwechsel der Aminosäure Tryptophan auf, der durch höhere Aufnahme an Pyridoxin normalisiert werden kann.
Die Pyridoxinzufuhr sollte für den Erwachsenen 1,6 bis 3,6 Milligramm/Tag betragen.

Pantothensäure

Wie schon aus dem Namen hervorgeht, ist die Pantothensäure weit verbreitet (Pan, panto = all, gesamt). Die Wirkform ist das Coenzym A (CoA). CoA reagiert im Stoffwechsel mit an sich wenig reaktionsfähigen Gruppen und macht sie reaktionsbereit. Eine zentrale Bedeutung kommt der aktivierten Essigsäure (Acetyl CoA) zu, denn diese Verbindung stammt aus dem Abbau der Fette, der Kohlenhydrate und vieler Aminosäuren. Acetyl CoA wird entweder in den Citratcyclus eingeschleust und unter Energiegewinn abgebaut, oder es dient zum Aufbau einer Reihe von Stoffen, z. B. der Fettsäuren und der Steroide.
Wegen der sehr weiten Verbreitung ist ein Pantothensäuremangel bei uns unbekannt. Bei starker Unterernährung kommt es zum »burning feet syndrom«, das auf Ausfallerscheinungen im Nervensystem beruht. Weitere Symptome, die bei künstlich hervorgerufenem Mangel beobachtet werden, sind Wachstumsstörungen, Gewichtsverlust, Hautschädigungen usw.
Wünschenswerte Mengen der Zufuhr: 8–10 Milligramm/Tag.

Vitamin K

Verbindungen, die als Vitamin K wirken, enthalten als chemischen Grundkörper das 2-Methyl-1,4-naphtochinon. Es gibt natürliche und synthetische Vitamin K-Verbindungen. Sie sind an der Bildung von 4 Blutgerinnungsfaktoren beteiligt. Abkömmlinge des Cumarins (z. B. im Waldmeister enthalten) hemmen Vitamin K und unterdrücken somit die Blutgerinnung, was therapeutisch genutzt wird.
Mangel an Vitamin K tritt beim Menschen selten auf, da die Mikroorganismen des Darms zur Versorgung beitragen. Deshalb gibt die DGE auch keine Empfehlungen für die wünschenswerte Zufuhr an. Bei geschädigter Darmflora (Antibiotika- oder Sulfonamidbehandlung) kann es zu Mangelerscheinungen kommen, die sich in verzögerter Blutgerinnung äußern.

Biotin (alte Bezeichnung: Vitamin H)

Biotin wirkt als Coenzym von Enzymen, die Kohlendioxid (CO_2) übertragen (Carboxylasen). Biotin nimmt CO_2 unter Bildung eines CO_2-Biotin-Enzym-Komplexes auf (= aktivierte Kohlensäure) und überträgt es auf andere Verbindungen. Beim Aufbau von Aminosäuren und von Fettsäuren sowie beim Abbau von Aminosäuren und ungeradzahligen Fettsäuren spielt Biotin eine Rolle. Eine weitere wichtige Reaktion im Stoffwechsel (Citratcyclus) ist die Bildung von Oxalessigsäure (Oxalacetat) aus Brenztraubensäure (Pyruvat).
Mangel ist beim Menschen selten, da die Darmbakterien einen erheblichen Beitrag zur Versorgung leisten. Die Zufuhr eines biotin-bindenden Eiweißstoffes (Avidin), der im rohen Eiklar vorkommt, führt zu Biotinmangelerscheinungen. Folgen sind Hauterkrankungen, Haarausfall, Lähmungen, gestörter Glukose-Stoffwechsel u. a.
Die DGE empfiehlt eine Biotinzufuhr von 100–200 Mikrogramm je Tag.

Folsäure

Alle Verbindungen, die als chemische Bestandteile einen Pteridinrest, einen p-Aminobenzoesäurerest und einen oder mehrere Glutaminsäurereste enthalten, werden als Folsäure bezeichnet. Folsäure wirkt in der reduzierten Form als Tetrahydrofolsäure. Diese Verbindung ist als Coenzym an der Übertragung von Einkohlenstoffeinheiten sowie an deren Umwandlung ineinander beteiligt. Beispiele für solche Gruppen sind z. B. die Methyl- ($-CH_3$), die Methylen- ($=CH_2$), die Methenyl- ($=CH$), die Formyl- ($-CHO$), die Hydroxymethyl- (CH_2OH), die Formimino- ($HC=NH$) gruppe usw. Der Transfer von C_1-Resten ist z. B. von Bedeutung für den Aufbau von Purinen und Pyrimidinen, stickstoffhaltigen Basen, die Bestandteile von Nukleinsäuren sind. Nukleinsäuren kommen vor allem in Zellkernen als Träger der Erbanlagen vor sowie als Informationsüberträger für die Eiweißsynthese.

Folsäure spielt darüber hinaus noch bei vielen anderen Reaktionen als Gruppenüberträger eine Rolle.

Bei Folsäuremangel ist die Nukleinsäurebildung gestört. Im Vordergrund steht eine Verminderung der Bildung von Blutzellen. Betroffen sind auch die Schleimhäute der Mundhöhle und des Magen-Darm-Traktes mit Durchfällen und Resorptionsstörungen. Ein Teil des Folsäurebedarfes wird durch die Darmflora gedeckt. Da Antibiotika und Sulfonamide die Mikroorganismen schädigen, kann es zu Unterversorgungszuständen kommen, wenn zugleich die Zufuhr mit der Nahrung zu gering ist. Die Empfehlung für die Zufuhr liegt bei 400 bis 1000 Mikrogramm je Tag.

Cobalamine (= Vitamin B_{12})

Die als Vitamin B_{12} wirksamen Verbindungen sind kompliziert aufgebaute Strukturen, die als Grundkörper einen Corrinring besitzen, der als Zentralatom Cobalt enthält. Nur Mikroorganismen können diese Verbindungen aufbauen. Man findet Vitamin B_{12} in tierischen Lebensmitteln sowie in Tempeh (siehe Soja-Sonein). Damit Vitamin B_{12} resorbiert werden kann, muß es an einen Eiweißstoff, den sogenannten »intrinsic factor«, gebunden werden, der von der Magenschleimhaut gebildet wird.

Vitamin B_{12} ist als Coenzym am Abbau der Propionsäure und damit der Aminosäuren Valin, Threonin, Isoleucin und Methionin beteiligt. Ferner spielt es bei der Bildung von Methionin aus Homocystein eine Rolle. An diesem Reaktionsschritt ist die Folsäure als Methylgruppenüberträger beteiligt. Bei Mangel an Vitamin B_{12} kann die Folsäure ihre Methylgruppe nicht abgeben und als Vitamin wirken.

Die Vitamin B_{12}-Mangelkrankheit ist die »perniziöse Anämie«, die wie beim Folsäuremangel durch eine gestörte Blutzellenbildung gekennzeichnet ist. Ferner treten nervöse Störungen auf. Diese kommen möglicherweise durch eine abnorme Fettsäurenzusammensetzung zustande. Die beim B_{12}-Mangel nicht abbaubare Propionsäure führt zur Bildung von verzweigten oder ungeradzahligen Fettsäuren, die im Nervengewebe von Patienten mit perniziöser Anämie gehäuft gefunden werden. Ein Mangel an Vitamin B_{12} kommt durch Fehlen des »intrinsic factor« zustande, zuweilen auch bei chronischer Unterernährung. Vitamin B_{12} wird

auch von den Darmbakterien gebildet. Man nahm aber an, daß dieses nicht zur Versorgung beitrage, da der normale Resorptionsort in einem bakterienfreien Darmabschnitt liegt. Da jedoch auch bei Personen ohne B_{12}-Zufuhr, nämlich strengen Vegetariern, *keine* Mangelzustände auftreten (Mängel sind auch in diesem Personenkreis auf Mangel an intrinsic factor zurückzuführen), trägt die Darmflora offensichtlich doch zur Versorgung bei.
Die Halbwertszeit von Vitamin B_{12} ist relativ groß, und gewisse Mengen können in der Leber gespeichert werden. Der Körpervorrat kann daher einige Jahre ausreichen. Zufuhr: 5,0–7,5 Mikrogramm/Tag.

Ascorbinsäure (= Vitamin C)

Die wichtigsten als Vitamin C wirksamen Substanzen sind die L-Ascorbinsäure und die Dehydroascorbinsäure. Vitamin C wird von fast allen Tier- und Pflanzenarten aus Glucose gebildet. Nur dem Menschen und einigen Tierarten fehlt ein bestimmtes Enzym, das für die Bildung der Ascorbinsäure erforderlich ist.
Ascorbinsäure (AS) und Dehydroascorbinsäure (DAS) sind umkehrbar ineinander überführbar. Durch den Übergang vom reduzierten (AS) in den oxidierten Zustand (DAS) stellt Vitamin C ein Redoxsystem dar, das von vielen Enzymen genutzt wird.
Die Ascorbinsäure ist am Elektronentransport in der Atmungskette beteiligt. Sie wirkt hier in Form des Radikals Semidehydroascorbinsäure. Ferner ist Ascorbinsäure an der Synthese des Kollagens, eines Bindegewebsbestandteils, beteiligt sowie am Aufbau von Hormonen. Vitamin C dient auch dazu, Metallionen in der reduzierten und damit aktiven Form zu halten. Das ist insbesondere für den Eisen- und Kupferstoffwechsel von Bedeutung. Die Resorption und der Transport von Eisen sind im Vitamin C-Mangel gestört.
Ferner kann Ascorbinsäure mit Radikalen reagieren und diese dadurch unschädlich machen. Dabei geht Ascorbinsäure selbst in das Semidehydroascorbinsäure-Radikal über. Dieses greift aber andere Verbindungen kaum an. Eine Kettenreaktion der Radikalbildung findet nicht statt, denn es reagieren 2 Semidehydroascorbinsäure-Radikale unter Bildung von AS und DAS miteinander.
Der menschliche Körper verfügt über noch unbekannte Mechanismen einer kurzfristigen Speicherung, denn Mangelsymptome treten erst einige Monate nach Vitamin C-freier Ernährung auf. Die krasse Form des Mangels ist der Skorbut, eine früher stark gefürchtete Seefahrerkrankheit. Sie äußert sich in schweren Störungen des Bindegewebsstoffwechsels mit Veränderungen der Knochen und Gelenke und Blutungen des Zahnfleisches und der Muskulatur. Heute stehen leichtere Unterversorgungssymptome im Vordergrund. Das sind z. B. eine erhöhte Infektionsanfälligkeit und verminderte Streßresistenz. Eine wichtige Rolle spielt Vitamin C auch durch die hemmende Wirkung auf die Bildung von krebserregenden Nitrosaminen aus Nitrit und Aminen. Bei der Beurteilung der Zufuhr ist zu bedenken, daß Vitamin C gegen äußere Einflüsse sehr empfindlich ist und durch Zubereitung in erheblichem Maße zerstört werden kann. Raucher sollen der Vitamin-C-Zufuhr besondere Beachtung schenken, da sie einen erhöhten Bedarf haben.
Die DGE empfiehlt eine Vitamin C-Zufuhr von 75–110 Milligramm/Tag.

Vitamin A (= Retinol)

Retinol findet man nur in tierischen Organismen. In Pflanzen oder Mikroorganismen befinden sich Vorstufen des Vitamins A, Carotinoide, die mit unterschiedlicher Wirksamkeit in Vitamin A überführt werden können. Merkmal der Vitamin A-wirksamen Carotinoide ist die aus Isoprenresten aufgebaute Seitenkette und der Beta-Iononring. In der Dünndarmschleimhaut werden die Carotinoide in Vitamin A überführt.

Das wichtigste Provitamin ist das Beta-Carotin. Enthält die Nahrung sehr viel Carotin (z. B. bei hohem Verzehr an Möhren), so wird die Verbindung nicht umgewandelt und zunächst in der Haut abgelagert, die dadurch eine bräunliche Farbe annimmt.

Vitamin A spielt eine wichtige Rolle beim Sehvorgang, ferner beim Aufbau der Lipidmembranen der Epithelzellen der Haut und der Schleimhäute. Ein Mangel an Vitamin A führt zu schlechtem Dämmerungssehen (Nachtblindheit) und zu Verhornungen der Epithelzellen. Auch die Knochenbildung ist gestört. Weitere Symptome sind Appetitverlust, erhöhte Anfälligkeit gegen Infektionskrankheiten, verminderte Widerstandskraft gegen Belastungen.

Da Vitamin A fettlöslich ist, kann es im Körper, vor allem in der Leber, gespeichert werden. Eine Überversorgung (Hypervitaminose) wird am häufigsten durch Präparate verursacht. Sie äußert sich z. B. in trockener Haut und trockenen Schleimhäuten, Kopfschmerzen, Gliederschmerzen, Spontanfrakturen usw. Durch hohe Aufnahme an Carotin kann es nicht zu einer Hypervitaminose kommen, da die Kapazität der Resorption und Umwandlung begrenzt ist.

Die DGE empfiehlt eine Zufuhr von 800–1200 Mikrogramm Retinoläquivalente/ Tag.

Vitamin D

Die Vitamine D gehören zu der Stoffklasse der Steroide. Die wichtigsten Vertreter sind das Ergocalciferol (Vitamin D_2) und das Cholecalciferol (Vitamin D_3). Letzteres kommt nur in tierischen Organismen vor und ist in der Natur am weitesten verbreitet. Die Vorstufen des Vitamin D_3 können im menschlichen Organismus aufgebaut werden. Unter Entwicklung von UV-Strahlen des Sonnenlichtes entsteht in der Haut das Vitamin D_3. Nur bei zu geringer Sonnenbestrahlung ist der Mensch auf die Zufuhr mit der Nahrung angewiesen. Vitamin D ist eigentlich ein Hormon.

1,25-Dihydroxycholecalciferol, ein Umwandlungsprodukt von Vitamin D_3, steigert die Resorption von Calcium und Phosphat aus dem Darm und fördert die Einlagerung von Calciumsalzen in die organische Matrix des Knochens. Die Bildung der aktiven Verbindung wird durch Hormone (Parathormon und Calcitonin) gesteuert. Nur bei einer ausreichenden Konzentration an Calcium und Phosphat im Blut ist die Einlagerung der beiden Mineralstoffe in die Knochen gewährleistet.

Mangel an Vitamin D führt bei Säuglingen zu Rachitis, einem Krankheitsbild, das durch eine Verkalkungsstörung des Skeletts gekennzeichnet ist. Da das Skelett biegsam bleibt, kommt es zu Verformungen, wie X- und O-Beinen, Rundrücken,

veränderter Kopfform, ferner sind die Rippenenden knorpelig aufgetrieben (»Rosenkranz«): Da Säuglinge, besonders, wenn sie in den Wintermonaten geboren werden, nicht ausreichend der Sonne ausgesetzt sind und auch über die Nahrung nicht genug Vitamin D aufnehmen, wird Vitamin D in Form von Präparaten verabreicht. Hier ist eine exakte Einhaltung der Dosis wichtig, da die Spanne zwischen wünschenswerter und schädlicher Wirkung gering ist. Bei zu reichlicher Zufuhr (Hypervitaminose) kommt es zu Verkalkung der weichen Gewebe, vor allem der Blutgefäße und der Nieren.
Empfohlene Zufuhr: 2,5–1,0 Mikrogramm/Tag.

Vitamin E (= Tocopherole)

Die als Vitamin E wirksamen Verbindungen werden unter der Bezeichnung Tocopherole zusammengefaßt. Sie bestehen aus einer gesättigten oder ungesättigten isoprenoiden Seitenkette und einem Chromanring. Der wichtigste Vertreter ist das Alpha-Tocopherol, das zugleich die höchste biologische Wirksamkeit besitzt. Die wichtigste Funktion der Tocopherole besteht darin, die Autoxidation von mehrfach ungesättigten Fettsäuren zu verhindern. Sie wirken besonders in den Zellmembranen als natürliche Antioxidantien. Vitamin E schützt auch Vitamin A vor Oxidation.
Mangelzustände werden beim Menschen kaum beobachtet, da die Tocopherole in vielen Nahrungsmitteln vorkommen. Ob die therapeutische Anwendung von Vitamin E in Form von Präparaten sinnvoll ist, ist bisher nicht erwiesen. Die Wirksamkeit synthetischer Tocopherole ist darüber hinaus eingeschränkt.
Die DGE empfiehlt eine tägliche Zufuhr von 12 bis 20 Milligramm.

Künstliche Vitamine – Hilfe für den fehlernährten Zeitgeist?
Das Heilversprechen, unsere Industrienahrung nur mit Vitaminpülverchen überleben zu können, suggeriert nicht nur käufliche Gesundheit, sondern wirkt auch einer Neuorientierung des Verbrauchers entgegen, das Problem der Fehlernährung im Ansatz zu lösen. Denn:
1. werden Vitamine oft Produkten zugesetzt, deren Minderwertigkeit auch durch noch so gesunde Zusätze nicht verbessert werden kann (z. B. Vitamine in überzuckerten Säften oder reinen Zuckerprodukten wie Bonbons, Eis).
2. Funktion und Resorption der Vitamine sind in ein Stoffwechselgefüge eingebettet; ein einzelner Vitaminschub kann nicht die Leistung des Gefüges erhöhen (z. B. werden synthetische oder naturidentische Vitamine teilweise schlecht resorbiert).
Die langfristige Dauervitaminierung von Nahrungsmitteln des täglichen Verzehrs ist das Produkt eines lebensmitteltechnologischen Fehlversuchs, denaturierten und kaputtverarbeiteten Rohstoffen durch technischen Einsatz nachträglich wieder Natürlichkeit zu verleihen.
Ob dieser überflüssige Produktionsumweg Bestand hat, hängt davon ab, ob der Verbraucher natürliche Lebensmittel gegen den Vitaminmix der Technologen eintauschen will.

Mineralstoffe

Zusammen mit dem Wasser werden die Mineralstoffe transportiert. Die Mineralstoffe sind, wie das Wasser, anorganische, nicht energieliefernde Nährstoffe. Der Körper besteht zu ca. 4 % aus Mineralstoffen. Diejenigen, die in einer Menge von über 5 g vorkommen, nennt man Mengenelemente. Dazu gehören Natrium (Na), Chlorid (Cl), Kalium (K), Calcium (Ca), Magnesium (Mg), Phosphat (P).
Die in geringer Menge vorkommenden Mineralstoffe bezeichnet man als Spurenelemente. Zu den lebensnotwendigen zählen Eisen (Fe), Kupfer

(Cu), Jod (I), Zink (Zn), Mangan (Mn), Cobalt (Co) und Molybdän (Mb). In sehr geringen Mengen erfüllen auch Chrom (Cr), Nickel (Ni), Fluor (F), Selen (Se), Silicium (Si), Vanadium (V) und Zinn (Sn) Aufgaben im Organismus. Aufgrund der Verbreitung in Luft, Boden und Trinkwasser nehmen wir weitere Elemente auf, die höchstwahrscheinlich entbehrlich sind, z. B. Aluminium, Barium, die Edelgase, Gold, Silber usw. Durch die zunehmende Industrialisierung und Umweltverschmutzung kommt der Mensch aber auch mit Elementen in Berührung, die keine Bausteine der lebenden Substanz, sondern nachweislich giftig sind. Dazu zählen vor allem die Schwermetalle Blei, Quecksilber und Cadmium und radioaktive Elemente. Einige der lebensnotwendigen Spurenelemente können, in zu hoher Konzentration, auch schädliche Auswirkungen haben (z. B. Selen, Fluor, Nickel).

Aufgaben der Mineralstoffe

Die Mengenelemente Calcium, Magnesium und Phosphat (Phosphat ist eine Verbindung des Phosphors, nämlich $(PO_4)^{3-}$) sind Bestandteile der Knochen, in denen sie ungelöst als Salz vorliegen. Im wesentlichen sind Calcium und Phosphat in Form des sogenannten »Hydroxylapatits« ($Ca_{10}(PO_4)_6(OH)_2$) am Skelettaufbau beteiligt. In Körperflüssigkeiten und Geweben liegen die Mineralstoffe in gelöster Form als positive oder negative Ionen vor und beeinflussen die physikalischen und chemischen Eigenschaften der Körperflüssigkeiten.

Na^+-, K^+- und Cl^--Ionen regulieren die Zellspannung (osmotischer Druck). 8 g Na^+ vermögen 1 Liter Wasser im Körper zu binden! Natrium- und Kaliumionen sind ferner, neben anderen Mineralstoffen, an der Erregbarkeit der Muskel- und Nervenzellen beteiligt. Weiterhin beeinflussen die als Ionen vorliegenden Mineralstoffe den pH-Wert des Blutes und das Verhalten von Körpereiweißstoffen. Viele Mineralstoffe hemmen oder fördern als Ionen Enzymsysteme (z. B. Mg^{++}, Ca^{++}, Fe^{++}, Mn^{++}, Zn^{++}).

Viele Mineralstoffe sind Bestandteile von organischen Verbindungen, die im Organismus lebensnotwendige Funktionen ausüben. Eisen kommt aufgrund seiner Fähigkeit, Sauerstoff zu binden, im Hämoglobin der roten Blutkörperchen vor, im Myoglobin der Muskelzellen sowie in vielen Enzymen, die für den letzten Schritt des Nährstoffabbaus, die »Verbrennung«, verantwortlich sind. Magnesium, Kupfer, Zink u. a. sind Bestandteile von Enzymen.

Mineralstoffe und Spurenelemente sind für den Menschen so wichtig, daß eine gezielte Auswahl von Lebensmitteln, besonders was Mangelelemente und Überschußelemente betrifft, wichtig ist. Bei einer abwechslungsreichen Vollwerternährung sind keine Mineralstoffmangelzustände zu erwarten. Zu achten ist besonders auf Natriumarmut, denn wir essen ohnehin zuviel Natrium aus versteckten Quellen über Kochsalz (die Gefahr kann auch beim Phosphat gegeben sein, durch Zusatz von Phosphatgaben in verarbeiteten Fleischprodukten), auf Calcium-, Eisen- und Kaliumreichtum.

Gehalt einiger Lebensmittel an Natrium, Kalium, Calcium, Eisen (Fe) und Phosphor (P) in mg/100 g eßbarem Anteil (Mittelwert)

Lebensmittel	Na	K	Ca	Fe	P
Vorzugsmilch	48	157	120	0,046	92
Butter	5	16	13	–	21
Emmentaler Käse (45 % Fett i. Tr.)	450	107	1020	0,31	636
Hühnereigelb	51	138	140	7,2	590
Hühnereiweiß	170	154	11	0,2	21
Schweinefleisch, mager	58	260	9	2,3	176
Blutwurst	680	38	6,5	6,4	22
Hering	117	360	34	1,1	250
Weizen (grauer Kern)	7,8	502	43,7	3,3	406
Kartoffel	3,2	443	9,5	0,8	50
Kopfsalat	10	224	37	1,1	33
Möhre	60	290	41	0,66	35
Apfel	3	144	7	0,48	12
Mindestbedarf des Menschen pro Tag (Annäherungswerte)	460	782	800–1000	1+2,8*	800–1200

* Dazu ist eine Zufuhr mit der Nahrung von 5–28 mg/Tag erforderlich, denn Eisen wird z. T. schlecht resorbiert

Wer überwiegend Weißbrot und Fett ißt, nimmt auf die Dauer zu wenig Kalium auf; kaliumreich ist die Kartoffel.

Da Eisen je nach Angebotsform sehr unterschiedliche Resorptionsraten aufweist, sagen die Eisengehalte in der Tabelle wenig aus. Am besten ausnutzbar ist Eisen aus Fleisch (20–30 %), bei Cerealien, Gemüse und Milch werden nur 1–1,5 % genutzt und durch gleichzeitigen Eiergenuß weiter gesenkt, während Vitamin C die Ausnutzung erhöht. Nicht eingeweichte

Kleie hat einen hohen Phytatgehalt (bindet Eisen) und entzieht so das Eisen der Resorption. Man nimmt an, daß die Eisenresorption beim gesunden Menschen durch den Bedarf gesteuert wird. Eisen ist lebensmitteltechnologisch häufig unerwünscht und wird dann vielfach aus Lebensmitteln entfernt. Calcium kommt in nur wenigen Lebensmitteln ausreichend vor und ist deshalb einer der häufigsten Faktoren für Mineralunterernährung bei Heranwachsenden in der Knochenbildungsphase.
Hauptcalciumquelle sind Milch- und Milchprodukte, mit Abstand folgen Obst, Gemüse, Getreide.
Auch Calcium wird aus der Nahrung häufig nicht vollständig resorbiert.
Zu hohe Zinkzufuhr, wie es bei Genuß saurer, in verzinkten Gefäßen gehaltener Speisen möglich ist, wirkt auf den Menschen toxisch. Nickel, das als technisches Hilfsmittel bei der Margarineherstellung zurückbleibt, kann zu Nickelallergien führen.
Der Zinngehalt kann in Weißblechdosen erhöht sein, wird aber von Menschen nur in geringen Mengen resorbiert.
Fluor wird derzeit als Zusatz zum Trinkwasser in Mengen von 0,5–1,5 ppm zu Kariesprophylaxe diskutiert. Da toxische Wirkungen aber bereits ab 2 ppm auftreten, ist die Trinkwasserfluoridierung umstritten.
Gute Jodquellen sind Milch, Eier, Seefische, Algen und Rotwein.
Aluminium wird für den Menschen für ungiftig gehalten, so daß auch gegen die Verwendung von Aluminiumgefäßen keine Bedenken bestehen.
Toxische Elemente sind Blei, Quecksilber, Arsen, Antimon, Thallium und gewisse Erden.

Vollwerternährung ist ganz einfach

Vergessen Sie jetzt alles wieder, was Sie eventuell bereits über einzelne Nährstoffe gehört haben: Wir essen keine Nährstoffe, sondern Lebensmittel! Ein Lebensmittel ist nicht die Summe einzelner Nährstoffe, sondern viel mehr als das, da die Inhaltsstoffe untereinander in Beziehung stehen und sich gegenseitig beeinflussen. Natürliche pflanzliche Nahrungsmittel enthalten in der Regel Nährstoffe und die dazugehörenden Vitamine und Spurenelemente. Wenn Sie eine möglichst vielseitig zusammengestellte Kost aus möglichst wenig bearbeiteten Lebensmitteln essen,

brauchen Sie keine Angst vor einer Unterversorgung an Vitaminen, Mineralstoffen und Spurenelementen zu haben.
Da Pflanzen und Tiere jedoch nicht primär dazu gedacht sind, dem Menschen zur Nahrung zu dienen, gibt es eigentlich kein einzelnes Lebensmittel, das gleichzeitig alles zum Leben Notwendige enthält. Wie Untersuchungen gezeigt haben, ist die Gefahr einer Mangelernährung dann groß, wenn sich die Kost aus nur wenigen Lebensmitteln zusammensetzt. In einer naturbelassenen, vielseitig zusammengesetzten und abwechslungsreichen Ernährung kommt es völlig automatisch zu Ergänzungswirkungen und Aufwertungen der Lebensmittel. Daher die Forderung der Vielseitigkeit und des niedrigen Bearbeitungsgrades.
Schuphan empfahl besonders Eintöpfe quer durch den Garten. Eine Ernährungsempfehlung gibt an, für die täglichen Salate und Gemüsegerichte drei verschiedene Blatt- und drei verschiedene Wurzelgemüse zu verwenden. Das ist vielleicht etwas übertrieben, zeigt aber gut, was unter Vielfalt zu verstehen ist. (Je bunter, desto besser!) Als Fette sollten hochwertige pflanzliche Öle, als Streichfett geringe Mengen guter Butter verwendet werden. Bei stark pflanzenbetonter Kost spielen die geringen Mengen Cholesterin aus Butter keine Rolle. Eine Alternative zur Butter stellen *Nußmuse* (Erdnuß-, Mandel-, Haselnußmus) dar.
An Milch und Milchprodukten wird nur Hochwertiges, wie Vorzugsmilch und guter Käse empfohlen. Etwa ein Drittel bis die Hälfte der Lebensmittel sollten roh und frisch gegessen werden. Fleisch und Eier spielen in der Vollwerternährung eine sehr untergeordnete Rolle. Der Genuß ist zwar nicht verboten, wird aber auch nicht empfohlen. Fleisch sollte jedoch Beilage sein, nicht Hauptgericht wie in der üblichen Küche. Bei maximal ein bis zwei Fleischmahlzeiten und 2 Eiern pro Woche kann man jedoch durchaus noch von Vollwerternährung sprechen. Zu meiden sind alle hochverarbeiteten Nahrungsmittel, insbesondere Weißmehl, Weißzucker, Konserven und Fleischwaren. Alkohol, Kaffee und Tee sollten nur in Maßen getrunken werden. (Vom Rauchen wollen wir lieber gar nicht erst reden!) Um alle Arten von Fast-Food und Fertiggerichten sollte man einen weiten Bogen machen, auch wenn sie noch so wohlklingende gesunde Namen haben oder aus Reformhaus und Bioladen stammen.
Die Lebensmittel sollen schonend und werterhaltend zubereitet werden (siehe 8 Regeln).
Der Einsatz von Kochsalz sollte stark eingeschränkt werden. Automatisches Nachsalzen, noch ohne vorher gekostet zu haben, bedarf unbedingt

verstärkter Eigenkontrolle. Eigentlich ist das Salzen völlig überflüssig. Die Natriumzufuhr wird durch den natürlichen Natrium-Gehalt der Gemüse und über verstecktes Salz in Käse und Wasser gedeckt. Zum Ausgleich wird mit Kräutern und Gemüse nicht gespart. Die Speisen sollten appetitlich sein und gut schmecken, dann kann Essen ruhig eine bewußte Tätigkeit sein, die auch ein wenig Zeit in Anspruch nehmen darf.

III. Lebensmittel und Vollwerternährung

Fleisch und Fleischerzeugnisse

Fleisch – das bedeutet im Sprachgebrauch eines Bundesdeutschen mehr oder weniger fettes Skelettmuskelgewebe von warmblütigen Tieren (Schwein, Rind, Schaf, Geflügel, Wild). Das deutsche Lebensmittelrecht versteht darunter hingegen *alle* Teile von warmblütigen Tieren, die in frischem oder verarbeitetem Zustand für den menschlichen Genuß geeignet sind, also auch Fettgewebe, Innereien, Blut, Därme und selbst Kuheuter wandern in die Wurst. An Fleisch – in diesem weiteren Sinne – verzehrt der Deutsche durchschnittlich seit einigen Jahren in etwa konstant 250 g pro Tag – und führt sich mit dieser Portion seinen gesamten täglichen Eiweißbedarf von ca. 50 g/Tag zu –, andere Eiweißquellen wie Brot, Milch, Gemüse und Käse nicht eingerechnet. Der Kohlenhydratgehalt im Fleisch ist sehr niedrig, beachtlich hoch aber ist der Fettgehalt, besonders in verarbeitetem Fleisch; man vergißt ihn leicht in der Energiekalkulation und wundert sich dann über wachsende Speckröllchen. Ballaststoffe enthält Fleisch nicht.
Mittlere Zusammensetzung von Fleisch:

100 g einer Fleischart enthält	Wasser in g	Protein in g	Fett in g	Mineralstoffe in g
Hammelfleisch, Keule	64,0	18,0	18,0	0,9
Hammelkotelett	52,0	14,9	32,0	0,8
Kalbsfilet	76,7	20,6	1,43	1,21
Kalbskotelett	74,3	21,1	3,05	1,18
Rindsfilet	75,1	19,2	4,41	1,07
Roastbeef	68,2	20,6	10,2	0,9
Schweinefilet	71,2	18,6	9,92	0,99
Schinken	59,3	16,9	22,9	0,9
Cervelatwurst	34,8	16,9	43,9	–
Frankfurter Würstchen	58,4	12,4	24,4	2,58
Hühnerbrust	75,0	22,8	0,9	1,2

nach: Souci, Fachmann, Kraut, Nährwerttabellen 1981/82

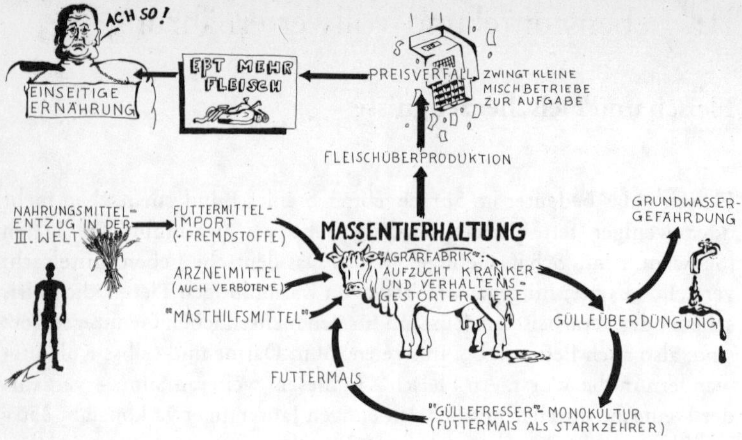

Es wird vollständig verdaut und bereitet dem Darm kaum Arbeit. Daher rührt die These von der leichten Verdaulichkeit von Fleisch. Der Irrglaube, daß das gesund sei, hält sich hartnäckig im Volkswissen, obwohl Ernährungswissenschaftler längst die Notwendigkeit erkannt haben, daß der Darm für eine geordnete Funktion Arbeit braucht! (Mit welchen Konsequenzen für die Gesundheit siehe: Ernährungskrankheiten.) Die Vitamine der B-Gruppe sind in Fleisch in beachtlichen Mengen vertreten, der Vitamin A- und C-Gehalt ist nur in Leber und Niere hoch.
Man kann nicht über Fleisch reden, ohne über die Fleischproduktionsbedingungen zu diskutieren. Bei keinem anderem Nahrungsmittel wird deutlicher, daß zur Erzielung einer hohen Rendite jedes Produktionsmittel recht ist, auf Kosten der Menschen in der Dritten Welt, auf Kosten der Tiere und der Natur und nicht zuletzt auf Kosten unserer Gesundheit. Kaum ein anderes Lebensmittel existiert, mit dem bislang so viele Gesetzesbrüche erfolgreich durchgeführt werden können.
Der herkömmliche landwirtschaftliche Mischbetrieb ist längst den Massenmastproduktionsstätten mit eigenem »Stoffkreislauf« gewichen (siehe Graphik oben).

Kranke Tiere – krankes Fleisch

Ein Mastschwein muß heute in einem halben Jahr das Gewicht von 2 Zentnern auf die Waage bringen, wofür es früher gut ein Jahr benötigte. Erlaubt ist dazu der Einsatz *künstlicher wachstumsfördernder Mittel* sowie der Gebrauch *bestimmter Antibiotika.* Verboten ist die Anwendung von wachstumsfördernden Hormonen (synthetische Östrogene). Stolz verkünden die Lebensmitteluntersuchungsämter, daß die Wiederfindungsrate derartiger Stoffe bei Kälbern unter 5 % gesunken sei, dank verbesserter Kontrollmöglichkeiten. Leider kann man nur finden, was man sucht. Mit Sicherheit existieren auf dem findigen Markt neue Mittel, die in den Ämtern nicht einmal nachgewiesen werden können. Erwiesenermaßen nahmen die Hormonspritzen erst ab, als in den Ämtern Routineuntersuchungen möglich waren.

Tranquilizer (Beruhigungsmittel) sind die wichtigsten (nicht verbotenen) Hilfsmittel für den Transport der bewegungsungewohnten, streßanfälligen Tiere. Die vorgeschriebenen Wartezeiten vor der Schlachtung zur Minderung der Rückstandsmenge werden selten eingehalten. Vorgeschrieben sind Wartezeiten von 24–36 Stunden, der Durchschnitt liegt bei ganzen 4 Stunden.

Die schnelle und bewegungsarme Mast (20 Mastsauen auf 16 m^2) führt zu mangelhafter und verkrüppelter Ausbildung des Stützskeletts: Der größere Teil der Mastschweine leidet an Beinschäden.

Weniger die Futtermittel als die tierquälerischen Aufzuchtbedingungen bekommt der Verbraucher zu spüren, wenn er an sogenanntes PSE- (nur bei Schweinefleisch) oder DFD-Fleisch (bei Schweine- und Rindfleisch) geraten ist, das in der Pfanne schrumpft bzw. zäh wird und einen unangenehmen Geschmack annimmt. PSE-Fleisch bezeichnet eine besonders bei hellen Muskeln auftretende, streßbedingte Qualitätsverschlechterung von Schweinefleisch, die durch blasse Farbe (P = pale), weiche Konsistenz (S = soft) und geringeres Wasserhaltevermögen (E = exudative) gekennzeichnet ist. Auf den Transport reagieren die Tiere mit solcher Aufregung, daß plötzlich abnorm schnell Energie abgebaut wird, die Gewebstemperatur steigt, der pH-Wert sinkt. Man vermutet, daß die Proteine des Muskelgewebes dadurch ihre Quellungsfähigkeit verlieren und das Gewebswasser nicht mehr halten können. Giftige Stoffe oder sonstige Veränderungen in der Fleischzusammensetzung sind bisher nicht festgestellt worden. DFD ist die Abkürzung für die D = dark (dunkel), F = firm (fest), D = dry (trocken) und bezeichnet ein Fleisch, das durch streßbedingte Fehlleitung biochemischer Prozesse zu keiner normalen Fleischreifung mehr fähig ist. Milchsäure und säurebedingende Protonen gehen kurz vor der Schlachtung in das Blut über. Eine bestimmte Milchsäure- und Protonenkonzentration ist aber zum befriedigenden Ablauf der Fleischreifung erforderlich.

Anstelle der Abschaffung der Massentierhaltung wird über andere Formen der Abhilfe gesonnen:
Züchtung genetisch weniger streßanfälliger Tiere und rasche Fleischkühlung sollen die nachteiligen Effekte mindern.
Wer diese Bedingungen nicht hinnehmen, auf Fleischkonsum aber auch nicht ganz verzichten will, wählt Fleisch von Viehbeständen aus kontrolliert biologischem Landbau. Im alternativen Mischbetrieb ist ein geringer Viehbestand zur Herstellung ausreichender Düngermengen erforderlich. Die vegetarisch orientierte Biokostbewegung nimmt aber auch dieses Fleisch nicht gern in ihren Vertrieb, weshalb der Bauer sein Vieh auf dem üblichen Weg vermarkten muß.
Schafe eignen sich bislang nur begrenzt für Massentierhaltungen und sind noch nicht so schnell zu mästen – die Betrugsmöglichkeiten sind dadurch geringer.

Umweltschadstoffe im Fleisch

Wegen hoher Cadmiumgehalte muß von häufigem Leber- und Nierenverzehr abgeraten werden. Muskelfleisch sammelt dieses Schwermetall weniger an als die stoffwechselaktive Leber und die filternden Ausscheidungsorgane. Innereien (außer vom Kalb) sind zudem stärker mit weiteren Schwermetallen (Blei, Quecksilber und auch Arsen) belastet als andere tierische Organe. Hasenleber und -nieren sollen wegen stark überhöhter Quecksilbergehalte überhaupt nicht gegessen werden, Schwarz- und Rotwildinnereien selten.
Cadmium und auch langlebige chlororganische Verbindungen aus dem Pestizideinsatz gelangen hauptsächlich über Futtermittel ins Tier, die anderen Schwermetalle und PCBs größtenteils aus der direkten Umgebung. Regional kann es zu extremen Grenzwertüberschreitungen des Fleisches kommen. Ältere Tiere nehmen über ihr längeres Leben in der Regel mehr von allen genannten Stoffen auf.
Weiterer Fremdstoffeintrag ist den verschiedenen Fleischverarbeitungsprozessen zuzuschreiben und wird bei den einzelnen Fleischprodukten angesprochen.

Frischfleisch

Fleisch darf nur in Verkehr gebracht werden, wenn es vorher von der amtlichen Fleischbeschau kontrolliert wurde. Schweinefleisch unterliegt zusätzlich der Trichinenschau.

Wenn es als bedingt tauglich oder minderwertig erklärt ist, darf es immerhin nach vorgeschriebenen Aufwertungsmethoden ausdrücklich deklariert auf Freibänken vertrieben werden (nicht aber in Restaurantbetrieben u. a.).
Pferdefleisch darf nach einer Sondervorschrift nur in eigens dafür vorgesehenen Verkaufsstellen und nicht zusammen mit anderen Schlachtwaren verkauft werden.
Beste Fleischqualitäten sollen von 4–6 Jahre alten Ochsen, 8 Jahre alten Rindern und 2 Jahre alten Bullen stammen. Schaffleisch ist am besten von 2–3 jährigen Hammeln.
Voraussetzung ist, daß das Fleisch richtig abgehangen ist. Totenstarres Fleisch hat einen leicht ekelhaften Geschmack und ist zäh. Erst enzymatische Vorgänge während der Reifung führen zur Auflockerung des Zellgewebes (Mürbe) und zur Entwicklung des typischen Fleischaromas.
Die Totenstarre löst sich beim Rindermuskel 2–3 Tage nach der Schlachtung. Rindfleisch ist dann nach 3–5 Tagen zum Kochen, nach 5–8 Tagen zum Braten geeignet. Schaffleisch schmeckt nach einer Woche Abhängzeit am besten. Die Angaben gelten für in kühlen Räumen abgehangenes Fleisch. In Kühlhäusern (bei 0 °C) dauert die Rindfleischreifung z. B. 14 Tage lang.
Wurst wird aus frischem und nicht abgehangenem Schlachtfleisch hergestellt, zu einem Zeitpunkt, an dem das Wasserbindungsvermögen am höchsten ist.

Fleischlagerung

Frisches Fleisch muß stets kühl aufbewahrt werden, im Kühlschrank hält es sich roh ca. 2 Tage, zubereitet ca. 3 Tage, Hackfleisch sollte am Einkaufstag verarbeitet werden. Durch Einlegen in Wein, Essig- oder Sauermilchbeizen kann die Lagerungsfähigkeit verlängert werden.
Tiefgefroren (– 18 bis – 20 °C) ist Fleisch 9–15 Monate haltbar. Längere Gefrierlagerung vermindert das Wasserbindungsvermögen von Fleisch. Um hohe Saftverluste beim Auftauen zu vermeiden, muß Fleisch erstens schnell und zweitens am besten tief eingefroren werden. Das Auftauen von Gefrierfleisch sollte deshalb auch langsam geschehen.

In der Fleischtechnologie wird generell der Farberhaltung und -verstärkung größte Aufmerksamkeit gewidmet, da das Verbraucherverhalten damit in engste Verbindung gebracht wird. Mit »kleinen Tricks« ist es möglich, die kirschrote Farbe frischgeschnittenen Fleisches auch bei länger liegendem Fleisch zu erzielen. Dazu macht man sich chemische Eigenschaften des Muskelproteins Myoglobin zunutze (der rote Blutfarbstoff Hämoglobin und andere Pigmente sind an der Fleischfärbung kaum beteiligt). Myoglobin hat eine purpurrote Farbe, bei Anlagerung von Sauerstoff (Oxomyoglobin) wird es leuchtend rot, und allmählich entsteht durch Oxidation das braune Metmyoglobin. Bei hohem Sauerstoffgehalt der Umgebung bildet sich die leuchtend-rote Komponente.
Unter natürlichen Bedingungen entsteht durch langsame und kontinuierliche Oxidation die braune Variante. In frischem Fleisch ist diese Reaktion rückläufig, wenn kein Sauerstoff an das Fleisch dringt: Für die Farberhaltung wählt man also für verpacktes Frischfleisch eine sauerstoffundurchlässige Verpackung. Der gesamte Farbstoff liegt dann als purpurrotes Myoglobin vor. Öffnet Hausmann/frau zu Hause die Packung, erstrahlt das Fleisch durch den plötzlichen Sauerstoffschub leuchtend-rot.
Bei Dauerfleischwaren bewirken Zusätze von Nitrat oder Nitrit (Pökelung) die Entstehung extrem stabiler Komplexe von leuchtendroter Farbe (Umrötung). Die Farbe von Pökelfleisch ist hitzestabil – nichtgepökeltes Fleisch wird bekanntermaßen bei Erhitzung braun.

Trockenfleisch, einfach, gibt's (außer bei Karl May) heute nur noch als Einlage in Trockensuppen in Form von Klößchen oder Stückchen. Bündner Fleisch ist ein gesalzenes, gewürztes und luftgetrocknetes Fleisch, auch der Landjäger (Thüringer) oder das Niedersächsische »Nagelholz« gehören hierher.

Fleischprodukte

Fleisch gehört zu dem für Mikroorganismenbefall empfindlichsten Lebensmittel. An fast allen Lebensmittelinfektionen größeren Umfangs der letzten Jahre (Salmonellen in Hühnchen, ...) war Fleisch beteiligt. Besonders wirksame Verbreitung finden die Mikroorganismen über fleischteilhaltige Kantinenkost (lange Warmhaltezeiten von Suppen, Fleischsalate). Selbst haltbar gemachte Fleischerzeugnisse sind vor Gebrauch streng auf Verderb zu untersuchen und bei geringstem Fremdeindruck wegzuwerfen – sofern man derartige Erzeugnisse überhaupt essen möchte: Denn was in der Wurst ist, schmeckt man nicht – und auch der Metzger weiß es oft nicht, weil ein Großteil seines Sortiments nicht aus eigener, sondern aus industrieller Produktion stammt.

Für Rückstandskontrolleure eröffnet sich hier ein weiteres Feld: Im Vordergrund stehen Untersuchungen über unerlaubten Fremdwassergehalt, kohlenhydrathaltige Dickungsmittel, minderwertige Bindegewebsanteile (wenn Muskelfleisch auf der Verpackung steht), pflanzliches Eiweiß und überhöhte Fettdosierungen.
Ausdrücklich verbotene Zusätze sind, um nur einige zu nennen, z. B. emulgierter Talg, Fleischpulver, Fischeiweiß, Trockenblutplasma ... Erlaubte pflanzliche Zusätze sind außer Gewürzen nur Zuckerarten und Fette.
Allein die Kontrolle der Stoffe, die in der »Fleischverordnung« der Bundesrepublik Deutschland zugelassen sind, könnte die bisher existierenden Lebensmitteluntersuchungsämter Tag und Nacht beschäftigen:
– Gepökeltes Fleisch muß auf Nitrat, Nitrit und Nitrosaminbildung und auf die unnötig verwendete Glucono-delta-lactonsäure untersucht werden (die Salze der Ascorbinsäure sind dazu ohne Höchstmengenverordnung zugelassen).
– Geräuchertes Fleisch kann zu hohe Gehalte des krebserzeugenden Benzpyrens und anderer polycyclischer aromatischer Kohlenwasserstoffe enthalten.
– Zugabe kondensierter Phosphate muß mit dem Vermerk »mit Phosphat« am Produkt deutlich gemacht werden – was gern vergessen wird.
– Emulgatoren unterliegen Mengenbegrenzungen, ebenso Überzugsmittel, Antioxidantien, Weichhaltemittel, Konservierungsmittel zur Hemmung von Schimmelpilzbildung.
– Kunstdärme und Geschmacksverstärker dürfen nur aus bestimmten Verbindungen bestehen, und zu guter Letzt führt auch Verderb durch Pilzbefall oder seuchenauslösende Mikroorganismen (Salmonellen, Botulismus) zu Beanstandungen, denen nachgegangen werden muß.
Dazu versalzen wir uns mit vielen Fleischerzeugnissen unbemerkt die Gesundheit: 100 g roher Schweineschinken deckt allein fast unseren mit 3–5 g empfohlenen Tagesbedarf an Kochsalz.

Fleischkonserven

Fleischsterilisation (Corned Beef, Luncheon meat, Kochwürste, Sülzen, Pökelschinken) ist immer mit Aromaverlusten und Veränderungen der Konsistenz verbunden (Abscheidung von Fett und Gelee). Die Produkte sehen auch merkwürdig aus, aber das ist ja Geschmackssache. Schonendere Kurzzeithocherhitzung soll die Mängel beheben.

Pökeln

Gepökelt wird noch immer mit Kochsalz und dem gesundheitsgefährdenden Nitrit. 95 % aller Fleischprodukte werden so konserviert, um das Auftreten lebensgefährlicher Nahrungsmittelvergiftungen zu vermeiden, die durch das Gift der Bakterie Clostridium botulinum hervorgerufen werden.

Darüber hinaus schafft das Pökelsalz die verkaufsfördernde, stabile Dunkelrotfärbung und beeinflußt zusammen mit Zucker, Geschmacksverstärkern und Gewürzzusätzen das typische Pökelaroma. Man unterscheidet:

Trockenpökelung, nach der die Fleischstücke mit Pökelsalz eingerieben werden und so wochen- bis monatelang kühl liegen, bis sie voll durchgepökelt sind,

und Naßpökelung, ein schnelleres Verfahren, nach dem das Fleisch nur einen bis mehrere Tage in eine 15–20 %ige Pökelsalzlake eingelegt wird, dabei aber einen Teil seiner wertvollen Inhaltsstoffe verliert.

Am schnellsten funktioniert die Spritzpökelung, nach der die Salzlake automatisch in das Adersystem des Fleisches injiziert wird.

Räuchern

Das Räuchern wird meist im Anschluß an die Pökelung durchgeführt, wobei – allerdings nur in geringen Mengen – krebserzeugendes Benzpyren und auch Formaldehyd aus dem Rauch in die Räucherware übergehen. Der konservierende Effekt des Rauches besteht in seinem Gehalt an bakteriziden und antioxidativen Stoffen, sowie auf der bis zu 40 %igen Verminderung des Wassergehalts durch die Wärmeeinwirkung. Je nach Rauchtemperatur unterscheidet man einmal die historisch ältere Kalträucherung bei Temperaturen zwischen ca. 17–22 °C während 10–14 Tagen.

Heute wird häufiger die weniger aufwendige Heißräucherung bei 70–100 °C angewendet, die maximal einige Tage, meist aber nur ein paar Stunden Einwirkdauer benötigt. Der Wasserentzug ist bei dieser Methode geringer und entfällt hier weitgehend als Konservierungseffekt.

Schnellere Verfahren beruhen auf einer höheren Rauchdichte, die dann bereits in einigen Stunden das gewünschte Ergebnis bringt.

Lagerung: Die Konserven müssen trocken, luftig und kühl gelagert werden. Nach dem Öffnen muß das Füllgut sofort umgefüllt werden. Aufgetriebene Dosendeckel sind ein Zeichen für verderbenden Doseninhalt!

Schinken und Speck

Rohgeräucherte Schinken sind Vorder- und Hinterschinken (Knochenschinken) vom Schwein, die zuerst trocken, dann naß gepökelt werden und schließlich 2–3 Wochen zum Röten trocken aufbewahrt werden.

Nach Waschen und nochmaligem Trocknen wird 4–7 Wochen kalt geräuchert. Nach gleichem Verfahren, aber kürzerer Pökeldauer, wird auch Rollschinken hergestellt. Lachsschinken ist ein leicht gepökeltes und warm geräuchertes Kotelett-Kernstück.

Gekochte Schinken werden 2–3 Wochen gepökelt, zum Röten trocken aufbewahrt, dann gewässert und warmgeräuchert und zum Schluß gekocht.

Speck ist gesalzener, kaltgeräucherter Rückenspeck vom Schwein.

Wurst

besteht aus zerkleinertem Muskel oder anderen Tierorganen, Fett, Salz, Gewürzen und weiteren Zusatzstoffen. Der Fettgehalt ist allgemein hoch, aber bei unverpackter Ware nicht kennzeichnungspflichtig.

Die rohe Masse wird als »Wurstbrät« bezeichnet und in Därme und Dosen abgefüllt.

Bei Rohwürsten wird das Ausgangsmaterial roh abgefüllt wie bei Teewurst, Salami oder Plockwurst getrocknet und unter Umständen geräuchert.

Typische Kochwürste sind Leberwurst und Blutwurst. Brühwürste entstehen aus zerkleinertem Fleisch u. ä. unter Wasserzusatz im sogenannten Kutter. Das Fleischmaterial soll möglichst viel Wasser aufnehmen, deshalb wird sein Wasserbindevermögen durch Kutterhilfsmittel (Phosphate, Lactat, Acetat, Citrat) und durch Kochsalz erhöht, die Masse quillt dann besser. Danach wird heißgeräuchert und bei ca. 80 °C gebrüht. Auf diese Weise kommt man zu verschiedenen Brühwaren wie Wiener und Frankfurter Würstchen, Leberkäse und Münchener Weißwurst.

Pasteten sind gebackene Erzeugnisse aus meist teureren Fett- und Fleischteilen (Gänseleberpastete).

Lagerung: Rohwürste sind am längsten haltbar, Kochwürste auch gekühlt nur wenige Tage, Brühwürste am besten sofort verzehren.

Fisch und Fischerzeugnisse

Fisch enthält neben biologisch hochwertigem Eiweiß und beachtlichen Mengen wasserlöslicher Vitamine (Thiamin, Riboflavin und Niacin), besonders in fettreichen Fischen und Fischleber, hochungesättigte Fettsäuren und die fettlöslichen Vitamine A, D, E (Tocopherole) und K – aber keine Ballaststoffe.

Besonders hervorgehoben wird außerdem der Jodreichtum von Meeresfischen, was übrigens für *alle* Lebensmittel aus dem Meer von der Rotalge bis zur Miesmuschel zutrifft. Das zur gesunden Schilddrüsenfunktion wichtige Jod ist der Hauptanlaß der Ernährungswissenschaftler, die Empfehlung »Jede Woche einmal Fisch« auszusprechen. Tatsächlich gerät man bei einer Kostform, nach der hauptsächlich tierische Lebensmittel (außer Meeresfisch) verzehrt werden, leicht ins Joddefizit, denn nach den Lebensmitteln aus dem Meer ist der Jodgehalt am höchsten im Gemüse. Bei reichlichem Gemüsekonsum ist damit der Jodbedarf gedeckt.

Jodgehalt einiger Lebensmittel (Mikrogramm in 100 g Lebensmittel)
(nach: Souci, Fachmann, Kraut: Nährwerttabellen 1981/82)

Hering	52,0
Thunfisch	50,0
Forelle	3,2
Rindfleisch (ganze Hälften)	3,0
Rohmilch	3,7
Frauenmilch	6,0
Möhren	15,0
Spinat	20,0
Miesmuschel	130,0

Jod – Bedarf in Mikrogramm pro Tag (Deutsche Gesellschaft für Ernährung)

Erwachsene	150,0
Säuglinge (12 Monate)	50,0
Kinder (bis 9 Jahre)	100,0
Kinder und Jugendliche (bis 18 Jahre)	150,0
Schwangere ab 6. Monat und Stillende	200,0

(nach Katalyse (Hrsg.), Was wir alles schlucken, Reinbek b. Hamburg, 1984, S. 222)

Ob es tatsächlich gut ist, hochungesättigte Fettsäuren in so großen Mengen, wie sie in Fischen vorkommen, zu sich zu nehmen, ist wissenschaftlich ungeklärt. Die im Fisch wie im Schwein mit hohem Anteil vertretene Arachidonsäure soll z. B. für die Entstehung von Hautunreinheiten (Akne) verantwortlich sein. Besonders haltbar ist Fisch nicht, denn einem hohen Gehalt an ungesättigten Fettsäuren steht nur eine geringe Menge natürlicher Antioxidantien gegenüber – ein Grund, weshalb Fisch so leicht verdirbt und selbst im Küstenbereich selten *frisch* auf unserem Teller liegt.

Der hohe Gehalt an Histidin im Fischmuskel, das in den allergenen Reizstoff Histamin umgewandelt werden kann, dürfte die vielgepriesene Eiweißverdaulichkeit von Fisch vermindern.

Der hohe Eiweißgehalt, verbunden mit gleichzeitig hohem Wassergehalt, fördert auch nicht gerade die Stabilität dieses Lebensmittels, zumal eine Fülle von Mikroorganismen und auf der Haut und im Darm enthaltene Bakterien z. T. auch Temperaturen von 100 °C unbehelligt überstehen. Fisch muß deshalb zwischen Fang und Verzehr ununterbrochen tiefgekühlt oder sonstwie dauerkonserviert werden und nach Auftauen / Unterbrechen der Konservierung *sofort* verspeist werden. Am besten ist der Verzehr von tagesfrischem Fisch – den gibt es aber, seit schwimmende Fischfabriken wochenlang unabhängig von jedem Landkontakt systematisch die Hochsee abfischen können, kaum noch. Abgesehen davon, ist diese Form des Intensivfischfanges aus ökologischen Gründen ohnehin nicht zu vertreten.

»Frische Fische« sind:
hellrot; haben klare, blanke, nach außen gewölbte Augen; frische hellrote Kiemen; feuchte Haut; festes Fleisch, das beim Eindrücken keine Druckstelle hinterläßt; fest sitzende Schuppen; sind ohne penetranten Fischgeruch.
Lebende Fische, die im Wasserbassin nicht mehr ganz normal schwimmen, sind kurz vor dem Verenden.

Wenn »einmal Fisch pro Woche«, dann frisch, und *welcher* Fisch, ist dann eine Frage weiterer Auswahlkriterien wie Schadstoffgehalt, Fütterung, Verarbeitung und Zusatzstoffe.

Im Fischhandel wird grob zwischen See- und Süßwasserfischen sowie zwischen Krusten-, Schalen- und Weichtieren unterschieden. Allgemein schmecken Raubfische besser als Friedfische, Fettfische besser als Magerfische, und grätenreiche Fische finden weniger Anklang als grätenarme. In Bezug auf die Quecksilberbelastung von Fischen ist es umgekehrt: Raubfische, sind stärker belastet als Friedfische und als solche, die sich von Kleintieren, die eher am Anfang der Nahrungskette stehen, ernähren; fettreiche Arten enthalten mehr Quecksilber als fettarme; küstennah oder in Flüssen und Flußmündungen lebende mehr als Hochseefische, Jungfische enthalten hingegen weniger als ausgewachsene, schnellwüchsige weniger als langsam wachsende Fische. Hohe Blei- und Cadmiumkonzentrationen findet man insbesondere bei Fischen, die ihre Nahrung aus dem Bodenschlamm aufnehmen: Friedfische sind dann stärker belastet als Raubfische. DDT und Gehalte anderer langlebiger chlororganischer Verbindungen sind zwar im Rückgang, sind aber immer noch in größeren Mengen in fettreichen Fischen anzutreffen. Die große Fischtabelle (Tab. S. 88 bis 95) soll helfen, sich aus den oben genannten Kriterien zusammen mit den Geschmackspräferenzen die besten Fische zu angeln.

Fischerzeugnisse

Fischereiflotten, die entfernte Fischgründe aufsuchen, sind auf »Konservierungsmethoden« an Bord bei einem so empfindlichen Nahrungsmittel wie Fisch unbedingt angewiesen.
Durchgesetzt hat sich das Eineisen des frischen, häufig bereits filetierten Fisches – bedauerlich nur, daß oft, weil die hygienischen Verhältnisse nicht ausreichend sind, mit bakteriziden Mitteln behandeltes Eis verwendet wird.
Auch das Einfrieren im Tauchverfahren mit flüssigem Stickstoff und Frigen (Trichlordifluormethan, giftig) wird praktiziert.
Der Gefriervorgang soll vor allem Saftverluste, Verfärbungen und Fettoxidation vermeiden und verhindern, daß der Fisch unansehnlich wird. Da diese Methode allein dazu nicht ausreicht, bekämpft man den Fettverderb zusätzlich mit Antioxidantien, Ascorbinsäure und Citronensäure.

Trockenfisch

Stockfisch, Klippfisch aus fettarmen Fischen wie Kabeljau, Seelachs, Schellfisch, Leng spielt in den Verzehrgewohnheiten der Bundesdeutschen überhaupt keine Rolle. Er erfordert keine Zusätze zur Haltbarmachung, kann aber stark gesalzen sein.

Räucherfisch

(»Räuchern« siehe Kapitel Fleisch)
Räucherfisch wird entweder durch Kalträucherung (unter 30 °C) oder Heißräucherung (über 60 °C) hergestellt.
Zwar liegen die gefundenen Konzentrationen an aromatischen Kohlenwasserstoffen, deren Leitsubstanz das krebserzeugende Benzo(a)pyren ist, besonders in modernen Räucheröfen mit externer Feuerung meist unter dem Grenzwert, befinden sich aber immer im meßbaren Bereich. Enthäuten entfernt einen Großteil dieser Stoffe.
Bei dieser Konservierungsmethode ist jeglicher Zusatz weiterer Konservierungsstoffe verboten.

Fisch in Salz

im Verhältnis 3 : 1 ist für hartgesalzene Fische nicht unüblich. Mildgesalzene Fischwaren enthalten nur 6–20 g Salz in 100 g Fischgewebswasser.

Süßwasser-fische	Qualität	Verarbeitung	Zusatzstoffe
Neunauge		industrielle Verarbeitung	
Aal fettreich (25 %)	schmackhaft, aber schwer verdaulich	Braten: Aalbrieken (kleine Aale ohne Kopf) Frisch gebacken Heiß-Räuchern Mariniert in Gelee	wie mariniert Nitratzusatz Konservierungsstoffe (Benzoesäure, Ameisensäure, Sorbinsäure, PHB-Ester)
Lachs fettreich	Edelfisch	Grillen Pökeln Kalt-Räuchern Beizen Salzen: Lachspaste aus Räucherlachs bis 5 % Bindemittel; Lachskaviar (rötlich) – oft Gefrierwaren –	 Nitratzusatz
Forelle fettarm grätenfrei	Edelfisch wohlschmeckend	blau gekocht gebacken Müllerin	Rote Lachsforelle »entsteht« durch Fütterung mit Farbstoff Canthaxanthin
Hecht fettarm grätenreich	jung besonders zart und wohlschmeckend	Dünsten Kochen Braten	
Schleie grätenreich	fett, wohlschmeckend	Blau gekocht gedünstet	
Karpfen grätenreich	weiches, relativ leicht verdauliches Fleisch	Blau gekocht	
Karausche grätenreich, aber guter Speisefisch			
Barsch (Fluß-) grätenreich	fest, weiß, sehr schmackhaft, beste Qualität	Backen Filetiert Gedünstet	
Zander	weiß, zart, weich, saftig und wohlschmeckend, gedünstet feinster Süßwasserfisch	Dünsten	

Vorkommen	Position in der Nahrungskette	Schadstoffe
Süßwasser und alle Meeresküsten	Parasit auf anderen Fischen; Fische, Krebstiere	o. A.
Küstengebiete alle Meere außer Pazifik	Larve: Planktonfresser Erwachsene: Kleintierfresser oder Räuber	Aal aus Flußmündungen sehr hohe Quecksilberkonzentrationen, häufig DDT-belastet, Benzo(a)pyren als Leitsubstanz in Räucherwaren
Nördl. Halbkugel Süßwasser und Küstengebiete der Meere	Jugend: Kleintiere Später: Raubfisch	o. A. Benzo(a)pyren als Leitsubstanz in Räucherwaren
Mast in der Teichwirtschaft	jung: Kleinkrebse Insekten erwachsen: Fische	Bachforelle und Zuchtfische Quecksilber relativ niedrig
in allen Gewässern Uferfisch in Karpfenteichen	Raubfisch Fische, Frösche, kleine Säuger	Quecksilber Antibiotikaeinsatz in Teichzuchten
Süßwasser, Brackwasser der Ostsee; Nebenfisch in der Karpfen-Teichwirtschaft	Allesfresser	o. A.
Süßwasser Teichwirtschaft	Boden- und Ufertiere, Wasserpflanzen	relativ hohe Blei- und Cadmiumkonzentrationen zu erwarten, Antibiotika in Teichzuchten
Süßwasser, Brackwasser der Ostsee	Ufer- und Bodentiere	relativ hohe Blei- und Cadmiumkonzentrationen zu erwarten
Süßwasser der nördlichen Hablkugel	Raubfisch	mäßig Quecksilber-belastet im Rhein
Flüsse, auch Brackwasser der Ostsee	Jugend: Kleintiere später: Kleine Fische	o. A.

Seefische	Qualität	Verarbeitung	Zusatzstoffe
Muscheln	weich	frisch in Salz gekocht	
Krebstiere fettarm	fest, weiß	frisch in Salz gekocht	
Leng fettarm	wohlschmeckend, festes weißes Fleisch	Gefrierware	
Kabeljau fettarm	Fleisch etwas brüchig	Filets, Gefrierware, Salzen, Trocknen, Kochen, aus der Leber: Lebertran	
Schellfisch fettarm	sehr feiner Geschmack	Dünsten, Braten, Backen, in Marinaden, Räuchern, in Fischsalat	
Köhler, Steinköhler fettarm	o. A.	Filets, Räuchern, Scheiben und Schnitzel in Öl eingelegt (Lachs- ersatz) und kurz geräuchert Salzen: Seelachspaste	 gefärbt bis 5 % Bindemittel
Rotbarsch (Seebarsch) fettreich	wohlschmeckend, vitaminreich	oft Gefrierware Braten, Kochen, Filets, Heißräuchern	
Makrele fettreich	schmackhaft, aber schlecht verdaulich	Braten, Grillen, Kalträuchern (Lachs- makrele), Heißräuchern, Konserven	
Thunfisch	rötliches Fleisch von sehr gutem Geschmack	Braten, Backen, Räuchern, Salzen, als Konserven in Öl, Fischpasteten	

Vorkommen	Position in der Nahrungskette	Schadstoffe
Meist küstennahe Meerwasser, Zuchtwirtschaft	Nahrungsfilterung	möglich ist ein Befall mit Phytoflagellaten, die hochgiftiges Saxitoxin produzieren; Quecksilber hoch im Mittelmeer; Blei und Cadmium sehr hoch; z. T. hohe Arsenkonzentration
	Algen u. ä.	möglich ist ein Befall mit Phytoflagellaten, die hochgiftiges Saxitoxin produzieren; Quecksilber hoch im Mittelmeer; Blei und Cadmium sehr hoch; z. T. hohe Arsenkonzentration
Nordsee, häufig in größeren Tiefen	Raubfisch Fische, Krebstiere, Stachelhäuter	Quecksilber relativ hoch
Küsten der Nord- und Ostsee, Nordatlantik	Raubfisch Fische, Krebstiere, Würmer, schnellwüchsig	Quecksilber gering, in Fischleber häufig hohe DDT-Konzentrationen, auch in Dorsch (Verwandter)
sehr häufig in der Nordsee, Hauptfanggebiet Island	Muscheln, kleine Fische, Borstenwürmer, schnellwüchsig	Quecksilber gering
sehr häufig nördliche Nordsee	Raubfisch Fische	Quecksilber gering
Tiefseefisch, beide Seiten des nördlichen Atlantik	Krustentiere, Weichtiere, kleine Fische, langsamwüchsig	Quecksilber je nach Fangort schwankend zwischen niedrig bis hoch, Blei und Cadmiumgehalte zu erwarten, Benzo(a)pyren als Leitsubstanz in Räucherwaren
Nord- und Ostsee, Atlantik, Mittelmeer, Schwarzes Meer Sommer: Flachwasser Winter: tiefer	Raubfisch Heringe, Sprotten Sardinen u. a.	Quecksilberbelastung relativ gering, Benzo(a)pyren als Leitsubstanz in Räucherwaren
Nordsee, Mittelmeer häufig, in allen warmen Meeren Laichen: küstennah, sonst in der Tiefe	Raubfisch Heringe, Sardinen, Makrelen u. a. Fische	Quecksilberkonzentration relativ gering, hoch im Mittelmeer (gilt auch für den verwandten Schwertfisch)

Seefische	Qualität	Verarbeitung	Zusatzstoffe
Steinbutt	schneeweißes festes, würziges Fleisch	Kochen, Grillen	
Heilbutt fettreich	schmackhaft	Braten, Heißräuchern, Leber für Tran	
Scholle	schmackhaft	Braten, Filets	
Seezunge	feinster Plattfisch	Braten, Grillen, Backen	
Dornhai	Fleisch ähnlich Kalbfleisch	Heißgeräucherte Bauchdecken als Schillerlocken, Flossen der Haie zu chin. Suppen, gekocht in Gelee	Konservierungsstoffe (Benzoesäure, Ameisensäure, PHB-Ester, Sorbinsäure)
Rochen	Delikatesse	Braten, Räuchern, in Gelee	
Stör	geräuchert delikat	Salzen: Kaviar aus Rogen Deutscher Kaviar: aus verschiedenen Fischrogen (Seehase, Dorsch, Hering) Räuchern	keine weiteren Zusätze bei echtem Kaviar erlaubt Farbstoffe, Konservierungsstoffe, üblich Bindemittel (Traganth)

Vorkommen	Position in der Nahrungskette	Schadstoffe
flaches und mäßig tiefes Wasser bes. Mittelmeer bis Küste Norwegens	Fische, bes. Schellfisch, Scholle, auch Krebse und Weichtiere	o. A.
Küsten des nördlichen Atlantik, Nordsee, Stiller Ozean	Raubfisch Fische, bes. Dorschartige	Weißer Heilbutt stark mit Quecksilber belastet, Schwarzer Heilbutt weniger, Leber häufig DDT-belastet, Benzo(a)pyren als Leitsubstanz in Räucherwaren
Grund in Tiefen bis 200 m, küstennah Atlantik, Ostsee bis Weißes Meer	Muscheln, Krebstiere, Würmer	speichern wenig Quecksilber relativ hohe Blei- und Cadmiumwerte zu erwarten
Mittelmeer und Westatlantikküste, Nordsee, westliche Ostsee	Borstenwürmer, Weichtiere, Krebstiere, Fische	relativ hohe Blei- und Cadmiumwerte zu erwarten
häufig in der Nordsee Irrgast in der Ostsee	Raubfisch	Quecksilber hoch, Benzo(a)pyren als Leitsubstanz in Räucherwaren
alle Meere, häufig im flachen Küstenwasser	Raubfisch	Quecksilber hoch, Benzo(a)pyren als Leitsubstanz in Räucherwaren
Küstenfisch, Laichen in Flüssen	Weidetiere, Würmer, Krebse, Fische	relativ hohe Blei- und Cadmiumgehalte zu erwarten, Benzo(a)pyren als Leitsubstanz in Räucherwaren

Seefische	Qualität	Verarbeitung	Zusatzstoffe
Hering fettreich	wertvoller Fisch, feines weißes Fleisch	Braten/Grillen: u. a. Fischstächen aus paniertem, entgrätetem oft zerkleinertem Fisch, heißgeräuchert als Bückling, kaltgeräucherter Lachshering	hohe Phosphorgehalte
		Marinieren: Bismarckhering Rollmops Kronsild Heringsstipp	Konservierungsstoffe, (Benzoesäure, Sorbinsäure, Ameisensäure, PHB-Ester)
		Kochen: Hering in Gelee, Aspik Braten: Bratheringe in Tunke Salzen: Salzhering, Matjes-Filets, Loggerfisch	Nitratzusatz, bei Hering in Würztunke zur Farberhaltung
		Anchosen (auch aus Sprotten u. ä.)	Zucker, Salpeter, Konservierungsstoffe, Glucono-lacton
Sprotte fettreich		Räuchern, für Anchovis in Öl einlegen	Nitratzusatz zur Farberhaltung
Sardine		Braten/Grillen Kochen, dann in Öl einlegen, »Ölsardine« in Dosen	
Sardelle	aromatisch	Filets echte Anchovis (nur gesalzen) Salzen: a) Sardellenringe	
		b) Sardellenpaste	0,5 % Bindemittel
		c) Sardellenbutter (mit Butter oder Butterfett)	
		d) Anchovispaste aus Salzsardellen	Zucker, Farbstoffeinsatz erlaubt

o. A. = ohne Angabe

Vorkommen	Position in der Nahrungskette	Schadstoffe (PCB allgemein hoch)
keine klare Unterscheidung in Küsten- und Seeheringe möglich; Nordatlantik bis Polarmeer	Tierisches Plankton	Quecksilber, besonders in der Ostsee, sonst gering belastet, Benzo(a)pyren als Leitsubstanz in Räucherwaren
Küstennähe, Nord- und Ostsee, Mittelmeer, Schwarzes Meer	Plankton	Benzo(a)pyren als Leitsubstanz in Räucherwaren
europäischer Atlantik vom Schwarzen und Mittelländischen Meer bis nördliche Nordsee	Plankton	o. A.
Nord-, Ostsee bis westafrikanische Küste; offenes Meer, Laichen in Küstennähe	Krebstiere	o. A.

Da damit die Konservierung dennoch häufig nicht perfekt ist, sind bei Produkten unter 10 % Salz Konservierungsstoffe zugelassen. Das gilt besonders für sogenannte *Anchosen,* worunter süß-säuerlich gesalzene Fischerzeugnisse zu verstehen sind, die mit Zucker, Gewürzen und mit Nitrat gereift sind und meist in Aufguß oder Öl angeboten werden. Anchovis aus Sprotten und Heringen werden so hergestellt; echte Anchovis aus Sardellen sind *nur* gesalzen.

Die Marinade
Ungekochter Fisch (frisch, tiefgefroren oder gesalzen) wird in eine saure Tunke aus Essig, Genußsäuren, Salz und Gewürzen eingelegt. Da diese Konservierungsmethode nicht die sicherste ist, hat der Gesetzgeber eine Reihe von zusätzlich konservierenden Zusatzstoffen zugelassen: »Sorbinsäure, Benzoesäure, PHB-Ester oder Ameisensäure« liest man auf der Verpackung von Bismarckheringen, Rollmöpsen, Heringsstipp und Kronsild (»Sild« ist die handelsübliche Bezeichnung für kleine Heringe). Noch leichter verderblich sind diese Produkte in mayonnaiseartigen Zubereitungsformen, Sahnesoßen und Sahnecremes. Abgesehen von den Konservierungsmitteln handelt man sich mit derartigen Produkten viel Tunke, aber wenig Fisch (manchmal nur 50 % des Nettogewichts) ein, sie erfreuen sich aber besonderer Beliebtheit, weil ohne großen Arbeitsaufwand schnell eine fertige Mahlzeit auf dem Tisch steht.

Bratfischerzeugnisse
unterscheiden sich von mariniertem Fisch meist lediglich durch die Vorbehandlung. Paniert, gegrillt, gebraten oder geröstet wandert der Fisch in die Tunke aus Essig, Öl, Gewürzen und oben genannten Konservierungsmitteln.

Kochfischwaren
sind nicht nur einfach in Essig o. ä. vorgekochte Erzeugnisse aus Hering oder Dornhai: Auch die Konservierungsstoffe (Benzoesäure, Sorbinsäure, PHB-Ester, Ameisensäure) kauft man mit im »Hering in Aspik«.

Fische in Konservendosen
Pasteurisierter Fisch (auszeichnungspflichtig: »Pasteurisiert«) ist nur ca. 6 Monate lang bei +4 bis +6 °C im gasdicht verschlossenen Gefäß haltbar (»Halbkonserven«).
Alle bisher genannten Fischerzeugnisse sind aber meist auch als Dauer-

konserven in verschiedensten Soßenvarianten (Öl, Tomatensoße, Sahne, u. ä.) käuflich. Durch Hitzesterilisation sind sie zumindest ein Jahr haltbar. Da das Füllgut häufig sehr sauer eingelegt wird, muß auf die Verwendung hochwertigen Dosenmaterials geachtet werden: Die aggressive Säure greift leicht das Blech an.

»Echter Kaviar?«

Echter Kaviar, der leicht verderbliche schwarze Rogen (Laich) verschiedener Störarten, wird vor allem aus der Sowjetunion und dem Iran auf Eis und gesalzen geliefert: Pro Stör beträgt die Rogenausbeute 15–20 kg Kaviar.

Leute mit dünnerem Portemonnaie können den teuren Luxus auf dem kalten Buffet mit Kaviarersatz vortäuschen, nach der Devise »mehr Schein als Sein«: Kaviarersatz (Kennzeichnung »Deutscher Kaviar aus ...«) besteht aus Seehasen-, Dorsch- oder Heringsrogen. Die Eier werden gesäuert, gesalzen, gewürzt, schwarz gefärbt, mit Tragant gebunden und mit Konservierungsmitteln versetzt. Guten Appetit!

Krusten- und Weichtiere

sollen hier nur kurz Erwähnung finden. Als Lebensmittel von Bedeutung sind lediglich die Garnelen. Sie werden meist bereits auf See frisch nach dem Fang in kochsalzhaltigem Wasser gargekocht, um die rötliche Farbe zu erhalten, die bei längerem Liegen vergilbt und dann vom Verbraucher abgelehnt würde. Sie kommen tiefgefroren oder in Dosen, die allerdings wegen geringer Erhitzung nur kurz haltbar sind, in den Handel. Weichtiere, besonders die Mies- oder Pfahlmuschel, sind zwar wegen ihres hohen Eiweißgehaltes und ihres Reichtums an Vitamin A und B wertvolle Lebensmittel, sind aber wegen hoher Schwermetallbelastung als Lebensmittel problematisch.

Im europäischen Raum existieren kaum noch einwandfreie Zuchtgewässer, und da die Muscheln als Nahrungsfiltrierer einen hohen Wasserdurchsatz haben, bleiben neben den Nährstoffen leider auch die unangenehmen Schadstoffe verstärkt in ihnen hängen. In allen Monaten *ohne r* sind Muscheln wegen hoher Gehalte muscheleigener Giftstoffe ohnehin nicht zu verzehren, dann wird's auch nicht schwerfallen, den Muschelkonsum in denen *mit r* zu bremsen.

Weinberg- und Achatschnecken werden entweder lebend versandt oder finden sich bei uns als Dauerkonserven. Als extensive Erdoberflächenweider dürften Schnecken vom radioaktiven Fallout im Mai ein gutes Portiönchen abgegrast haben. Ein Verzicht ist hier angeraten, Schnecken und auch ihre Eier, die jüngst von Feinschmeckern entdeckte »Delikatesse«, sind glücklicherweise keine Grundnahrungsmittel und haben auch sonst in der Vollwerternährung nichts zu suchen.

Lagerung

Fischerzeugnisse sind, einmal aufgetaut oder geöffnet, leicht verderblich und müssen kühl gelagert werden. Frischfisch soll am gleichen Tag verzehrt werden.

»Fischveredelung«

Man glaubt es kaum: Fast 30 % der Weltfischfänge dienen nicht direkt der menschlichen Ernährung, sondern gelangen über einen verlustreichen Umweg in unseren Magen: Die Verfütterung von Fischmehl an Warmblüter (Hühner oder Schweine) im Rahmen der sogenannten Veredelungswirtschaft erzeugt aus 10 kg Fischmehl nur 1 kg Fleisch.
Konsequenz dieser Verwertungsverluste sind leere, abgefischte Fischgründe – und hungernde Menschen in den armen Ländern dieser Erde.

Empfehlungen zu Fleisch und Fisch

Für die Versorgung mit essentiellen Nährstoffen sind tierische Lebensmittel nicht erforderlich. Da aus ihnen jedoch nicht nur gesundheitliche Probleme entstehen können (und täglich entstehen!), werden sie in der Vollwerternährung nicht empfohlen. Selbst der Ernährungsbericht 1984 der DGE kommt zu dem Schluß, daß »... nach kritischer Durchsicht der zur Verfügung stehenden Befunde vieles dafür spricht, daß eine Ernährung ohne Fleisch und Fleischwaren aus ernährungsmedizinischer Sicht Vorteile bringt.« (S. 213)
Dem können wir uns nur anschließen! Außer dem jeweiligen Produktlobbyisten sind sich die Ernährungsexperten einig: »Extrem hoher Fleisch-

verbrauch erhöht durch die damit verbundene Zufuhr von Purinen (Ausgangssubstanzen der Harnsäure), Cholesterin und gesättigten Fettsäuren die Gefahr von Gicht und Harnsteinen sowie arteriosklerotischen Gefäßveränderungen bei dafür disponierten Personen.« (EB 84, S. 95)

Die Frage, was ein mäßiger und was ein übermäßiger Fleischverbrauch ist, ist exakt naturwissenschaftlich schwer zu bestimmen; Tatsache ist jedoch, daß sich Fleisch und Fleischprodukte in den letzten hundert Jahren von der seltenen und teuren Beilage zum Hauptbestandteil der Mahlzeit gewandelt haben. Gleichzeitig wurden pflanzliche Lebensmittel aus der Kost gedrängt und zu Beilagen und Garnituren degradiert.

Tierische Lebensmittel enthalten in aller Regel versteckte Fette mit einem ungünstigen Verhältnis gesättigter zu mehrfach ungesättigten Fettsäuren sowie Cholesterin bei gleichzeitig hohem Energiegehalt. Außerdem ist in der fertigen Speise zusätzlich der Kochsalzgehalt sehr hoch. (Fleisch ohne Salz schmeckt ja auch wirklich nicht!)

Die Entstehung arteriosklerotischer Gefäßkrankheiten (im Klartext: Tod durch Herzinfarkt oder Schlaganfall) ist sicherlich nicht monokausal und nur dem Nahrungscholesterin oder nur dem Eiweiß anzulasten; gerade bei Fleisch etc. kommt aber eigentlich alles zusammen, was von Übel sein könnte (s. o.).

Von »Fleischfreunden« werden öfter die Eskimos als reine Fleischesser angeführt, die bei dieser Kost gesund und leistungsfähig bleiben. Das ist auch ganz richtig, nur essen diese Leute nicht nur das Muskelfleisch wie wir, sondern das ganze Tier inclusive Innereien und Mageninhalt. Der Gesamtenergiegehalt der Eskimokost ist aber vergleichsweise niedrig; sie leisten nämlich härteste körperliche Arbeit bei extremen Temperaturen (hoher Grund- und Leistungsumsatz). Unter diesen Umständen sind die negativen Auswirkungen der Fleischkost offensichtlich niedrig, aber leben Sie erst einmal wie ein Eskimo (ganz zu schweigen von der vielfach dokumentierten niedrigen Lebenserwartung der arktischen Völker). Der Mensch hat eine sehr große Anpassungsfähigkeit und Adaptionsbreite; das ist einer der Gründe dafür, daß es ihn überhaupt noch gibt. Nicht jede Nahrung, welche der Organismus noch verkraftet, tut ihm aber auch gut und verhilft zu optimaler Gesundheit.

Der Eiweißbedarf kann jedenfalls aus pflanzlichem Eiweiß genausogut gedeckt werden wie aus tierischem, dazu ohne die oben aufgeführten Probleme. Auf die negativen Aspekte der heute üblichen Tierproduktion (der Begriff sagt ja schon alles) wurde vorne schon eingegangen.

Die vom ernährungswissenschaftlichen Standpunkt wegen ihres Reichtums an Vitaminen und Mineralstoffen her eigentlich empfehlenswerten Innereien können wir heute aufgrund ihrer Belastung mit Schwermetallen und Rückständen nicht nur nicht mehr empfehlen; wir müssen vom Verzehr abraten. Auch der Eisengehalt von Fleisch wird häufig überbewertet; gerade Kälber sind heutzutage schon regelrecht anämisch (blutarm) und können kaum zur Eisenversorgung beitragen.
Wir wollen jedoch niemand zum Vegetarismus überreden: 1–2 Fleisch- oder Fischmahlzeiten pro Woche sind im Rahmen einer Vollwerternährung durchaus zu vertreten. Der Sonntagsbraten könnte dann vielleicht aus kontrolliertem biologischen Landbau stammen. Die Qualität ist einfach besser und der (gerechtfertigte) höhere Preis fällt nicht mehr ins Gewicht. Von der Verwendung selbst geringer Mengen minderwertiger Fleischprodukte (Speck, Schinkenabfälle zum Anbraten u. ä.) zur geschmacklichen »Verfeinerung« der täglichen Gemüsegerichte raten wir unbedingt ab. (Haben Sie mal berechnet, wie hoch der Anteil der Kosten für Fleisch und Fleischwaren an Ihrem Essensbudget ist?)
Um mit einem weitverbreiteten Vorurteil aufzuräumen: Bei mäßigem Konsum qualitativ hochwertigen Fleisches (s. o.) ist es völlig gleichgültig, ob dieses vom Rind, Schwein oder Schaf stammt! (Auch die Öko-Schweine haben natürlich nicht viel Spaß daran, geschlachtet zu werden.) Entscheidend sind Aufzucht, Haltung und Fütterung. Anders ist es mit *Fleischprodukten:* Nur der Metzger und der liebe Gott wissen, was wirklich in der Wurst ist. Hier ist vom Verzehr generell abzuraten.

Sutoxine

Häufig ist zu lesen, im Schweinefleisch wären Sutoxine (»Schweinegifte«) enthalten, und deshalb sei Schweinefleisch gesundheitsschädlich und der Verzehr generell abzulehnen. Diese Sutoxine sind jedoch bis heute weder nachgewiesen worden, noch gibt es stichhaltige Anhaltspunkte für ihre Existenz. Wahr ist natürlich, daß in der Schweinefleischproduktion besonders viele »Schweinereien« geschehen, da das Schwein im Gegensatz zum Schaf besonders für zweifelhafte Produktionsverfahren geeignet ist. Schweinefleisch aus kontrolliertem biologischen Landbau ist absolut gleichwertig mit dem Fleisch anderer Tierarten aus der gleichen Produktion.

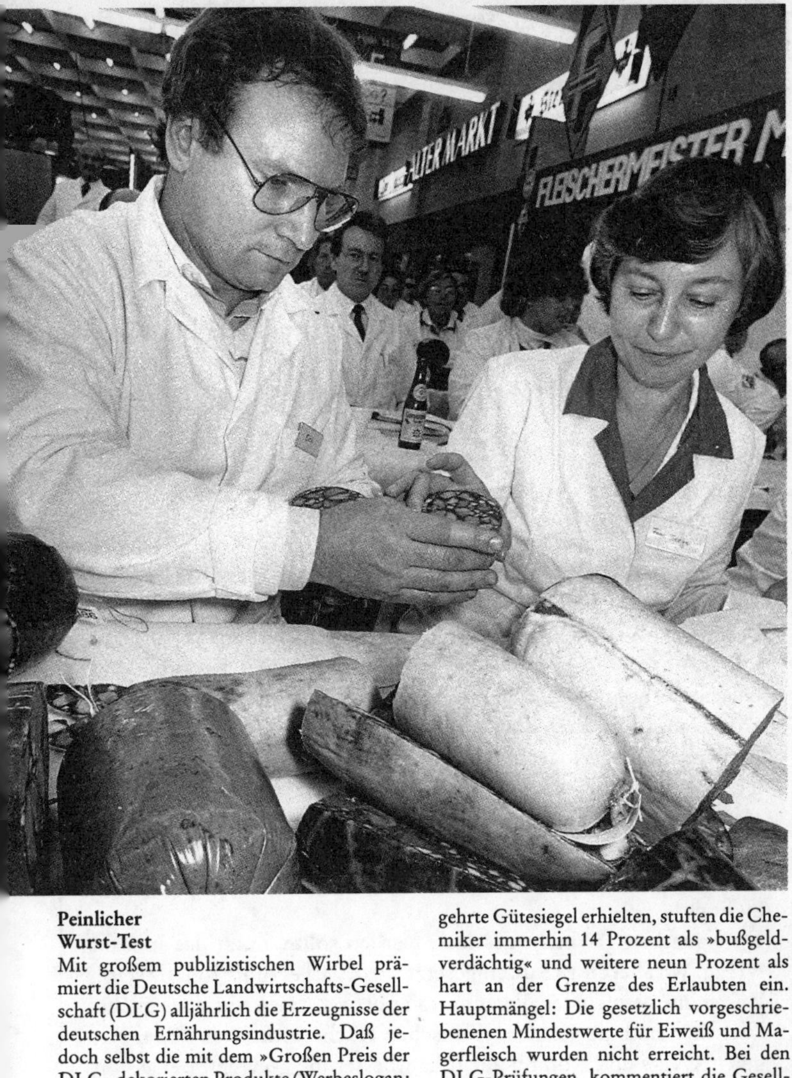

Peinlicher Wurst-Test

Mit großem publizistischen Wirbel prämiert die Deutsche Landwirtschafts-Gesellschaft (DLG) alljährlich die Erzeugnisse der deutschen Ernährungsindustrie. Daß jedoch selbst die mit dem »Großen Preis der DLG« dekorierten Produkte (Werbeslogan: »Pioniere der Qualität«) nicht unbedingt das Feinste vom Feinen sein müssen, bewies jetzt der Test eines chemischen Untersuchungsamtes in Wuppertal. Von 33 Wurstsorten, die im vergangenen Herbst das begehrte Gütesiegel erhielten, stuften die Chemiker immerhin 14 Prozent als »bußgeldverdächtig« und weitere neun Prozent als hart an der Grenze des Erlaubten ein. Hauptmängel: Die gesetzlich vorgeschriebenen Mindestwerte für Eiweiß und Magerfleisch wurden nicht erreicht. Bei den DLG-Prüfungen, kommentiert die Gesellschaft das peinliche Ergebnis, können nur der Geschmack, nicht aber die tatsächliche Qualität geprüft werden.

Der Spiegel, 28. 4. 1986,
40. Jg. Nr. 19, S. 136

Die Höhleneiszeit in der Ernährungslehre

In den 50er Jahren stellte ein amerikanischer Forscher die Hypothese auf, die streßbetonte Lebensweise und Stoffwechsellage des modernen zivilisierten Menschen sei vergleichbar der des eiszeitlichen Höhlenmenschen. Da dieser sich hauptsächlich von Fleisch ernährt habe (wofür allerdings bis heute eindeutige Belege fehlen), sei eine fleischreiche Kost auch für den Zivilisationsmenschen optimal.

Diese These wurde von weiten Kreisen der Wissenschaft willig aufgenommen und alles gegenteilige Wissen »vergessen«. Alle Erkenntnisse und Empfehlungen wurden dieser These angepaßt. Von daher stammen die immer noch sehr hoch angesetzten Empfehlungen für die Eiweißzufuhr sowie die selbst in guten Lehrbüchern immer wieder auftauchende Behauptung, der Mensch benötige unbedingt tierisches Protein, da nur dieses vollwertig sei.

Jod

Trill mit Jod S11 Körnchen schützt das Leben Ihres Sittichs! Was schützt Ihres?

Besonders in den südlichen Regionen der BRD ist die Versorgung mit Jod unzureichend und damit die Gefahr einer Kropfbildung deutlich erhöht. Böden und Wasser sind hier ausgesprochen jodarm. Damit sind auch die Jodgehalte in pflanzlichen und tierischen Lebensmitteln geringer als sonst. Als Abhilfe wird hier von offizieller Seite der Gebrauch von jodiertem Speisesalz empfohlen. Da unsere Kochsalzzufuhr ohnehin viel zu hoch ist, heißt das ein wenig den Teufel mit dem Belzebub austreiben:

Ist die Jodzufuhr gut, dann ist gleichzeitig die Natriumzufuhr viel zu hoch!

Da eigentlich gar nicht gesalzen werden sollte, nützt das Jodsalz wenig. Wo allerdings Salz eingesetzt wird, darf es ruhig Jodsalz sein!

Zu einem vermehrten Verzehr von Seefisch raten wir auch nicht. Viel eher sind die aus der japanischen Küche entlehnten »Edel-Algen« Arame und Kombu zur Jodaufbesserung geeignet. Beide sind in guter Qualität im Bioladen erhältlich und stellen gleichzeitig einen interessanten Würzbeitrag für Gemüse und Suppen dar.

Eier und Eiprodukte

Gemeint sind damit im allgemeinen die Hühnereier, Eier anderer Vogelarten (Gans, Ente, Kibitz, Möwe, Wachtel) treten demgegenüber zurück, insbesondere seit die Geflügelwirtschaft die Massentierhaltung entdeckt hat.
Die Zusammensetzung des Eis:

	Weißei	Dotter
Wasser	86,6 %	49 %
Stickstoffsubstanz	11,6 %	16,7 %
Fett	0,2 %	32,6 %
Stickstofffreie Extraktstoffe	0,8 %	1,2 %
Mineralstoffe	0,6 %	1,1 %

Das Ei ist als wasser- und eiweißreiches Lebensmittel extrem empfindlich und sollte möglichst frisch verzehrt werden. Durch die »natürliche Verpackung«, die Eierschale, ist ein gewisser Schutz gegeben. Eier sind verwendbar, solange sie nicht nach faulen Eiern stinken – dann nämlich haben sich die von Anfang an vorhandenen Fäulnisbakterien voll durchgesetzt. (Siehe Empfehlungen zu Eiern und Eiprodukten)
Eier, die den normalen Handelsweg nehmen, sind bereits mindestens 7 Tage alt, meist älter. Das gilt auch für Eier aus dem Bioladen. Im Kühlhaus können Eier 6–9 Monate aufbewahrt werden; werden sie anschließend in den Verkehr gebracht, müssen sie binnen 3 Wochen verbraucht sein.
Anhaltspunkte für Frische und die verwendeten Futtermittel gibt auch der Marmeladenglas-Test:
Man nehme ein sauberes Schraubdeckelglas, schlage ein Ei auf, schraube den Deckel zu und schüttele 30 Sekunden kräftig. Nach zwei Stunden öffnen Sie den Deckel und riechen hinein.
Wenn Sie so ein frisches »Bio«-Ei mit dem Sonderangebot aus dem Supermarkt vergleichen, werden Sie wahrscheinlich einen Unterschied bemerken. Das Ei aus biologischem Anbau hat einen frischen Geruch, das Ei aus konventionellem Anbau hingegen riecht richtig unangenehm.

Weißei: Die in Wasser gelösten Eiklarproteine sind vielfach als Enzyme, Enzymhemmer u. ä. biologisch aktiv.
Bekannt ist, daß Avidin das Vitamin Biotin bindet, wodurch es in unserem Magen-Darmtrakt nicht resorbiert werden kann. Von rohem Eiweißgenuß muß deshalb unbedingt abgeraten werden.
Eidotter: Enthält eine hochwertige Proteinzusammensetzung. Das Vollei dient deshalb als ein Maß für die biologische Wertigkeit der Aminosäurenzusammensetzung anderer Lebensmittel. Leider enthält das Eidotter auch größere Mengen an Cholesterin, das als ein Risikofaktor für Herz-Kreislauf-Erkrankungen gilt (siehe Ernährungskrankheiten). Gefährdete dürfen Eier, wenn überhaupt, nur in Maßen zu sich nehmen.
Manch einer klagt über Hartleibigkeit oder Verdauungsschwierigkeiten bei zu hohem Eierkonsum: Kein Wunder, das Ei ist ein hochkonzentrierter Nährstoffträger, Ballaststoffe enthält es nicht. Weich und hartgekochte Eier werden gleichgut resorbiert.
EG-weit ist die Vermarktung von Eiern (außer beim Erzeuger-Verbraucher-Direktverkehr) nach Güteklassen geregelt, die sich nach der Höhe der Luftkammer zum Zeitpunkt der Verpackung richtet. Man geht dabei von der Devise aus: Je niedriger die Luftkammer, desto frischer das Ei.
Klasse A (frisch): Eier mit 6 mm Luftkammerhöhe

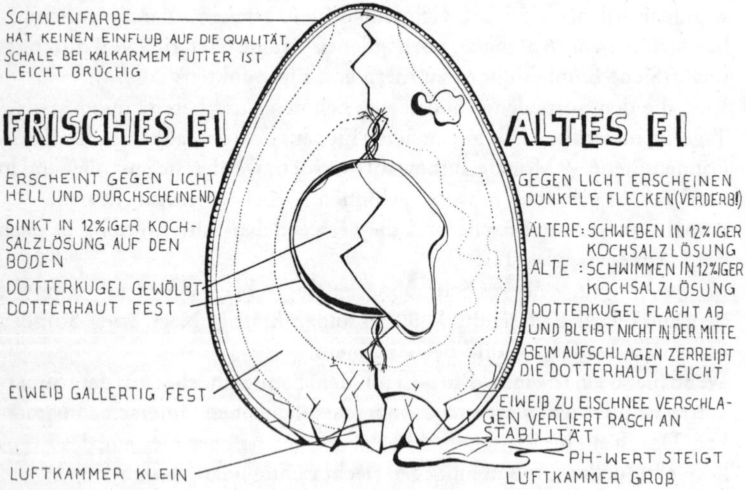

Zusatz: »Extra«: 4 mm Luftkammerhöhe nur bis 7 Tage nach Verpackungsdatum erlaubt

Klasse B (2. Qualität oder haltbar gemacht): Eier bis 9 mm Luftkammerhöhe

Klasse C (»aussortiert, für die Nahrungsmittelindustrie bestimmt«): entsprechen nicht den Anforderungen von A und B und gelangen nicht an den privaten Verbraucher

Für die Sortierung innerhalb der Güteklassen gelten außerdem 7 Gewichtsklassen, die nur insofern interessant sind, als man sich bei kleineren Eiern je nach Preis ein günstigeres Eiweiß-Dotter-Verhältnis ausrechnen kann.

Aus der Verpackungsschrift für Eier muß die Nummer der Woche, in der die Eier verpackt wurden, hervorgehen; wird donnerstags verpackt, darf bereits die Nummer der nächsten Woche angegeben sein!

Unverschlüsselt muß auch Auskunft über die Kühlung oder sonstige Art der Haltbarmachung gegeben werden.

Seit Juli '85 ist es nach EG-Ordnung erlaubt, Hinweise auf die Tierhaltung auf der Packung zu veröffentlichen. Folgende Mindestanforderungen müssen erfüllt sein.

Eier aus Freilandhaltung: 10 m^2 Auslauffläche pro Huhn

Eier aus intensiver Auslaufhaltung: 2,5 m^2 Fläche pro Huhn

Eier aus Bodenhaltung: freie Stallhaltung, bis zu 7 auf 1 m^2

Eier aus Volierenhaltung: bis zu 25 auf 1 m^2 Stallfläche

Achtung: Damit ist keine Aussage über die Art der Fütterung gemacht und über Stoffe, mit denen man sonst noch in Eiern rechnen *muß*.

Wegen erhöhter Salmonellengefahr dürfen Enteneier nur mit dem Vermerk »Entenei, vor Gebrauch mindestens 10 min kochen oder in Backofenhitze durchbacken« in Verkehr gebracht werden.

Stichwort: Fremdstoffe im Ei

- Fischmehl im Geflügelfutter führt zu überhöhten Arsenkonzentrationen. (Der »fischige« Aromafehler von Eiern entsteht übrigens nicht nur durch Fischmehl, sondern auch durch Sojamehl: Das hierin enthaltene Cholin wird von Mikroorganismen zu Trimethylamin (»Fischaroma«) abgebaut).
- Für überhöhte Selenkonzentrationen in Eiern steht eine wissenschaftliche Beurteilung noch aus.
- Sulfonamide und Nitrofurane sind in Intensivhaltungen übliche Arz-

neimittel für die krankheitsanfälligen Tiere (insbesondere zur Bekämpfung der Salmonellose). Zwar sollen Wartezeiten Rückstandsfreiheit garantieren, fraglich ist nur, ob sie eingehalten werden.
Krankheitsfälle wirken sich in Bodenhaltung der Hühner wegen vermehrten Kontakt zahlreicher Tiere untereinander stärker aus. Weil dadurch der Medikamentenkonsum erhöht wird, muß eher mit Rückständen gerechnet werden.

- Zur unnötigen Täuschung des Verbrauchers ist eine Gelbfärbung des Dotters mit Carotinoiden erlaubt.
- Chlorierte Kohlenwasserstoffe, eingetragen über Futtermittel, die noch in den 70er Jahren zuhauf in Eidottern nachgewiesen wurden, sind jetzt in geringeren Konzentrationen nachweisbar.

Eierprodukte
sind sogenannte Halbfabrikate und fließen sämtlich in Folgeindustrien zur Herstellung von Back- und Süßwaren, Teigwaren, Mayonnaisen, Salatsoßen, Suppen, Eiscreme, Eiklar.

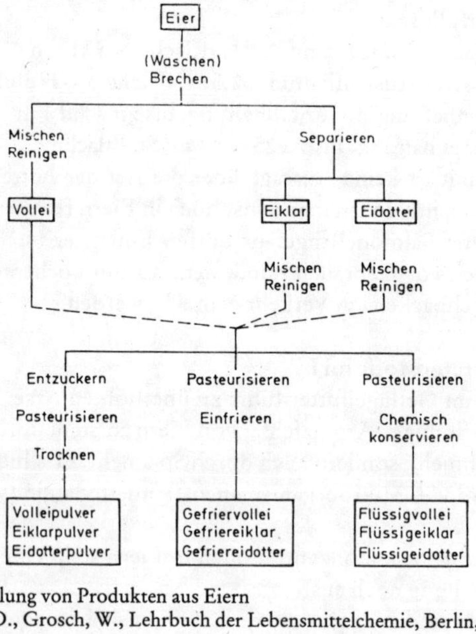

Schema: Herstellung von Produkten aus Eiern
aus: Belitz, H.-D., Grosch, W., Lehrbuch der Lebensmittelchemie, Berlin, 1985

Die Skizze gibt einen Überblick über die wichtigsten Verfahrensschritte. Wichtig ist vor allem die Abtötung aller Salmonellen, was, wie der letzte Eiernudelskandal zeigte, wegen der geringen Hitzeeinwirkung im Produktionsprozeß bei vielen Salmonellenspezies nur sehr unvollkommen gelingt. Nachweislich betreffen solche Infektionen vornehmlich Eiprodukte. Die Erreger entwickeln sich nämlich z. B. beim Anrühren von Trockenei mit Wasser und Stehenlassen bei Zimmertemperatur besonders gut. Gleiches gilt für Flüssigei, das zur Mayonnaisenproduktion auch nicht hoch oder lang erhitzt wird. Man versucht sich durch Konservierungsmittel, Sorbinsäure und Benzoesäure (10 g / kg), zu helfen.
Frische Eier im eigenen Haushalt bestimmungsgemäß verarbeitet, sind immer besser als diese Produkte mit den »letzten« Eiern der Güteklasse C.

Empfehlungen

Die bäuerliche Hühnerhaltung diente früher hauptsächlich der Schädlings- und Unkrautbekämpfung im Obstgarten. Gefüttert wurde mit Ausdrusch (Druschabfällen) und Abfall aus der Getreidereinigung. Es erfolgte ja ein sogenannter Stranddrusch auf dem Hof. Beim heutigen Fahrdrusch mit dem Mähdrescher verbleiben die Druschabfälle auf dem Feld und erhöhen (Unkrautsamen!) den Herbizidaufwand. Die Eier waren eigentlich ein Nebenprodukt, das keine Produktionskosten verursachte.
Unsere heutige, von der bäuerlichen Landwirtschaft abgekoppelte Schlachthähnchen- und Eierproduktion stellt hingegen eine Futter- und Energieverschwendung allererster Güte dar. Darüber hinaus schafft sie noch beträchtliche Umweltprobleme.
Zwei Beispiele für die Auswüchse:
– In den Legehennenzuchtbetrieben (heute gibt es ja für alles Spezialisten) fallen ungefähr gleiche Mengen weiblicher und männlicher Küken an. Da nur weibliche Küken Eier legen können, die männlichen aber von ihren Eigenschaften her nicht für die schnelle Mast geeignet sind, werden sie als Abfall behandelt. Wenn man sie vor dem Wegwerfen tötet, ist das schon human.

– Weil Legehennen nach 9 Monaten in die Mauser kommen und dann vorübergehend ihre Legeleistung nachläßt, werden meist die ganzen Bestände zu diesem Zeitpunkt ausgewechselt. (Im Supermarkt ist dann wieder Sonderangebotszeit!)

Aufgrund des hohen Cholesteringehaltes wird ein Zuviel an Eiern heute für bedenklich gehalten.

Zwar ist der Zusammenhang zwischen hoher Cholesterinaufnahme mit der Nahrung und der Entstehung arteriosklerotischer Gefäßerkrankungen nicht unbestritten und sicher nicht monokausal (s. o.), ein Risiko aber nicht auszuschließen.

Vertretbar erscheint eine Menge von 1–2 Eiern pro Woche, das sind ca. 50–100 im Jahr. Zum Vergleich: jeder Bundesbürger verzehrt durchschnittlich 280 Eier im Jahr, und das zu einem seit 30 Jahren gleichbleibenden Preis zwischen 20 und 30 Pfennigen pro Ei. Ein viel größeres Problem ist die Frische. In den seltensten Fällen werden tagesfrische Eier verzehrt. Auf den Packungen ist das Abpackdatum und nicht der Legetermin vermerkt. Auf älteren Eiern, schon ab dem zweiten Tag, nimmt jedoch der Besatz an Fäulniserregern exponentiell zu. Das hat direkt keine gesundheitlichen Folgen, ist auch für den Verbraucher so nicht festzustellen. Die Zusammensetzung der Darmflora wird jedoch nachteilig und nachhaltig beeinflußt. Eine optimale Darmflora hat jedoch für unsere Gesundheit wahrscheinlich eine viel größere Bedeutung, als wir heute nur ahnen.

Obgleich ein Huhn ein gutes Filter darstellt, können recht unangenehme Rückstände aus den Futtermitteln ins Ei gelangen: So hat man beispielsweise Rückstände von Trichlorethylen, einem giftigen, chlororganischen Lösemittel, gefunden.

Damit das Frühstücksei auch in Zukunft schmeckt, sollten Sie folgenden Ratschlag beachten:

Sie sollten möglichst tagesfrische Eier aus kontrolliertem biologischen Anbau auswählen. Ein solches Ei ist aber wegen des teuren Futters und der »unökonomischen« Haltung in der BRD derzeit nicht unter 60 Pfennig herzustellen.

Milch und Milchprodukte

Milch ist seit Jahrtausenden ein wichtiges Nahrungsmittel des Menschen. Schon im fünften bis dritten Jahrtausend vor Christus wurde von Sumerern, Babyloniern, Ägyptern und Indern Milch gezielt gewonnen und verarbeitet. Auch bei Griechen, Römern und Juden findet man eine solche Tradition. Interessanterweise verwendeten Griechen und Römer die Butter nur zu pharmazeutischen und kosmetischen Zwecken, auch die Germanen sollen keine Butter verzehrt haben. Zu Speisezwecken wurde Butter wahrscheinlich zum ersten Mal von den keltischen Iren im fünften Jahrhundert gewonnen. In größerem Ausmaß wurde die Buttergewinnung seit dem achten Jahrhundert in Norwegen kultiviert, von wo aus sie auch im Mittelalter nach Deutschland exportiert wurde. Zur menschlichen Ernährung kann die Milch verschiedener Säugetiere (Rind, Schaf, Esel, Ziege, Pferd, Kamel, Lama u. a.) genutzt werden. Nach den lebensmittelrechtlichen Vorschriften darf heute nur Kuhmilch als Milch ausgezeichnet werden. Andere Milcharten müssen entsprechend durch Angabe der Tierart gekennzeichnet werden.

Zusammensetzung der Milch von verschiedenen Lebewesen in %

	Wasser	Trockenmasse	Fett	Zucker	Casein	Albumin	Asche
Mensch	87,0	13,0	4,8	6,4	0,8	0,7	0,3
Kuh	87,6	12,4	3,5	4,7	2,8	0,7	0,7
Rentier	62,0	38,0	23,6	2,5	10,4		1,4
Esel	89,3	10,7	1,8	5,9	0,7	1,8	0,5
Ziege	85,5	14,5	4,8	4,0	3,8	1,2	0,7
Schaf	83,0	17,0	5,3	4,6	4,6	1,7	0,8
Büffel	82,2	18,0	8,0	4,8	4,8		0,8
Pferd	91,0	9,0	1,0	6,6	1,3	0,7	0,4
Zebra	85,1	13,9	4,8	5,3	3,0		0,7

Normalerweise reicht die von den Muttertieren produzierte Milch nur für die anfängliche Ernährung. Sobald die Jungtiere zur Selbstversorgung fähig sind, erlischt die Tätigkeit der Milchdrüsen. Durch regelmäßiges Melken kann fortlaufende, bei der Kuh z. B. bis zu zehn Monate andauernde Milchbildung bewirkt werden.

Milch enthält alles, was der heranwachsende Organismus benötigt:

- den Baustoff Eiweiß
- Fett und Kohlenhydrate als Betriebsstoff
- Minerale und Vitamine als Schutzstoffe.

Hundert Gramm Rohmilch enthalten:

Energie				
kcal 66	kJ 277			
Hauptnährstoffe				
Eiweiß	Fett	Kohlenhydrate		
3,3 g	3,8 g	4,6 g		
Mineralstoffe				
Natrium	Kalium	Calcium	Phosphor	Eisen
48 mg	157 mg	120 mg	92 mg	0,1 mg
Vitamine			Cholesterin	
A	B_1	B_2		
0,033 mg	0,04 mg	0,18 mg	12 mg	

Milcheiweiß

Milcheiweiß besteht hauptsächlich aus Casein (Käsestoff) und Lactalbumin und enthält alle essentiellen Aminosäuren.

Gehalt an Milchproteinen pro Liter Milch:

Casein	27 g	
b-Lactoglobulin	3,0 g	Molkenproteine
a-Lactalbumin	1,2 g	Molkenproteine
Serumalbumin	0,4 g	Molkenproteine
Immunoglobuline	0,7 g	Molkenproteine
Proteose-Peptone	0,6 g	Molkenproteine

Casein liegt in Form von kugeligen Aggregaten vor, welche beträchtliche mechanische Stabilität zeigen. Im schwach sauren Milieu (pH 4,6) flockt Casein aus und läßt sich als Käse von der Molke abscheiden. Die Molkenproteine bleiben im Sauren gelöst, lassen sich jedoch durch Kochen absondern (Hautbildung).

Milchfett

Das Fett ist im Milchserum nicht gelöst, sondern liegt in Form kleiner Fetttröpfchen vor, welche von einer Membran umschlossen sind. Die feine Verteilung (Emulsion) der im Durchmesser 5–8 µm großen Fetttröpfchen ermöglicht eine rasche Zerlegung des Milchfettes im Darm durch das fettspaltende Enzym Lipase. Auch der hohe Anteil an kurzkettigen Fettsäuren trägt dazu bei, daß Milch zu den leicht verdaulichen Nahrungsmitteln zählt. Bei längerem Stehen setzen sich die Fetttröpfchen aufgrund der Leichtigkeit des Fettes an der Oberfläche als Rahm ab. Durch Kühlung wird der Prozeß der Aufrahmung beschleunigt, durch Homogenisierung vollständig unterbunden. Die Milch wird dazu bei 50–75 °C mit hohem Druck (25–350 bar / 120–150 atm) durch feine Düsen gepreßt, wobei die Teilchengröße je nach Druck bis unter 1 µm gesenkt und die Membran der Fetttröpfchen zerstört wird. Da mit der Zerteilung die Oberfläche stark zunimmt, muß zur Stabilisierung weiteres, membranbildendes Material (z. B. Casein und Molkenproteine) aufgenommen werden.

Das Milchfett liegt zum größten Teil als Triglycerid vor (95 %). Einen hohen Anteil an den im Milchfett enthaltenen Fettsäuren hat die Ölsäure (27–42 %). Der Anteil an Linol- und Linolensäure schwankt je nach der Futterzusammensetzung.

Milchzucker = Lactose

verwandelt sich durch die Tätigkeit von Milchsäurebakterien je nach Temperatur und Keimgehalt unterschiedlich schnell in Milchsäure (Lactat).

Im Darm wird er durch das Enzym β-Galaktosidase (früher : Lactase) in Glucose und Galaktose zerlegt und resorbiert.

Problematisch wird der Genuß von Milch bei Lactose-Intoleranz (Lactose-Malabsorption / Milchzuckerunverträglichkeit). Der Milchzucker kann infolge von Enzymmangel im Dünndarm nicht gespalten werden und gelangt in tiefere, bakteriell besiedelte Darmabschnitte, wo er zu Milchsäure, Essigsäure und Kohlendioxid abgebaut wird. Diese Verdreifachung der Molekülzahl führt zur Steigerung des osmotischen Druckes und zu Wassereinstrom in den Darm und damit zu Durchfall.

Man unterscheidet primären, angeborenen Lactasemangel und den erworbenen Lactasemangel des Erwachsenenalters sowie den sekundären Lactasemangel, der als Folge von Dünndarmerkrankungen (wie z. B. der

Sprue) auftritt. Bei etwa 90 % der erwachsenen Weltbevölkerung besteht Lactasemangel, wobei jedoch deutliche ethnische Unterschiede festzustellen sind.

Häufigkeit des Lactasemangels bei Erwachsenen in unterschiedlichen Populationen (nach Dalquist 1983)

Schweden	3 %
Finnland	16 %
Schweiz	17 %
England	20–30 %
Frankreich	42 %
USA, Weiße	6 %
USA, Schwarze	73 %
Afrikaner, Hamiten	10 %
Afrikaner, Neger	fast 100 %
Japan (wahrscheinlich auch alle übrigen Bevölkerungsgruppen des Fernen Ostens)	fast 100 %

Milchsorten

Die gemolkene Milch wird gesammelt, gesiebt und gekühlt aufbewahrt. Im Euter der Kuh ist die Milch noch steril. Eine Infektion mit Milchsäurebakterien, Hefe- oder Schimmelpilzen kann erst in den Milchkanälen, beim Melken oder der Verarbeitung erfolgen. Unter sehr hygienischen Bedingungen gewonnene Milch hat einen Keimgehalt von 1000–10000 Keimen / ml. Neben den natürlichen Keimen können sich auch pathogene Keime in der Milch (z. B. Tbc-, Typhus- und Paratyphuserreger) ansiedeln, welche auch für den Menschen gefährlich sind. Verschiedene in den Molkereien angewandte Erhitzungsverfahren sollen garantieren, daß möglicherweise in der Milch enthaltene Krankheitskeime vernichtet werden, sie schädigen aber gleichzeitig auch immer die natürliche Bakterienflora. Es ist heute möglich, durch die verschiedenen Kontrollverfahren zu garantieren, daß gewonnene Milch frei von pathogenen Keimen ist (der größte Teil der Rinderbestände in Deutschland ist inzwischen sowieso Tbc-frei). Hier liegt ein wünschenswertes Einsatzgebiet für technologisches Know-how. Zu fordern wäre die Ausrichtung der lebensmittelrechtlichen Kontrollvorschriften auf die Erzeugung ohne zusätzliche Veränderungen genießbarer Rohmilch, an Stelle der in den Molkereigroßbetrieben vorgenommenen »Zwangsdenaturierung«. Auch die Verteilung der kürzer haltbaren Rohmilch stellt im Prinzip heute kein Problem mehr dar.

Die keimvernichtende Wirkung der molkereitechnischen Verarbeitungsverfahren hängt von der Temperatur und der Dauer der Erhitzung ab.
a) Pasteurisierung (Pasteurisierte Milch)
Pasteurisierung wird durch unterschiedliche Verfahrenswege erreicht:
- Kurzzeiterhitzung auf 71–74 °C, 15–40 sec (100000 Keime/ml zulässig)
- Hocherhitzung auf 85 °C, 10–15 sec (10000 Keime/ml zulässig)
- Dauererhitzung auf 62–65 °C, 30 min

Das Milcheiweiß wird dabei nur geringfügig verändert (Denaturierung bis 10 %), die Vitamine bleiben weitgehend erhalten. Die Haltbarkeit verlängert sich von 1–2 auf 5–6 Tage.
Erst wenn die Enzyme durch Erhitzung inaktiviert sind, ist Homogenisierung möglich. Homogenisierte Rohmilch würde schnell einen ranzigen Geschmack annehmen, da den fettspaltenden Enzymen durch die Zerteilung der Fetttröpfchen eine zu große Angriffsfläche geboten wird.
b) Ultrahocherhitzung (Ultrahocherhitzte Milch (H-Milch))
- Kurzerhitzung auf 135–150 °C, 3–6 sec

Der Preis für die Erhöhung der Haltbarkeit auf 6–8 Wochen ist eine 50–90prozentige Denaturierung des Milcheiweißes und 10–20prozentiger Vitaminverlust. Weitere durch Lagerung bedingte Vitaminverluste müssen jedoch hinzugerechnet werden. Auch der Mineralstoffgehalt verändert sich durch Erhitzen. Ab 80 °C fällt Calciumphosphat in unlöslicher Form aus. Bei der Hitzezersetzung des Milchzuckers entstandene Produkte rufen den typischen Kochgeschmack der H-Milch hervor.
H-Milch kann nicht mehr auf natürliche Weise sauer werden, da durch die Ultrahocherhitzung alle natürlichen Bakterien abgetötet werden.
c) Sterilisierung (Sterilisierte Milch)
- Langzeiterhitzung auf 110–120 °C, 10–30 min

Als steril darf nur solche Milch bezeichnet werden, in der keine lebensfähigen Organismen mehr nachgewiesen werden können. 100prozentige Eiweißdenaturierung und 50–100prozentige Vitaminverluste sind die Folge der Langzeiterhitzung.

Nach der Haltbarmachung wird die Milch auf – 2 °C gekühlt und verpackt. Auf der Packung müssen folgende Angaben gemacht werden:
– Milchsorte (Rohmilch, Vorzugsmilch, Vollmilch ö.ä.) – Name der Molkerei oder des Herstellers – Fettgehalt (teilentrahmt – fettarm, 1,5–1,8 %; entrahmt, 0,3 % ö.ä.) – Abfülldatum bzw. Datum, bis zu welchem die Milch mindestens haltbar ist – Füllmenge in Litern – Wärmebehandlung (pasteurisiert, ultrahocherhitzt, sterilisiert)
Bei lose verkaufter Milch brauchen nur die Sorte, der Fettgehalt und die Art der Wärmebehandlung angegeben zu werden.

Milchprodukte

Sauermilchprodukte

Sauermilchprodukte stellen wahrscheinlich die ältesten Milchprodukte dar, entstanden durch natürliche Infektion mit Milchsäurebakterien und Hefen. Grundlegender Prozeß ist, wie bei der Dicklegung der Milch zur Käsebereitung, der enzymatische Abbau des Milchzuckers zu Milchsäure. Durch die Milchsäure wird der pH-Wert gesenkt, was eine Ausflockung des Milcheiweißes (des Caseins) zur Folge hat. Die fäulnisbildenden Bakterien können aufgrund des sauren Milieus nicht mehr gedeihen. Sauermilchprodukte sind aufgrund dessen länger haltbar als unbehandelte Milch.

Rechts- oder linksdrehende Milchsäure?
Durch optische Untersuchungsverfahren lassen sich zwei Milchsäureformen mit identischer molekularer Zusammensetzung aufgrund ihrer voneinander abweichenden räumlichen Struktur unterscheiden:
Werden durch eine Lösung von Milchsäuremolekülen fallende Lichtstrahlen nach rechts abgelenkt, so enthält sie die rechtsdrehende L(+)-Milchsäure, im anderen Fall die linksdrehende Milchsäure D(−).
Milchsäureproduzierende Bakterien erzeugen gewöhnlich ein Gemisch aus gleichen Teilen rechts- und linksdrehender Milchsäure (lat. Racemat). Für den Säugerorganismus ist jedoch die rechtsdrehende Milchsäure die physiologische Form, d. h. das Zwischenprodukt, welches direkt in den Stoffwechsel eingeschleust werden kann. Linksdrehende Milchsäure muß erst bestimmten Umbaureaktionen unterzogen werden, so daß der Abbau entsprechend länger dauert. Von einigen Autoren wird angenommen, daß eine Anreicherung der »unphysiologischen« D(−)-Milchsäure für den Säugerorganismus und damit auch für den Menschen schädlich ist.
Durch die Wahl entsprechender Bakterienkulturen bei der Herstellung milchsäurehaltiger Lebensmittel (Sauermilchprodukte, milchsaures Gemüse etc.) kann die L(+)-Milchsäuregärung gezielt gefördert werden (vgl. Kefir- und Joghurtkulturen).

Joghurt wurde ursprünglich in den Balkanländern aus Ziegen- und Schafsmilch hergestellt. Die Säuerung der Milch wird durch Bakterien der Gruppen:

- Thermobakterium bulgaricum yoghurti = Lactobacillus bulgaricus (erzeugt 100 % linksdrehende Milchsäure)
- Streptococcus thermophilus (erzeugt 100 % rechtsdrehende Milchsäure). Der Milchsäuregehalt liegt im fertigen Joghurt bei 0,71 %. Aufgrund der eiweißspaltenden Eigenschaften von Lactobacillus bulgaricus treten auch in geringen Konzentrationen freie Aminosäuren auf.

  Bioghurt entsteht, wenn die Vergärung des Milchzuckers durch Bakterien der folgenden Gruppen erfolgt:
- Lactobacillus acidophilus (50 % rechts- und 50 % linksdrehende Milchsäure)
- Streptococcus thermophilus

Biogarde ist die Handelsbezeichnung für das Sauermilchprodukt, das unter Verwendung folgender Bakteriengruppen hergestellt wird:

- Lactobacillus acidophilus
- Bifidum bifidum (erzeugt 95 % rechtsdrehende Milchsäure)

Kefir

Die Fermentation der Milch erfolgt durch Zusatz von Kefirkulturen (Kefir»pilzen«), diese enthalten:

- Torulahefen
- Streptococcus lactis
- Lactobacillus caucasicus

Der Lactobacillus caucasicus hüllt die anderen Mikroorganismen ein, was die Entstehung erbsengroßer Kefirkörner zur Folge hat. Die Kefirknollen setzen die Milch durch gleichzeitig stattfindende alkoholische und milchsaure Gärung in ein alkohol- (0,5–2 %) und kohlendioxidhaltiges (0,5–2 %) Sauermilchgetränk um.

Zubereitung zu Hause

Der schwammige Kefir»pilz« wird mit Milch in ein Glasgefäß gegeben, welches luftdicht verschlossen und bei Zimmertemperatur (18–20 °C) an einem dunklen Ort 12–20 Stunden aufbewahrt wird. Der fertige Kefir wird durch ein Plastiksieb gegossen, die Knollen mit lauwarmen Wasser abgespült und eventuell mit neuer Milch angesetzt. Im Kühlschrank können die Knollen in Milch auch einige Zeit überdauern. Bei unentwegtem Einsatz verdoppelt sich der Pilz in vier Wochen. Durch vorsichtiges Erwärmen läßt sich aus Kefir auch Speisequark herstellen. Der erwärmte Kefir wird anschließend durch ein Sieb gegossen, um die ausgeflockte Caseinmasse von der Molke zu trennen.

Käse

Käse wird seit der Domestikation milchliefernder Tiere vom Menschen hergestellt. Als einer der ältesten, wahrscheinlich schon von Nomaden hergestellten Käsearten gilt der Sauermilchkäse. Die Süßmilchkäseherstellung wurde erst von den Römern in größerem Ausmaß betrieben, wobei die Milchkoagulation damals noch durch labhaltige Pflanzen (hauptsächlich Labkraut, aber auch Feige und Artischocke) bewirkt wurde.
Käse umfaßt frische sowie in unterschiedlichem Ausmaß gereifte Produkte aus geronnener und weitgehend von der Molke geschiedener Milch. Die Ausfällung des Käseeiweißes wird durch Lab- oder Säuregerinnung oder gemischter Lab- Säure-Gerinnung bewirkt. Je größer der Anteil der Säuregerinnung, desto niedriger ist der Calciumgehalt des Käses.
Das *Labenzym,* welches aus den Mägen von Kälbern oder anderer Wiederkäuer zur Zeit der ausschließlichen Milchernährung gewonnen wird, läßt die Milch zu einem dickflüssigen, stichfesten Gel (Käsebruch) erstarren, aus welchem durch weitere Bearbeitungs- und Reifungsprozesse *Süßmilchkäse* hergestellt wird.
Durch mechanische Bearbeitung (Zerkleinerung mit der Käseharfe, einem mit Drähten bespannten Rahmen, und Rühren) und Erwärmung wird die Abscheidung des in dem Gel enthaltenen Wassers und der darin enthaltenen Stoffe (Milchzucker, Proteine, Salz), der sogenannten Molke, von der an Eiweiß, Fett und Mikroorganismen reichen Käsemasse bewirkt. Je intensiver dieser Bearbeitungsprozeß ausfällt, umso trockener wird der Käse und damit umso kleiner die Bruchstücke. Anschließend wird die Käsemasse geformt, der Entzug der Molke eventuell durch Pressen oder Bestreuen mit Salz unterstützt. Durch die in der Käsemasse enthaltenen Mikroorganismen wird die Reifung des Käses bewirkt. Folgende Reifungskulturen lassen sich unterscheiden:

Bakterielle Kulturen
- Milchsäurebildner
- Propionsäurebildner

Gelb- und Rotschmierekulturen
Bakterium linens mit Hefen und Kokken versetzt

Schimmelpilzkulturen
- Pennicilium camberti (weißer Schimmel)

– Pennicilium candidum
– Pennicilium roqueforti (blauer Schimmel)

Temperatur und Luftfeuchtigkeit spielen bei der Reifung eine große Rolle. Die einzelnen Bestandteile werden während des Reifungsprozesses mehr oder weniger stark umgewandelt. Eventuell noch vorhandener Milchzukker wird von den Milchsäurebakterien zu Milchsäure abgebaut. Propionsäurebakterien können diese, wie z. B. bei Emmentaler und Gruyère, weiter umsetzen zu Propion-, Essigsäure und Kohlendioxid. Das gasförmige Kohlendioxid bewirkt die Lochbildung bei der Reifung.

Milchfett wird durch die Käsereifung kaum verändert. Es entstehen jedoch bei allen Käsesorten die für die typische Geschmacksnuance wichtigen, freien Fettsäuren.

Wird die Eiweißgerinnung durch *Milchsäurebakterien* hervorgerufen, kann der nach Abtrennung der Molke gewonnene Quarkbruch zu *Sauermilchkäse* reifen. Sauermilchkäse wird überwiegend in der Magerstufe hergestellt (Fettgehalt unter 10 %), ist preiswert und hat einen hohen Eiweißanteil.

Es gibt Sauermilchkäse, bei denen die Reifung ausschließlich durch Milchsäure- und Gelb- sowie Rotschmierekulturen bewirkt wird,
– Mainzer Handkäse
– Harzer Roller
– Stangenkäse
– Olmützer Quargel

und Sauermilchkäse, bei denen an der Oberfläche zusätzlich Schimmelkulturen an der Reifung beteiligt sind
– Korbkäse
– Spitzkäse
– Handkäse.

Neben der Art und Weise der Milchgerinnung stellen Wasser- und Fettgehalt wichtige Klassifikationsmerkmale für die unterschiedlichen Käsesorten dar. Nach den lebensmittelrechtlichen Kennzeichnungsvorschriften muß bei allen im Handel befindlichen Käsesorten u. a. auch der Wassergehalt und die Fettgehaltsstufe ausgewiesen werden. Folgende *Fettgehaltsstufen* werden bezüglich des Fettgehalts in der Trockenmasse (% Fett i. Tr.) unterschieden:

Doppelrahmstufe	60–85 % Fett
Rahmstufe	mindestens 50 %
Vollfettstufe	mindestens 45 %

Dreiviertelfettstufe	mindestens 40 %
Halbfettstufe	mindestens 30 %
Viertelfettstufe	mindestens 20 %
Magerstufe	mindestens 10 %

Diese Fettgehaltsstufen beziehen sich auf den Fettgehalt in der Käsemasse abzüglich des Wassers. Wichtig für den Verbraucher wäre jedoch die Einschätzung des absoluten Fettgehalts in der verzehrten Käsesorte. Sie beträgt in etwa die Hälfte des angegebenen Fettgehalts in der Trockenmasse: Z. B. 100 g Camembert der Rahmstufe enthalten demnach ungefähr 25 g Fett.

Je nach dem Wassergehalt in der fettfreien Käsemasse werden diese *Käsegruppen* unterschieden:

Hartkäse	bis 56 % Wasser
Schnittkäse	55–63 %
halbfester Schnittkäse	62–69 %
Weichkäse	68–76 %
Frischkäse	75–87 %

Aus 100 kg Milch lassen sich 4–7 kg Hartkäse und 10–13 kg Weichkäse gewinnen. Innerhalb dieser Käsegruppen lassen sich Standardsorten mit bestimmten Herstellungsverfahren (vgl. Tabelle, S. 121) und freie Sorten unterscheiden.

Hart- und Schnittkäse reifen gleichmäßig durch die gesamte Masse. Rindenbildung erfolgt durch Austrocknung der Käsemasse an der Oberfläche, kann jedoch durch Verpackung in Kunststoffolien während der Reifung unterdrückt werden. Emmentaler und Bergkäse müssen aus Rohmilch hergestellt werden. Gouda (Holländer) wird in unterschiedlichen Reifegraden zum Verkauf angeboten:

– junger Gouda	3–7 Wochen
– mittelalter Gouda	2–5 Monate
– alter Gouda	über 5 Monate

Halbfester Schnittkäse reift von innen nach außen.

Weichkäse reift von außen nach innen, wobei die Oberfläche einem gesonderten Reifungsprozeß unterzogen ist, entweder der

- weißen Schimmelbildung (Camembert, Brie) oder der
- Bildung von Rotschmiere (Münsterkäse, Mainzerkäse, Limburger, Weinkäse etc.)

An der Dicklegung von Camembert und Brie sind neben dem Labenzym auch Milchsäurebakterien beteiligt.

Frischkäse sind ungereifte, nur durch Dicklegung der Milch und Abscheidung der Molke gewonnene Käse.

Eine konservierende Wärmebehandlung (Erhitzung auf 70–72 °C) von Frischkäse und Frischkäsezubereitungen ist nur unter Zusatz von Bindemitteln möglich, welche die Eiweißgerinnung verhindern.

Schmelzkäse

Schmelzkäse wird aus zerkleinertem Schnitt- und Hartkäse bzw. Käseresten durch Erhitzen auf 75–95 °C unter Zugabe von 2–3 % Schmelzsalzen gewonnen. Die Schmelzsalze (Salze der Milchsäure, der Phosphorsäure und Zitronensäure) verhindern das Fädenziehen und Klumpen sowie die Trennung von Fett und Eiweiß.

Schmelzkäse wird erst seit Beginn dieses Jahrhunderts hergestellt. Durch Sterilisation bei 110–114 °C werden die Mikroorganismen vollständig eliminiert und ein langfristig haltbares, auch in warme Länder exportierbares, aber denaturiertes und stark phosphathaltiges Nahrungsmittel (940 mg Phosphat / 100 g Schmelzkäse bei einem täglichen Phosphatbedarf von 700–800 mg) hergestellt. Auch aus Quark kann mit Hilfe von Schmelzsalzen Schmelzkäse, der sogenannte Kochkäse, gewonnen werden.

Folgende *Zusätze* sind bei der Käseherstellung erlaubt:
- Lab und Labaustauschstoffe
- Milchsäure
- Provitamin A (Beta-Carotin) als Farbstoff
- Salz
- Calciumchlorid zur Labfällung bei Süßkäsen
- Natriumcarbonat und Calciumcarbonat zur Neutralisierung des Säuerungsvorganges bei Sauermilchkäsen
- Gewürze
- Nitrate gegen anaerobe Schimmelbildner
- Natamycin (ein Antibiotikum) zur Schimmelverhütung auf der Rinde
- Bindemittel bei Frischkäse
- Schmelzsalze, Milchpulver, Rahm, Aromen, Gemüse, Fleischprodukte, Butter, Butterschmalz bei Schmelzkäsen

Kondensmilch

Das Verfahren zur Haltbarmachung von Milch durch Eindickung wurde erstmalig in den USA 1877 entwickelt. Ursprünglich sollte die »Dosenmilch« durch Verdünnung mit Wasser wieder als Trinkmilch verzehrt werden.

Die Milch wird zuerst auf 85–100 °C erwärmt, um die Keime abzutöten und das Albumin abzuscheiden, und anschließend im Vakuumapparat bei 40–80 °C durch Verdampfen eingedickt. Um eine Fettabscheidung während der Lagerung zu verhindern, muß das Produkt zusätzlich homogenisiert werden. Zugabe von
Natriumhydrogencarbonat
Dinatriumphosphat
Trinatriumcitrat
verhindert durch pH-Korrektur die Gerinnung des Caseins während der Lagerung bzw. durch Korrektur des Calciumgehaltes die Caseinaggregation.
Bei gezuckerter Kondensmilch wird Vollmilch nur kurzzeitig auf 110–130 °C erhitzt und anschließend bis zu 50 % Saccharose (Zucker) zugegeben. Homogenisation und Sterilisation erübrigen sich.
Kondensmilch hat eine Trockenmasse von 25–33 %.

Trockenmilch

Milch wird zur Herstellung von Trockenmilch durch Aufsprühen auf beheizte Walzen oder in einen heißen Luftstrom auf einen Restwassergehalt von 3–4 % eingetrocknet. Trockenmilch kann unter Wasserzugabe zu Kondensmilch und »Trinkmilch« rekonstituiert werden, aus welcher auch Joghurt und Käse gewonnen werden. Speziellen Anforderungen unterliegt die Herstellung von Säuglingsmilchprodukten in Pulverform. Angestrebt wird die Angleichung (Adaption) von Kuhmilch an die Zusammensetzung der Frauenmilch (Humanisierung).

	Wasser	Proteine	Milchzucker	Fett	Asche
Kuhmilch	87,3	3,4	4,8	3,8	0,7
Frauen	87,4	1,6	7,0	3,8	0,2

Zur qualitativen Angleichung werden der Kuhmilch Molkenproteine und Pflanzenöle (Ergänzung ungesättigter Fettsäuren) zugesetzt, zur Erhöhung des Kohlenhydratanteils Saccharose, Molke oder Lactose. Der Mineralstoffgehalt wird teilweise reduziert bzw. durch Verschiebung des Natrium- / Kalium-Verhältnisses angepaßt.

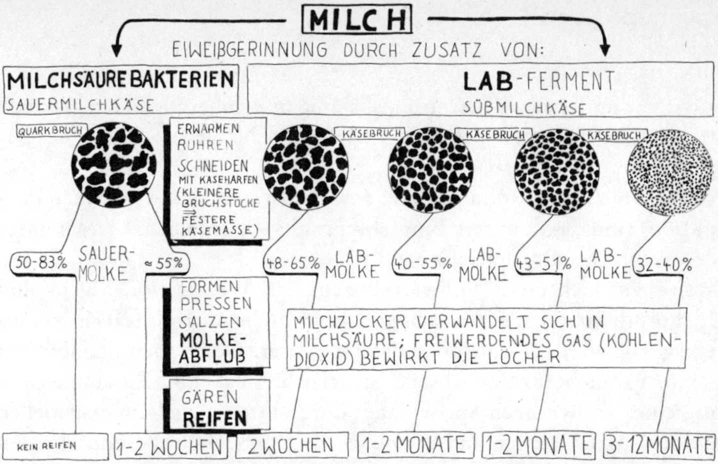

FRISCHKÄSE	WEICHKÄSE	WEICHKÄSE	HALBFESTER SCHNITTKÄSE	SCHNITTKÄSE	HARTKÄSE
*74-87% **17,5-45%	*61-73% **35%	*68-82% **35-52%	*62-69% **45-60%	*55-63% **49-57%	*<55% **>60%
QUARK, (DOPPEL-) RAHMFRISCHKÄSE, COTTAGE CHEESE, SCHICHTKÄSE (JE NACH SCHICHT: FETTGEHALT 10-40%), FRISCHKÄSEZUBEREITUNGEN (BIS 30% FRUCHT- BZW. GEWÜRZANTEIL)	HARZER ROLLER, MAINZER-, HAND-, STANGEN-, SPITZ-, KORB-, BAUERNHAND-, KOCH-KÄSE	CAMEMBERT, BRIE, LIMBURGER-, MÜNSTER-, WEIN-KÄSE, ROMADUR	BUTTERKÄSE, STEINBUSCHER, EDELPILZKÄSE: Z.B. FRZ. ROQUEFORT, ITAL. GORGONZOLA, WEIßLACKER	GOUDA, EDAMER, TILSITER, WILSTERMARSCHKÄSE, APPENZELLER	EMMENTALER, BERGKÄSE, CHESTER (CHEDDAR), GRUYÈRE, PARMIGIANO

* WASSERGEHALT DER FETTFREIEN KÄSEMASSE / ** TROCKENMASSE

Empfehlungen

Rufen wir uns unseren Bewertungskatalog in Erinnerung, dann gilt auch für Milch und Milchprodukte die weitgehende Naturbelassenheit des Lebensmittels als Maßstab.

Vorzugsmilch und Rohmilchkäse (möglichst aus handwerklicher Produktion) sind damit unsere Empfehlungshits – nicht zuletzt wegen ihres hervorragenden Geschmacks.

Zwar sieht auch unser Vollwertkonzept den Verzehr von Milch- und Milchprodukten vor, es muß aber an dieser Stelle noch einmal einschränkend gesagt werden: Unbedingt *nötig* für unsere Gesundheit sind sie nicht – schon gar nicht für Erwachsene. Sie erleichtern aber die Zusammenstellung eines vollwertigen Speiseplanes durch ihren Gehalt an essentiellen Aminosäuren, Calcium und Vitaminen B_1, B_2 und A, insbesondere wenn man Fleisch und Eier wegläßt.

Leider wird das gerade auf dem Milchsektor hohe technische Know-How in der Erzeugung und Verteilung hygienisch einwandfreier Milch nicht zur breiten Herstellung von Vorzugsmilch, sondern zu größerer Zentralisierung und Rationalisierung, was heißt zum Zeitgewinn bis zum Verbrauchs- oder Verarbeitungszeitpunkt, genutzt. Die Milch gelangt dadurch immer weniger frisch an den Verbraucher.

Ökologisch ist die ausufernde Milchproduktion in der Bundesrepublik nicht vertretbar, zumal sie mit der fehlwirtschaftenden Fleischproduktion verkoppelt ist: Sie ist ein Teil der verschwenderischen Veredelungswirtschaft. Weniger ist hier immer besser. Wenn dieses »Weniger« durch mehr Qualität in Form von Vorzugsmilch ausgeglichen würde, wären zwei Fliegen mit einer Klappe geschlagen: Die Agrarstruktur würde gesünder und die Rohmilch billiger!

Wer Milch und Milchprodukte verzehrt, berücksichtige folgende Ernährungstips:

Milch

– Abgesehen von der Haltbarkeit ist Roh- und Vorzugsmilch in jeder Hinsicht den wärmebehandelten Trinkmilchsorten überlegen.

– Die Vorzüge von Rohmilch sollten nicht dadurch zunichte gemacht werden, daß die Milch zu Hause dann selber abgekocht wird.

– Glasflaschen sind die ideale Milchverpackung, Behälter aus Pappe

können nur bedingt akzeptiert werden, da sie ein- oder beidseitig mit Polyethylen beschichtet sind. Vom Verzehr in Plastikschläuche abgefüllter Milch ist grundsätzlich abzuraten: In geringen Mengen treten aus ihnen Weichmacher u. a. in die Milch über.
– Vollmilch sollte nicht zur Kalorienreduktion durch Magermilch ersetzt werden, da die Einsparung auf Kosten des Vitamingehalts geht (fettlösliche Vitamine).

Käse
– Aus Rohmilch hergestellte Käse (z. B. Emmentaler, Bergkäse, Rohmilchquark) sollten bevorzugt werden.
– Süßmilchkäse haben einen höheren Calciumgehalt.
– Sauermilchkäse sind fettarme und preiswerte Eiweißlieferanten.
– Käserinden von Hart- und Schnittkäse sollten nicht verzehrt werden (Schimmelbildung, Antibiotika, Kunststoffüberzüge).
– Wildwachsender Schimmel ist auch bei Käse gesundheitsgefährlich. Bei Hartkäsen schützt die Rinde und der hohe Anteil an Trockenmasse vor dem Eindringen von Giftstoffen, es reicht deshalb aus, nur die verschimmelten Stücke abzuschneiden. Schnitt-, Weich- und Frischkäse muß bei Schimmelbefall sofort vernichtet werden.
– Käse sollte verpackt, dunkel und kühl (10–14 °C) gelagert werden. Temperaturen unter 6 °C hemmen die Aromabildung und lassen den Käse zusätzlich austrocknen. Licht verändert das Milchfett. Wenn der Käse nicht in einem kühlen Keller oder der Speisekammer aufbewahrt werden kann, sollte er eine Stunde vor Verzehr aus dem Kühlschrank genommen werden. Camembert gehört bis zur Entwicklung des gewünschten Reifegrades überhaupt nicht in den Kühlschrank. Limburger, Romadur und Münsterkäse sollten unter einer Käseglocke, andere Käsearten am besten in feuchten Leinentüchern oder in der Originalverpackung aufbewahrt werden. Käse am Stück hält sich grundsätzlich besser als geschnittener Käse.

Speisefette und -öle

Augenfälliges Merkmal von Fetten: Sie sind in Wasser unlöslich (Fettaugen auf der Suppe), und ihr Schmelzverhalten ermöglicht eine Zubereitung von Lebensmitteln bei hohen Temperaturen, ohne zu verbrennen. Chemisch gesehen sind Speisefette Verbindungen von drei Fettsäuren mit Glycerin. Das Grundgerüst der Fettsäuren ist eine Kette von 4 bis 24 Kohlenstoffatomen, die bei den gesättigten Fettsäuren durch einfache chemische Bindungen miteinander verknüpft sind; bei ungesättigten Fettsäuren liegen eine bis mehrere Doppelbindungen vor. Die Unterscheidung von Fetten und Ölen ist eigentlich willkürlich. Man nennt die bei Zimmertemperatur flüssigen Fette »Öle«, die bei Zimmertemperatur festen »Fette«. Öle sind im allgemeinen bei Zimmertemperatur flüssig. Da Fette im gesamten Tier- und Pflanzenreich Bestandteile von »Biomembranen« sind, kommen sie in sämtlichen Lebensmitteln vor. Manche tierische (und wie bekannt auch menschliche) Gewebe und manche Pflanzenorgane speichern Fette als energiereiche Reservedepots.
Unterschieden werden:

a) Pflanzenfette (aus Früchten und Samen)
b) Tierfette (aus Milch und aus Fettgewebedepots von Landtieren und überflüssigerweise immer noch aus Fetten von Walen, Robben, Seehunden und von Fischen), besonderes Charakteristikum: Cholesterin (siehe Ernährungskrankheiten)

Nicht nur wegen ihres hohen Brennwertes, besonders wegen ihres Gehaltes an *essentiellen* Fettsäuren und fettlöslichen Vitaminen (siehe Vitamine) sind sie von ernährungsphysiologischer Bedeutung.
Besonders wichtig sind für uns die ungesättigten Fettsäuren, wie Linolsäure, Linolensäure, Arachidonsäure, die unbedingt zum Aufbau biologisch aktiver Membranen benötigt werden. Die Linolsäure kann im menschlichen Körper *nicht* aufgebaut werden und muß deshalb wie ein Vitamin mit der Nahrung aufgenommen werden. Die beiden anderen können aus Linolsäure aufgebaut werden.

Antioxidantien
Im natürlichen Zellverband sind die ungesättigten Fettsäuren erfahrungsgemäß durch zelleigene Antioxidantien eine Weile vor Oxidation geschützt. Sonnenblumenkerne und Weizen, z. B., könnte man sonst gar nicht aufbewahren. Bei der Ölgewinnung werden diese Stoffe, häufig Tocopherole (Vitamin E), gleich mit

a) Wichtige gesättigte Fettsäuren			
Name	Bruttoformel	Vorkommen	Anmerkung
Buttersäure	$C_4H_8O_2$	2,5–4,5 % in Kuhbutter	freie Buttersäure bedingt die Ranzigkeit von Butter und Milchfetten
Capronsäure	$C_6H_{12}O_2$	1–2 % in Kuhbutter	Geruch nach Ziegenbock in Milchfetten, wenn ranzig
Laurinsäure	$C_{12}H_{24}O_2$	weitverbreitet in Lorbeergewächsen, Palmen, Kuhbutter	
Myristinsäure	$C_{14}H_{28}O_8$	in fast allen pflanzlichen und tierischen Fetten, besonders in Milchfett und Palmkernfett, dominiert in Muskatnußgewächsen	
Palmitinsäure	$C_{16}H_{32}O_2$	in fast allen Naturfetten, besonders in Schweineschmalz, Tiertalg, Kakaobutter, Palmöl	
Stearinsäure	$C_{18}H_{36}O_2$	in Körperfetten von Landtieren, in Milchfetten, tropischen Samenfetten	in hydrierten Handelsölen, bes. in hydriertem Soja- und Maiskeimöl bis 90 %
b) Wichtige ungesättigte Fettsäuren			
Ölsäure	$C_{18}H_{42}O_2$	am weitesten verbreitete Fettsäure, Hauptfettsäure in vielen Pflanzen- und und Tierfetten	
Arachidonsäure	$C_{20}H_{32}O_2$	Tierkörperfett, Phosphatide	
Linolsäure	$C_{18}H_{32}O_2$	weitverbreitet in Pflanzenfetten	
Linolensäure	$C_{18}H_{30}O_2$	Leinöl, Sojaöl u. a.	

isoliert (aus Ölsaaten überstehen 60–70 % die Raffination) und üben ihre Schutzfunktion noch eine Zeitlang aus. Eine Ausnahme ist das Sojaöl, das einen so hohen Gehalt an Linolensäure besitzt, daß die natürlichen Antioxidantien zu seinem Schutz nicht ausreichen. Tocopherol findet heute als Fettstabilisator eine weite Verwendung, besonders zusammen mit sogenannten Synergisten, wie Citronensäure, Phosphorsäure, Lecithin, Aminosäuren und Ascorbinsäure, die die stabilisierende Wirkung zusätzlich unterstützen.

Auch Carotin-Extrakte, die ursprünglich nur zur Gelbfärbung von Fetten verwendet wurden, wirken bei *dunkel* aufbewahrtem Öl antioxidativ (belichtet allerdings eher umgekehrt). Fast alle Gewürze (Pfeffer, Salbei, Rosmarin, Majoran) enthalten antioxidierende, phenolische Verbindungen. Auch beim Räuchern entstehen solche Antioxidantien.

Da der Bedarf an Antioxidantien heute bei weitem das natürliche Vorkommen übersteigt, spielen heute künstlich hergestellte weltweit die größte Rolle. Aus physiologischen Gründen ist aber nur eine sehr kleine Anzahl praktisch geeignet. Die gesundheitliche Unbedenklichkeit muß nachgewiesen sein. Antioxidantien werden im Laufe der Autoxidation der Fettsäuren verbraucht. Ein bereits anoxidiertes Fett kann also niemals wieder in seinen frischen Ausgangszustand versetzt werden. Was mit verbrauchten Antioxidantien passiert, ist noch unbekannt.

Pflanzenfette

Auf dem Weltmarkt gibt es nur zwei Fruchtfleischfette, die für die Ölgewinnung von Bedeutung sind: das Olivenöl aus dem Mittelmeerraum und das Palmöl aus Malaysia, Nigeria und Indonesien; alle anderen wichtigen Speiseöle stammen aus den Samen von Sonnenblumen, Soja, Mais, Erdnuß, Sesam, Saflor (Färberdistel), Lein, Baumwolle, Weizen, Kürbis, Walnuß. Dazu gehört auch das Palmkernöl.

Grundsätzlich bestehen zwei Verfahren zur Gewinnung von Pflanzenölen: das Preßverfahren oder das Extraktionsverfahren.

Das Preßverfahren

Mit Preßverfahren sind die qualitativ besten Öle zu gewinnen. Für eine Kaltpressung (bei ca. 40–50 °C) kommen insbesondere Oliven in Frage. In geringer Ausbeute erhält man in erster Pressung so das berühmte Jungfernöl (Extra Vierge). Dieses unbestritten feinste Speiseolivenöl mit vorzüglichen diätischen Eigenschaften gelangt ohne weitere Behandlung nach Absetzen der Trübstoffe in den Verkehr. Andere Vierge-Qualitäten (z. B. Courante) sind zwar auch kaltgepreßte Olivenöle, fallen geschmacklich aufgrund höheren Gehaltes freier Fettsäuren (ca. 3 %) gegenüber Extra Vierge (nur 1 %) ab. Wird warm oder heiß gepreßt (üblich 70 °C), steigt der Gehalt an freien Fettsäuren noch weiter an; solche Öle sind dann nicht mehr zum direkten Konsum geeignet: Sie müssen zuvor raffiniert werden.

Das ist auch bei der Palmölgewinnung so: Zuerst werden die Fruchtstände zur Abtrennung des Fruchtfleisches und zur Inaktivierung von Enzymen heiß bedampft. Aus den zerkleinerten Fruchtständen wird das Öl abgepreßt und durch Zentrifugation geklärt. Natürliches Palmöl ist durch seinen hohen Carotingehalt rot. Das Carotin wird abgetrennt und wandert in die Lebensmittelfärbung. Da das Rohöl leicht ranzig wird, wird es gebleicht und von seinen freien Fettsäuren befreit. In diesem Zustand ist es für die Margarineherstellung geeignet.
Auch alle Samenfette können durch Kalt- oder Heißpressung gewonnen werden. Grundsätzlich gilt: Feinste Qualitäten werden bei niedriger Temperatur und schwachem Druck gewonnen und können frisch unmittelbar der menschlichen Ernährung dienen. Minderwertigere werden bei höherer Temperatur und größerem Druck gewonnen und müssen anschließend raffiniert werden. Üblich ist die Heißpressung bei ca. 70 °C (obwohl es Lebensmitteltechnologen gibt, die auch das noch als Kaltpressung bezeichnen würden). Oft wird die Ölsaat vor der Pressung konditioniert, d. h., die zerkleinerte Saat wird mit Wasserdampf behandelt, so daß die Zellen platzen und die Enzyme inaktiviert werden. Erste Aromaverluste sind schon bei der Konditionierung zu verzeichnen.
Das Pressen ist nur bei einem Mindestfettgehalt des Samens von 25 % wirtschaftlich, wobei dann ein Restöl von 4–7 % im Preßrückstand verbleibt, der anschließend extrahiert wird.
Aus Wirtschaftlichkeitsgründen geht man heute zur allgemeinen Anwendung von Niedrigdruckverfahren über. Die Ölausbeute ist damit zwar gering, der Ölkuchen enthält dann aber noch 15–20 % Öl, das anschließend leicht durch Extraktion bis auf 1 % herausgelöst werden kann. Der Rückstand ist als proteinreiches Futtermittel begehrt. Die Extraktion erfolgt mit einer Benzinfraktion, die als technisches Hexan bezeichnet wird; zur Traubenkernölgewinnung dient sogar Trichlorethylen als Extraktionsmittel, obwohl diese Chemikalie unter begründetem Verdacht steht, Krebs zu erregen. Leider können diese Lösungsmittel nicht vollständig aus dem Rohöl entfernt werden: Ca. 0,1 % bleiben zurück.
Extraktionsöle müssen vor Verwendung als Speiseöle raffiniert werden. Sie sind zwar reiner als Preßöle, geschmacklich aber belanglos. Genau diese Eigenschaft wird von der Margarineindustrie gewünscht: Je neutraler, desto besser. Wenn die Öle dann bei Raumtemperatur auch noch fest sind und beim Schmelzen im Mund, wie Kokos- oder Palmkernfett, angenehm kühlen, sind sie wie geschaffen als Bestandteile von Margarine.

Die Raffination – ein Prozeß schrittweiser Entwertung

Das gepreßte Rohöl oder das Extraktionsöl werden

– *entlecithinisiert:* Das Öl wird dünnflüssiger, außerdem ist Lecithin, das besonders in Soja- und Rapsöl in größeren Mengen enthalten ist, begehrter Emulgator für Gebäck und Teigwaren und auch für Margarine, der Lecithin dann wieder zugesetzt wird.

– *entschleimt:* Phosphorsäurezusatz fällt unerwünschte Proteine und Kohlenhydrate aus.

– *entsäuert:* Mit Natronlauge, manchmal auch mit Äthanol oder auch Furfural, werden freie Fettsäuren, die für den schnellen Verderb von Fett verantwortlich sind, entfernt, bei anschließendem Waschen mit verdünnter Phosphorsäure werden Schwermetallspuren ausgeschwemmt; bei Palmöl und Kokosfett kommt auch Wasserdampfdestillation in Frage. Die dabei entstehenden Temperaturen zersetzen das Carotin; das Öl wird thermisch gebleicht.

– *gebleicht:* Mit Salzsäure behandelte Aluminiumsilikate, kombiniert mit Aktivkohle, trennen Farbstoffe (Chlorophyll, Cartinoide), weitere Schwermetalle und Schleime ab. Von dem Absorptionsmittel wird abgefiltert; was an Öl daran hängenbleibt, wird erneut mit Hexan extrahiert, und dann geht die Raffination von vorne los.

– *desodoriert:* Wasserdampfdestillation entfernt unerwünschte Aromastoffe

– *winterisieren:* Sollen raffinierte Öle als Speiseöle Verwendung finden, hält man eine Winterisierung = Kältebeständigmachen für erforderlich. Der Prozeß führt zur Abscheidung höherschmelzender Triglyceride, durch die das Öl bei tieferen Lagertemperaturen fest würde.

Diesen Prozeß haben im allgemeinen alle pflanzlichen flüssigen Öle – ob Soja oder Sonnenblumenöl – hinter sich, sofern sie nicht kaltgepreßt sind.

Resultat ist ein relativ haltbares, klares, geschmackloses Öl, das aus jedem Bearbeitungsschritt kleine Reste der Extraktionsmittel enthält: Ein Produkt, das in Supermärkten die Ölregale füllt.

Gleichzeitig ist damit das Ausgangsprodukt für Margarine geschaffen.

Margarine
ist heute ein Sammelbegriff für eine streichfähige, butterähnliche Mischung tierischer und pflanzlicher Fette, wie gehärteter Trane und Pflanzenöle, in der Hauptsache Kokos- oder Palmkernfett, Soja-, Erdnuß-, Sonnenblumen-, Rüböl und Baumwollsamenölen. Zusätze von Preßtalg oder Oleomargarin (Rinderfeintalg), niedrigschmelzender Rinderfeintalg oder auch Schweineschmalz als Weichmacher sind möglich – je nachdem, welche Fette oder Öle gerade billig auf dem Weltmarkt zu haben sind.
Margarineherstellung aus flüssigen Ölen wurde erst möglich, als es 1902 gelang, durch Hydrierung der ungesättigten Fettsäuren eine »Fett-Härtung« zu erzielen (aus den ungesättigten Fettsäuren werden dabei gesättigte): Noch heute werden dazu Nickelkatalysatoren verwendet. Freie Fettsäuren, die immer in geringen Mengen in Ölen vorliegen, bilden mit dem Katalysator Nickelseifen, die im »Hartfett« verbleiben.
Nickelreste sind in der Lage bei empfindlichen Personen eine Nickelallergie auszulösen. Auch hochschmelzende Koch-, Brat- und Backfette werden auf diese Weise hergestellt, und Seetieröle sollen überhaupt erst nach Härtung für den menschlichen Genuß geeignet sein.
Ernährungsphysiologisch wichtige Bestandteile wie fettlösliche Vitamine (außer Vitamin E), essentielle Fettsäuren, Fettbegleitstoffe werden bei diesem Prozeß zerstört und werden nachträglich in Form von Pflanzenölen und Vitamin A (aus Seefischleber) wieder beigefügt.
»Maßgeschneiderte Fette« – dem Verwendungszweck der Margarine voll angepaßt – werden durch Umesterung erzielt: Konsistenz und Schmelzverhalten können gezielt eingestellt werden: eine einfache Methode, die auch die große Variationsbreite von Margarinesorten erklärt. Als Katalysator dient Natriummethylat, der anschließend mit Wasser zusammen mit den entstandenen Seifen ausgespült wird. Danach wird gebleicht und gedämpft.
Auch durch Fraktionierung können Fettgemische mit definierten Eigenschaften erzielt werden.
Diese Trennung der Fette kann man durch folgende Verfahren erreichen: Entweder macht man sich die unterschiedlichen Schmelz-, Siede- und Kristallisationspunkte zunutze, oder aber, daß die Fette je nach Lösungsmittel ein unterschiedliches Lösungsverhalten zeigen: Einige lösen sich gut, andere so gut wie gar nicht. Das meistverwendete Lösungsmittel ist Hexan, aber auch Methanol, Aceton, Propan, Furfural und wäßrige Lösungen mit z. B. Magnesiumsulfat werden als Lösemittel genutzt.

Margarinesorten

Margarinesorten	Merkmale	besondere Auszeichnungen
1. *Haushaltsmargarine*		
– Standardware	mindestens 50 % des Fettanteils aus Pflanzenfetten; Rest tierische Fette; Anwendung: Streichfett	(strenge) Natriumarmut muß deklariert sein, i. d. Regel vitaminiert mit 15–20 I. E. Vitamin A, 5 I. E. Vitamin E, 1 I. E. Vitamin D, ab 15 % Wassergehalt sind 1,2 g pro kg Konservierungstoff Sorbinsäure erlaubt
– Kochmargarine	ausschließlich zum Kochen und Braten geeignet	
– Pflanzenmargarine	mindestens 30 % Linolsäure, sonst wie Pflanzenmargarine; Anwendung: Streichfett	
2. *Halbfettmargarine*	halber Fettgehalt, mindestens 39 %, höchstens 41 % Fett, zum Braten und Backen nicht geeignet; bis auf 2 % müssen die Fette pflanzlicher Herkunft sein; Anwendung: reines Streichfett	Auszeichnung mit: »Vorsicht – zum Braten und Kochen nicht verwenden«; Färbung und Konservierung erlaubt
3. *Schmelzmargarine*	praktisch wasser- und eiweißfrei, aromatisiert mit Diacetyl und Buttersäure; weiche Konsistenz verbunden mit körniger Struktur durch große Triglycerid-Kristalle; Anwendung: Kochen, Braten, Backen	
4. *Margarine zur gewerblichen Weiterverarbeitung*		
– Backmargarine	stark mit thermostabilen Substanzen aromatisiert, die zum Aroma der Backwaren beitragen, bestehen zur Hauptsache aus mittelschmelzenden Triglyceriden	
– Ziehmargarine	kräftig aromatisiert, extrem geschmeidig, besonders geeignet zur Blätterteigherstellung, überwiegend hochschmelzende Triglyceridzusammensetzung, Wassergehalt: 8 %; Zusatz von Rindertalg	
– Crememargarine	nicht oder leicht aromatisiert, weiche Konsistenz, hoher Anteil an Kokosfett; etwa 10 Vol. % Luft	

Die Herstellung

Die so eingestellten Fettgemische werden in Trinkwasser oder gesäuerter Magermilch emulgiert, mit Milchzucker, Stärkesirup oder Sesamöl, Kochsalz und u. U. mit Vitaminen versetzt. Als Emulgatoren dienen Lecithin (gutes Antispritzmittel), Eigelb, Mono- und Diglyceride. Durch Diacetyl wird Butteraroma erzielt. Die eingesetzten Vitamine müssen auf der Packung angegeben werden. Gesetzlich muß Margarine aus mindestens 80 % Fett bestehen, 1 % Milchfett sind erlaubt. Um Margarine leicht von Butter unterscheiden zu können, muß sie mindestens 2 % (maximal 3 %) Stärkemehl als Indikator enthalten. Eine Färbung mit E160b Bixin und Beta-Carotin (E160a, Butterfärbung) ist zulässig. Je höher der Wassergehalt in der Margarine ist, desto schneller ist mit Schimmelpilzbefall zu rechnen. Ab 15 % Wassergehalt darf mit 1,2 g / kg Sorbinsäure konserviert werden.

Das Öl-Besonderheiten-ABC

1. Kokosfett (aus Kokosnüssen der Kokospalme) und Palmkernfett sind bei Raumtemperatur fest, der Gehalt an ungesättigten Fettsäuren ist gering (z. B. kaum Linolsäure); relativ stabil gegen Autoxidantien; wichtige Pflanzenmargarinenbestandteile.

2. Kakaobutter (und ihre Ersatzfette z. B. Illipé-Butter, Borneotalg und Sheabutter aus anderen Pflanzen) sind relativ hart, schmelzen zwischen 30–40 °C, die Aufnahme von erheblicher Schmelzwärme bewirkt einen Kühleffekt, was bei Schokolade als angenehm empfunden wird. Das Schmelzverhalten ist auf die hohen Anteile nur weniger Triacylglyceridtypen Palmitin-, Stearin- und Ölsäure zurückzuführen, der Anteil mehrfach ungesättigter Fettsäuren ist gering; das trägt zur Stabilität gegen Oxidation und mikrobiellen Verderb bei.

3. Baumwollsaat-, Maiskeim-, Weizenkeim- und Kürbiskernöl sind palmitinsäurereich bei gleichzeitig hohen Konzentrationen an Öl- und der essentiellen Linolsäure. Maiskeimöl hat von allen genannten die größte Bedeutung, die Abtrennung der Keime erfolgt gleich bei der Stärkegewinnung. Weizenkeimöl ist wegen seines hohen Vitamin E-Gehaltes (Tocopherole) von diätetischem Wert.

4. Sonnenblumen, Soja, Erdnuß, Raps, Sesam, Saflor und Leinöl sind reich an Öl – und der essentiellen Linolsäure und palmitinsäurearm. In Europa ist die Sonnenblume wichtigste Ölpflanze und wichtiger Rohstoff bei der Margarineherstellung. Nur raffiniertes Sonnenblumenöl gelangt in die Margarineherstellung. Auch Salat- und Bratöle sind raffiniert. Sonnenblumenöl erster Pressung ist aber bereits nach mechanischer Klärung verzehrsgeeignet.
5. Rüböl ist wegen seines hohen Anteils an 40–50 Gewichtsprozent gesundheitsschädlicher Erucasäure (im Rattenversuch herzschädigend) in Verruf gekommen. Neuere Züchtungen stellen einen geringeren Anteil dieser Säure her. Nur diese dürfen bei uns in Verkehr gebracht werden. Raps darf undeklariert mit anderen Ölen gemischt werden.
Sesamöl fällt durch hohen Tocopherolgehalt (Vitamin E) auf, und Safloröl enthält insgesamt gar 80 Gewichtsprozent ungesättigte Fettsäuren.
6. Leinöl ist durch seinen sehr hohen Linolsäuregehalt autooxidationsanfällig. Seine schnelle Verfestigung macht es als Anstreichmittel geeignet. Ein geringer kaltgepreßter Anteil dient als Speiseöl.
7. Man hat festgestellt, daß Öle der gleichen Pflanzengattung um so ungesättigter sind, je kälteren Wachstumsbedingungen die Ölpflanze ausgesetzt war. Die Zusammensetzung tierischer Fette ist dagegen stark fütterungsabhängig.

Tierische Fette
können durch einfache Erwärmung oder Dampfschmelze des Fettgewebes gewonnen werden. Das Fett dehnt sich aus, sprengt die Zelle und fließt aus – eine Raffination ist nicht erforderlich.
Beste Qualitäten werden durch Ausschmelzen bei niedrigen Temperaturen gewonnen. Bei der Gewinnung von Seetierölen ist allerdings Raffination und Hydrierung erforderlich:
Hochungesättigte Fettsäuren neigen zur leichten Selbstoxidation und lassen das Fett leicht verderben. Von wirtschaftlicher Bedeutung sind *Walöl, Robben- und Heringsöle*. Auch Knochenfette werden extrahiert. Milchfett wird abzentrifugiert.
– Schweineschmalz: ist gegenwärtig das meistgebrauchte tierische Speisefett, knapp gefolgt von Butter.

Das Rückenfett wird üblicherweise als Speck verzehrt.
Schweineschmalz stammt meist aus Bauchfett (Wammenfett). Wird viel Fischmehl gefüttert, schmeckt auch das Schmalz ölig-fischig.
– Rindertalg: Bestimmte Feintalgvarietäten finden in der Margarine- und Backwarenindustrie Verwendung; auch Speisetalg ist im Handel.
– Hammeltalg: ist wegen seines unangenehmen Geruches sehr unbeliebt geworden und wird kaum noch verwendet.
– Gänseschmalz: gilt als Delikatesse und ist das einzige bedeutendere Geflügelfett. Ein Zusatz von Schweineschmalz ist zulässig, ist dann aber deklarationspflichtig.
Achtung: Tierische Produkte enthalten chlororganische Verbindungen (DDT, Hexachlorbenzol, HCH, PCB) fast ausschließlich im Fettanteil! Für Fleischprodukte (also Fleisch und Fett!) werden in 84 % der Produkte chlororganische Verbindungen nachgewiesen. 5 % überschritten die gesetzlich erlaubten Höchstwerte. Tierische Fette sind durchweg höher mit diesen Stoffen belastet als Pflanzenstoffe.

Sahne und Butter
Rahm kann durch Abschöpfung der nach einiger Zeit an der Oberfläche von Rohmilch sich absetzenden Fettschicht oder durch Zentrifugation von Vollmilch gewonnen werden. Der Fettgehalt der dabei zurückbleibenden Magermilch liegt zwischen 0,03 und 0,06 %.
Je nach Fettgehalt darf der gewonnene Rahm als
– Schlagsahne (mindestens 30 % Fett),
– Kaffeesahne (mindestens 10 % Fett),
– saure Sahne (mindestens 10 % Fett) bezeichnet werden.
Saure Sahne wird zusätzlich der Milchsäuregärung unterzogen. Schlagsahne wird entweder bei 90–110 °C pasteurisiert oder kommt ultrahocherhitzt (H-Sahne) oder sterilisiert in den Handel.
Zwei weitere Verfahrensschritte sind notwendig, um aus Rahm Butter zu gewinnen:

1. Rahmreifung
Der Reifungsprozeß von Süßrahmbutter dauert bei 6–10 °C drei bis zwanzig Stunden. Bei der Sauerrahmbutter reift der Rahm unter Zugabe einer Milchkultur verschiedener Milchsäurebakterien bei 8–19 °C während vierundzwanzig Stunden. Durch die Temperaturführung wird die Fettkristallisation und damit die Konsistenz beeinflußt.

2. Butterung

Durch starke mechanische Beanspruchung (Schütteln, Schlagen) kommt es zum Zerreißen der Membranen der Fettkügelchen. Der Anteil des als Fettkügelchen vorliegenden Milchfettes nimmt mit zunehmender Bearbeitungsdauer ab. Es bildet sich eine kontinuierliche Fettphase, die übrigen Rahmbestandteile werden als Buttermilch abgeschieden. Butter ist eine Emulsion von Wassertropfen, Luftblasen und Fetttropfen in flüssigem Milchfett und enthält:

- 81–85 % Fett
- 14–16 % Wasser
- 0,5–2 % fettfreie Trockenmasse

Befreit man die Butter von Wasser und Eiweiß, so erhält man das auch ohne Kühlung haltbare Butterschmalz mit einem Fettgehalt von 99,5 %.

Fettig, fettig: in 100 g einer Fettsorte sind enthalten:

	Wasser g	Fett g	Linolsäure g	Vit. A mg	Vit. E mg	Carotin mg	Cholesterin mg
1. Butter (Süß- oder Sauerrahm)	15,30	83,2	1,8	0,59	2,2	0,4	240,00
2. Butterschmalz	0,25	99,5	2,3	0,85	3,6	0,2	o. A.
3. Schweineschmalz	0,16	99,7	8,5	o. A.	2,2	o. A.	86,00
4. Lebertran	–	99,8	1,9	30,00	3,3	o. A.	850,00
5. Erdnußöl	0,40	99,4	26,1	–	32,6	o. A.	1,20
6. Weizenkeimöl	o. A.	99,5	41,9	–	280,0	o. A.	Spuren
7. Sonnenblumenöl	0,20	99,8	55,0	–	67,0	0,03	Spuren
8. Kokosfett	0,09	99,0	1,4	–	5,4	Spuren	0,57
9. Maisöl	–	100,0	39,0	o. A.	84,0	0,14	Spuren
10. Olivenöl	0,20	99,6	8,0	0,12	13,7	o. A.	o. A.
11. Palmöl	o. A.	98,7	11,3	o. A.	35,5–70,5	56,5	0,80
12. Leinöl	o. A.	99,5	13,4	o. A.	o. A.	o. A.	6,50
13. Sojaöl	o. A.	98,6	52,8	o. A.	93,7	3,5	Spuren
14. Walnußöl	o. A.	99,5	57,5	o. A.	160,0	o. A.	o. A.
15. Sesamöl	o. A.	99,5	42,3	o. A.	29,1	o. A.	2,00
16. Safloröl	o. A.	99,5	74,0	o. A.	38,1	o. A.	o. A.
17. Margarine	18,30	80,5	17,6	0,53	29,2	0,35	0,0–65,0
18. Halbfettmargarine	59,20	39,6	16,2	0,57	24,0	0,38	o. A.

Proteine, Kohlenhydrate und Mineralien sind nur in äußerst geringen Mengen in Fetten anzutreffen, o. A. = ohne Angabe

Werte nach Souci, Fachmann, Kraut: Nährwerttabellen 1981/82

Fritierfette

Da sich Fritiertes in der Außer-Haus-Verpflegung wie auch im Privathaushalt steigender Beliebtheit erfreut und auch der mahnende Zeigefinger diesem Trend nach zuviel Fett kaum Einhalt gebieten wird, scheinen an dieser Stelle ein paar instruktive Worte angebracht: Fritierfette unterliegen als Lebensmittel der Lebensmittelüberwachung und dürfen nicht gesundheitsschädlich oder verdorben sein.

Bei zu hoher und zu langer Erhitzung entstehen Zersetzungsprodukte, u. a. die Acroleine, die gesundheitsschädlich sind.

Nach dem Lebensmittel- und Bedarfsgegenständegesetz ist es verboten, derartig veränderte Fritierfette zu verwenden oder darin gebackene Lebensmittel zum Verkauf anzubieten.

Im Handel befindliche Fritierfette bestehen meist aus Erdnußöl. Auf keinen Fall sollen tierische Fette (Schmalz, Talg, Nierenfett, Butter) verwendet werden. Am besten eignen sich reine Pflanzenfette. Fritierfette sollten höchstens bis 180 °C erhitzt werden, da eine zu hohe Backtemperatur den Verderb beschleunigt, bei zu niedriger Temperatur nimmt das Fritiergut zu viel Fett auf.

Fleisch und Fisch belasten das Fett mehr als Pommes Frites oder Berliner. Nach 20 Stunden Gebrauchszeit muß zu einem Fettwechsel geraten werden. Regelmäßige Filtration des Fettes verlangsamt dessen Verderb. Zugabe frischen Fettes verbessert das Altfett nicht und verdirbt selbst sogar schneller. Beginnender Verderb ist an folgenden Merkmalen erkenntlich:

1. deutliche Braunfärbung
2. merkliche Rauchentwicklung bei 180 °C
3. Zunahme der Zähigkeit des heißen Fettes, erkennbar am fadenziehenden Tropfen
4. bitterer, kratzender Geschmack und unangenehmer Geruch des Fettes und des fritierten Lebensmittels

Bei Stichproben in Bielefeld erwies sich Fritierfett in jeder 5. Imbißstube als verdorben!

Wer selbst fritiert, sollte sich eine Friteuse aus nichtrostendem Stahl mit einstellbarer Temperaturregelung anschaffen.

Bodensatz unbedingt nach jedem Gebrauch entfernen!

Vom Umgang mit Fetten und Ölen

Eine wichtige Ursache des *Fettverderbes* ist die Hydrolyse der Fette durch Enzyme (Lipasen), die im Fett selbst enthalten sind, außerdem Wasser, Wärme und Licht. Metallspuren als Katalysatoren und Mikroorganismen begünstigen das Sauerwerden der Fette, das mit dem Auftreten von freien Fettsäuren verbunden ist. Butter, Margarine, Palmkern- und Kokosfett sind bereits mit dem Auftreten geringster Mengen freier Fettsäuren verdorben (0,1–1 mg/100 g). Rinderfett ist noch mit 15% freien Fettsäuren genießbar und hochwertiges Olivenöl erträgt einen freien Fettsäuregehalt von 2% gut. Zentrale Stellung im Fettverderb nehmen oxidative Vorgänge ein, von denen besonders die ungesättigten Fettsäuren (Autoxidation) betroffen sind. Auch hier spielen wieder Wärme und Licht eine Rolle und Katalysatoren wie Chlorophyll, Metallspuren und Enzyme. Mikroorganismen (Aspergillus und Menicia) können mit zum Verderb beitragen. Zunächst werden dabei die geruchlich noch nicht wahrnehmbaren Fetthydroperoxide gebildet. Werden diese gespalten, ist das Fett »hinüber«: Es wird aldehydig, sauer, ketonig, talgig, kurz: *ranzig*.

Autoxidationsranziges Fett ist zum Verzehr ungeeignet; bei Tieren werden Hautveränderungen und Geschwüre hervorgerufen. Im übrigen führt auch das Erhitzen der Fette zum Verderb: Bei 300 °C entstehen stechend riechende, zu Tränen reizende Dämpfe von *Acrolein*. Frittenfette sind besonders gefährdet! Bedauerlicherweise sind also besonders ungesättigte Fettsäuren bei Lagerung nicht stabil. Die Folgeverbindungen erzeugen Veränderungen, die vom Konsumenten als ranzig, fischig, metallisch oder als undefinierbarer Altgeschmack bewertet werden.

Das heißt: Öle, die reich an ungesättigten Fettsäuren sind und es auch bleiben sollen, müssen in verschlossenen, dunklen Glasbehältern aufbewahrt werden. Bei Lebensmitteln, die gleichzeitig noch intakte fettspaltende Enzyme enthalten, wie frisches Obst und Gemüse, reichen diese Maßnahmen nicht aus. Hier hilft nur: schneller Verbrauch oder blanchieren (kurz überbrühen, bewirkt Enzymhemmung). Fett- und gleichzeitig wasserreiche Lebensmittel (z. B. Avocados) schnell verbrauchen. Lebensmitteltechnologen kämpfen mit Vakuumverpackungen, Konservierungsmitteln, Trocknen, Gasatmosphäre, Tiefkühlung, Erhitzen, Antioxidantien usw. gegen den Sauerstoff.

Fett- und fetthaltige Lebensmittel enthalten übrigens immer Spuren von Schwermetallen, in erster Linie Eisen, Kupfer, Cobalt. Die stammen:

1. aus dem Lebensmittel selbst, sind nämlich Bestandteil vieler Enzyme und Metallproteine
2. aus der Verarbeitung (Nickel bei der Margarinenherstellung)
3. aus dem Verpackungsmaterial: Spuren an Schwermetallen können in Folien und Papieren vorkommen und gehen allmählich in die Fettphase über.

Die Lagerstabilität besonders von Fetten wird durch Schwermetalle beeinträchtigt. Die ungesättigten Fettsäuren sind wiederum besonders empfindlich.

Empfehlungen

Die Fettverzehrmenge sollte pro Person und Tag etwa 80–90 g Fett betragen und hauptsächlich aus hochwertigen pflanzlichen Ölen bestehen.
Fett hat in der Ernährung folgende Aufgaben:

- Es ist ein wichtiger Energieträger (pro 1 g 9 kcal) und hat einen hohen Sättigungswert.
- Es ist Lieferant der essentiellen Fettsäure Linolsäure und gegebenenfalls der Linolensäure.
- Es enthält fettlösliche Vitamine und ermöglicht teilweise erst die Aufnahme derselben in den Körper auch aus anderen Nahrungsmitteln (z. B. aus Möhren).
- Duft- und Geschmacksstoffe lösen sich im Fett besser, d. h. Fett ist ein wichtiger Geschmacksträger.

Um diesen Aufgaben gerecht zu werden, muß das Fett natürlich qualitativ hochwertig sein und beispielsweise ein günstiges Verhältnis mehrfach ungesättigter zu gesättigten Fettsäuren (P/S-Quotient) aufweisen.
Nicht raffinierte, kaltgepreßte, ungehärtete pflanzliche Öle, z. B. Sonnenblumenöl, Leinöl, Distelöl, Olivenöl sind hier bevorzugt in der Küche zu verwenden.
In einer pflanzenbetonten Ernährung, die arm an versteckten Fetten ist (sieht man von Nüssen und Avocados einmal ab), braucht nicht mit Fett gespart zu werden.
Als Streichfett sind geringe Mengen Butter zu empfehlen (geringe Mengen meint, die Butter wird dünn aufs Brot gestrichen und nicht fingerdick).

Die dadurch aufgenommene geringe Menge Nahrungscholesterin schadet sicherlich nicht. Selbst gute Pflanzenmargarine ist gegenüber Butter mit dem Nachteil behaftet, ein absolut künstliches Lebensmittel zu sein. Das heißt natürlich nicht, daß Margarine gesundheitsschädlich ist. Nur: Empfehlen möchten wir sie nicht. Ungünstige Veränderungen der Ausgangsfette sind selbst bei schonender Herstellung nicht auszuschließen. Für Vegetarier oder Personen, die aus anderen Gründen auf Butter verzichten wollen, bilden Nußmuse eine gute Alternative. (Ein gutes Nußmus besteht nur aus Nüssen und ist keine Zubereitung aus verschiedenen Ingredienzen. Erdnuß-Butter ist hingegen eine Zubereitung.)

Personen mit stark gestörter Fettausnutzung (Bsp. Lipasemangel) sollten ihren Fettbedarf zumindest teilweise durch MCT-Fette (Triglyceride mittelkettiger Fettsäuren) decken, aber zusätzlich etwas Sonnenblumenöl verzehren.

Beim Braten oder Fritieren das Öl oder Fett nicht zu stark und nicht zu lange erhitzen. Die Fette zersetzen sich dann, und Abbauprodukte entstehen, die nicht gerade gesundheitsfördernd sind. Etwas ähnliches spielt sich auch beim sogenannten »Ranzigwerden« ab. Als Faustregel gilt: Das Bratfett darf keinesfalls rauchen. Fritierfett sollte höchstens einmal verwendet werden. Eine gute Alternative zur Friteuse stellt der chinesische Wok dar, eine Art halbrunde Pfanne mit hohem Rand. Mit vergleichsweise wenig Öl kann fritiert, gebraten, gedünstet oder rührgebraten werden.

Ein großes Problem beim Fritieren ist, was hinterher mit dem Fett geschehen soll. Altes Frittenfett ist eigentlich Sondermüll, den man nicht guten Gewissens in den Ausguß schütten kann, eher noch in die Mülltonne. Üblicherweise wird zwar empfohlen, zum Fritieren Platten-(Kokos)fette zu verwenden, da diese hauptsächlich gesättigte Fettsäuren enthalten und deshalb relativ hitzestabil sind. Wenn Sie aber mit dem Wok arbeiten, nehmen Sie lieber ein hitzebeständiges Öl wie Sesamöl. Nach dem Fritieren seien Sie es durch einen Filter und verwenden es dann zum Sautieren oder Anbraten von Gemüse, wo es einen kräftigen Geschmack ergibt. So gibt es keinen Sondermüll.

Die heute so beliebten Sonnenblumen- und Distelöle halten leider nicht immer, was sie versprechen; je nach Sorte und Anbaugebiet kann der Gehalt an Linol- und Linolensäure wesentlich niedriger sein als üblicherweise angegeben.

Olivenöl enthält zwar mit ungefähr 8 % nur relativ wenig Linolsäure, hat aber einen vorzüglichen Geschmack, an welchen sich Personen, die bisher neutral schmeckende Öle verwendet haben, oft erst gewöhnen müssen. Olivenöl ist darüber hinaus zusammen mit dem Öl der Ölpalme das einzige wirklich kaltgepreßte Öl. Es wird aus dem Fruchtfleisch und nicht aus einem Samen gewonnen. Ein gutes Speiseöl hat arttypischen Geruch und Geschmack. An diesen Eigenschaften kann man auch am ehesten die Qualität erkennen. Nach der Art der Triglyceridzusammensetzung und dem Gehalt an natürlichen Antioxidantien (Vitamin E ist ein solches) ist die Haltbarkeit der Speiseöle verschieden. Grundsätzlich sollten Speiseöle vor Licht geschützt und kühl gelagert werden, wobei Glasflaschen am geeignetsten sind. Olivenöl, Weizenkeimöl und Sesamöl halten recht lang, unter Umständen mehrere Jahre, während Leinöl besonders schnell ranzig wird. Der Vorrat sollte also nicht zu groß sein.

Eine ganz üble Sache ist gekaufte Mayonnaise. Hier haben sie sich einen fettigen »Kalorienbomber« ins Haus geholt, der unter Umständen auch noch unfreundliche Zusatzstoffe enthält. Mixen Sie Ihre Salatmayonnaise lieber selber; es geht sogar ohne Ei: Man mische Nußmus und Olivenöl im Verhältnis 1 : 1 und füge nach Geschmack Zitronensaft bei – auch für die Geschmacksnerven eine Alternative.

Noch einmal kurz gefaßt:

- Möglichst naturbelassene, nicht raffinierte pflanzliche Öle verwenden, die schonend hergestellt worden sind und nur mechanisch bearbeitet wurden.
- Als Streichfett Butter oder Nußmus verwenden.
- Zu meiden sind: alle raffinierten oder extrahierten Fette und Öle sowie gehärtete Fette. Auf versteckte Fette achten (in Wurst, Fleisch und Käse)!

Getreide und Getreideprodukte

Die sieben großen Getreidearten Weizen, Roggen, Hafer, Gerste, Reis, Mais und Hirsen gehören in puncto Energieversorgung zu den wichtigsten Grundnahrungsmitteln des Menschen. Bedauerlich ist, daß sich in den letzten Jahrzehnten der Stellenwert von Getreide für unsere Ernährung stark verschoben hat: Wurden um 1800 noch 300 kg Brot/Kopf und

Jahr von der deutschen Bevölkerung verzehrt, so ißt der Bundesdeutsche seit einigen Jahren konstant nur noch etwas mehr als 60 kg / Kopf und Jahr mit einer deutlichen Bevorzugung hellerer Brotsorten wie Brötchen, Toastbrot, helle Weizenbrote. Dazu kommt, daß ca. 60 % der gesamten Getreideernte verfüttert wird, die wir dann in Form sogenannter Veredelungsprodukte (Fleisch, Geflügel, Eier) zu uns nehmen – eine ungeheure Verschwendung!

Alle Getreidearten gehören zu den Gräsern, man zählt auch den Buchweizen wegen seiner ähnlichen Zusammensetzung und Verzehrsmöglichkeiten zu den Getreidearten: Er ist aber tatsächlich ein Knöterichgewächs.

Älteste planmäßig angebaute Getreideart ist die Gerste (5000 v. Chr. bei den Sumerern), heute überwiegt vor allen anderen Getreidegräsern der Saat- oder Weichweizen (unser Hauptbrotgetreide), dessen Wildformen wohl schon seit ca. 8000 Jahren im eurasischen Raum gesammelt wurden. 10 % der Weizenanbaufläche nimmt der für Teigwaren geeignete Hartweizen ein, und eine weitere Weizenart, der Spelzweizen oder Dinkel, wird gerade im biologischen Landbau u. a. zur Grünkernherstellung (milchreifer, gedarrter Dinkel) wiederentdeckt, nachdem sein Anbau lange Zeit nur in Süddeutschland (Schwäbische Alb) noch von regionaler Bedeutung war.

Reis ist seit ca. 5000 Jahren im südostasiatischen Bereich bekannt, gleiches gilt in Mittel- und Südamerika für Mais. Unter Hirsen werden verschiedene Getreidearten zusammengefaßt, die allesamt auch auf trockenem, äußerst armen Boden gedeihen und auch hier noch gute Erträge liefern.

Roggen und Hafer gehören zu den sogenannten sekundären Kulturpflanzen, da sie zunächst als unerwünschte Begleitpflanzen der damaligen Kulturgräser galten (wie heute die Hirsen im Maisanbau). Sie werden erst seit 1000 v. Chr. systematisch angebaut. Ihre hohe Standort- und Klimatoleranz, die ein Wachstum auch in kälteren Regionen ermöglicht, verhalf ihnen auch in Nordeuropa zu einer gewissen Verbreitung.

Die Bilanz der Hauptinhaltsstoffe erscheint relativ gleichförmig bei allen Getreidearten:

Anteil der Substanzen in 100 g Getreide

	Wasser g	Kohlenhydrate g	Eiweiß g	Fett g	Rohfaser g	Mineralstoffe g	Vit. B_1 mg	Vit. B_2 mg	Nicotinamid mg	Vit. E mg	Vit. B_6 mg
Weizen (ganzes Korn)	13,2	69,3	11,7	2,0	2,0	1,8	0,14–1,08	0,05–0,19	5,1	3,2	0,21–0,70
Roggen (ganzes Korn)	13,7	69,0	11,6	1,7	2,0–3,6	1,9	0,16–0,76	0,17	0,78–3,00	2,2–4,5	0,29
Gerste (ganzes Korn, entspelzt)	11,7	71,8	10,6	2,1	1,55	2,25	0,43	0,10–0,30	1,50–7,04	4,22	0,56
Hafer (ganzes Korn, entspelzt)	13,0	62,9	12,6	7,09	1,56	2,85	0,30–0,70	0,10–0,30	0,88–6,00	2,1–5,0	0,22–2,30
Reis (unpoliert)	13,1	75,4	7,4	2,2	0,6–2,5	1,2	0,41	0,05–0,13	5,2	4,5	0,35–1,00
Mais (ganzes Korn)	12,5	71,0	9,2	3,8	2,15	1,3	0,20–0,60	0,10–0,24	1,5	0,9–11,2	0,40
Rispenhirse (geschältes Korn)	12,1	70,7	10,6	2,0–5,0	0,59–2,10	0,75–2,40	0,26	0,14	1,8	1,35	0,75
Buchweizen (geschältes Korn)	12,8	72,4	9,77	1,73	1,58	1,72	0,24	0,15	2,9	3,7	–
Grünkern	12,5	69,4	11,6	2,7	1,8	1,99	–	–	–	–	–

Werte nach Souci, Fachmann, Kraut: Nährwerttabellen 1981/82

Die Maillard-Reaktion, oder warum ist die Brotkruste braun?

Hinter diesem Begriff verbirgt sich ein Vorgang, den wir alle beim Braten schon hundertmal bewußt eingesetzt haben, um knusprig Braunes aus der Pfanne verzehren zu können.
Was ist ein Brot ohne braune Kruste?

Der chemische Prozeß, der dabei abläuft, ist äußerst kompliziert und geht darauf zurück, daß Kohlenhydrate und Aminosäuren kondensieren und über einige weitere Reaktionsschritte huminsäurehaltige, braungefärbte Melanoidine und flüchtige, vielfach aromawirksame Verbindungen entstehen. Mit der Maillard-Reaktion ist *immer* eine Wertänderung des Lebensmittels verbunden, denn:

1. Die neuen Zucker-, Eiweißverbindungen können von unseren Verdauungsenzymen nicht mehr »geknackt« werden.
2. Essentielle Aminosäuren (Lysin) werden so blockiert, daß unser Körper sie nicht mehr aufnehmen kann.

Trotzdem: Wir sind an die gleichzeitig entstehenden Aromen so gewöhnt, daß wir beim Brot, Zwieback, bei Bierbereitung, beim Rösten von Kaffee, Getreide, Kartoffeln, beim Braten von Fleisch und Fisch auf sie nicht mehr verzichten wollen.
Die Maillardreaktion kann auch ungewollt ablaufen, z. B. beim Pasteurisieren, Trocknen, Sterilisieren von Milch, Fruchtsäften, Eiprodukten.

Auch der Aufbau der Samen und die Verteilung der Nährstoffe ist vergleichbar:

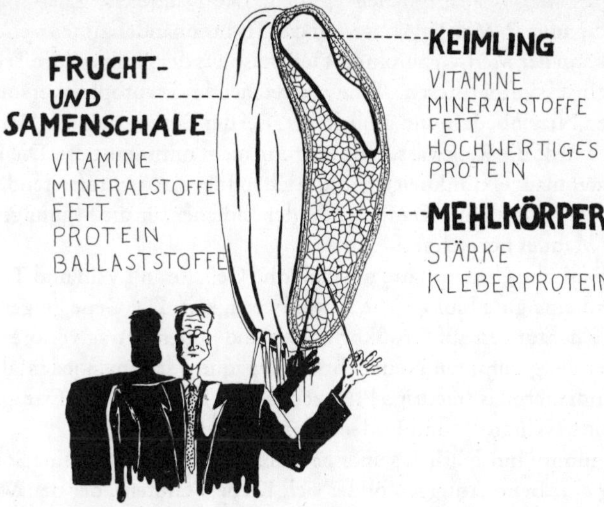

Und selbst hinsichtlich der Verzehrsform von Getreide ist eine vereinheitlichende Aussage möglich: Alle sind ganz mit Wasser gekocht oder als Brei (gekocht, manche als Frischkornbrei) unter weitgehendem Erhalt der Inhaltsstoffe zu verspeisen.
Breie sind gleichzeitig die älteste Zubereitungsform für Getreide.

Zu den Inhaltsstoffen von Getreide

Proteine

Allgemein gilt: Die Proteine von Getreidearten sind durchweg relativ arm an der essentiellen Aminosäure *Lysin*. Die *biologische Wertigkeit* von Getreideeiweiß ist deshalb beschränkt. Lysinreichere Neuzüchtungen sind bisher bei Gerste und Mais gelungen. Die heute genutzten Maishauptvarianten haben zusätzlich ein Defizit an der essentiellen Aminosäure Tryptophan. Wo, wie in Mittelamerika, überwiegend Mais gegessen wird, besteht daher die Gefahr der Niacin-Mangelerkrankung Pellagra. Zum Aufbau dieses Vitamins wird unbedingt Tryptophan benötigt. Im Maismehl gebundenes Niacin kann allerdings durch eine Behandlung mit Kalkwasser freigesetzt werden, dieses Verfahren wird bei der mittelamerikanischen Bevölkerung in der »Tortilla-Bäckerei« schon seit langem benutzt. Auch durch gleichzeitigen Bohnengenuß kann die Tryptophan-Lücke des Maises ausgeglichen werden. Die lysinreiche Zuchtmaisvariante (Opaque-2-Mais) gleicht auch das Tryptophandefizit teilweise aus. Niacin kann der Mensch zumindest teilweise aus der Aminosäure Tryptophan selbst synthetisieren. Eine ausreichende Tryptophanversorgung senkt den Niacinbedarf und umgekehrt. Bei der Einführung des Maises in Europa wurde die Kalkwasserzubereitung nicht mitimportiert. Die Pellagra (Niacinmangelkrankheit), heute noch in Jugoslawien auftretend, wird deshalb auch als kleines Dankeschön der Indianer für die Segnungen des Weißen Mannes bezeichnet!

Der indianische Urmais hatte normalhohe Gehalte an Lysin und Tryptophan und eine gute biologische Eiweißwertigkeit. Die Gene gingen aber bei den Züchtungen auf Großkörnigkeit und hohen Ertrag verloren. Die Gene der vielgerühmten Neuzüchtung Opaque 2 stammen jedenfalls aus einem Indianermais (niedrige Pflanzen, kleine Körner, kaum Ertrag, aber auch keine Nährstoff- und Bodenansprüche).

Weizen nimmt hinsichtlich seiner Eiweißzusammensetzung eine Sonderstellung ein: Beim Anteigen bildet sich Kleber (Gluten), der den Weizen zum stabilen backfähigen Getreide macht. Der Kleber besteht zu 90 % aus den Mehlkörper-Proteinen Glutenin und Gliadin, die allerdings keine essentiellen Aminosäuren enthalten, sondern viel Glycin und Glutaminsäure (die übrigens auch aus Weizen extrahiert werden, um den Geschmacksverstärker Glutamat zu gewinnen). Der Kleber gibt dem Teig das Gashaltevermögen bei der Hefe- oder Sauerteiglockerung und die Fähigkeit, beim Backen eine stabile und gleichzeitig elastische Krume zu liefern.

Die Backfähigkeit des Roggens beruht auf unlöslichen Pentosanen und bestimmten Proteinen, deren Quellungszustand durch die Sauerteigführung so verändert wird, daß sie zur Gashaltung beitragen können.

Eine bestimmte Eiweißfraktion der Kleberproteine, die sogenannten Prolamine, ist bei Säuglingen und Kleinkindern für den Ausbruch einer erblichen Krankheit, der Zöliakie, verantwortlich. Gemeint ist damit eine Veränderung der Dünndarmschleimhaut, mit der eine verschlechterte Nährstoffabsorption verbunden ist. Auch Roggen und Gerste enthalten dieses Eiweiß. Einzige Möglichkeit, dieser Unverträglichkeit zu entgehen, ist die Umstellung auf Reis, Hirse und Mais.

Kohlenhydrate
Neben Stärke, dem Reservestoff des Mehlkörpers, sind als Butterstoffe die Nicht-Stärke-Polysaccharide, nämlich Zellulose, Pentosane und Hemizellulosen (Gerüstsubstanzen besonders der Samenschale), von Bedeutung. Bei Roggen zeichnen sie sich durch besonders gute Quellfähigkeit aus und sind damit für die Saftigkeit der Krume verantwortlich. Auch die Fähigkeit, die Feuchtigkeit lange halten zu können, hängt damit zusammen und macht Roggenbrot ohne geschmackliche Beeinträchtigungen zu dem am längsten lagerfähigen Brot.
Hafer und Gerste enthalten größere Schleimstoffmengen.

Lipide
Fette und die fettlöslichen Vitamine A, D, E sind bevorzugt in den Keimlingen des Getreides lokalisiert. Besonders Mais- und Weizenkeime werden zur Ölgewinnung genutzt (siehe Speisefette und Öle), was voraussetzt, daß der Keim abgetrennt wird (meist zusammen mit der Samenschale) und nur der stärkereiche Mehlkörper übrig bleibt; der begegnet uns dann fein vermahlen in relativ wertloser Form als Weizenauszugsmehl (Type 405), als Maismehl für Tortillas oder Maisgrieß für Polenta wieder.

Mineralstoffe und Spurenelemente
Im Weizen liegen 70 % des Phosphors gebunden als Phytin vor. Dieses Phytin bildet mit Calcium, Eisen und Zink schwer lösliche Komplexe, die im Verdauungstrakt nicht aufgelöst werden können, und verschlechtert so die Aufnahme dieser Mineralien. Bei der Teigführung wird das Phytin jedoch durch ein im Getreidekorn vorhandenes Enzym, die Phytase, inaktiviert. Auch im sauren Milieu, beispielsweise im Sauerteig, wird das Phytin zerstört. Bei Verzehr von Kleie und ähnlichen isolierten Ballaststoffen könnte das Phytin durchaus als »Eisen- und Zink-Räuber« wirken.

Brot und Backwaren

Eine Aufzählung und Beschreibung der ca. 200 in der Bundesrepublik erhältlichen Brotsorten sparen wir uns an dieser Stelle. Entscheidend ist das Mehl, aus dem sie gemacht sind.

Das Getreidekorn ist kühl, dunkel und trocken ca. 2 – 3 Jahre ohne Qualitätseinbußen lagerfähig. Sobald aber das Korn vermahlen ist, setzen Luft, Sauerstoff, Feuchtigkeit, Licht, mehleigene Enzyme und u. U. Verunreinigungen Abbau- und Umbauprozesse in Gang: Besonders oxidationsanfällig ist der an ungesättigten Fettsäuren reiche Keimling – ein Grund, weshalb niedrige Mehltypen mit geringem Ausmahlungsgrad, deren Keimling und Schalenanteile weitgehend abgetrennt sind, am lagerfähigsten und damit in Großmüllereien und Großbackstuben am beliebtesten sind. Vollkornmehle sollten nach dem Mahlen schnellstens verbraucht

werden. Die Anschaffung einer Getreidemühle ist für die Vollwertküche unerläßlich.
Der Ausmahlungsgrad gibt den prozentualen Anteil Mehles einer ursprünglichen Menge Korn an, der nach Durchlaufen eines müllereitechnischen Verfahrens gewonnen wird. Je höher der Ausmahlungsgrad, desto höher ist der Schalen- und Keimanteil und desto ernährungsphysiologisch wertvoller ist das Mehl.
Handelsübliche Mehle werden jedoch nicht mit ihrem Ausmahlungsgrad, sondern mit der Mehltype ausgezeichnet. Die Mehltype steht in direktem Zusammenhang zum Ausmahlungsgrad und wird über den Mineralstoffgehalt (=Aschegehalt) des Mehls ermittelt. Mehl mit geringem Ausmahlungsgrad und niedriger Typennummer wird als Auszugsmehl bezeichnet.
In Bäckereien werden vornehmlich folgende Mehltypen verwendet:

Mehltypen			
Weizen		*Roggen*	
Auszugsmehl	405	Brotmehl (hell)	997
Semmelmehl		Graubrotmehl	1150
hell	550	Kommißmehl	1370
dunkel	812	Backschrot	1800
Brotmehl	1050		
Backschrot	1700		

aus: Benz, F. u. a.: Backwarenherstellung, Hannover, Dortmund, Darmstadt, Berlin, 1980, S. 67

Ein einfacher Vergleich der Nährstoffzusammensetzung von Weizenvollkornmehl (Type 1800) und der niedrigsten Weizenauszugsmehltype 405 offenbart die völlig unnötigen Verluste:

	Weizen, ganzes Korn	Verlust %	Weizen, Type 405
Hauptnährstoffe (g)			
Eiweiß	11,7	− 9,4 %	10,6
Fett	2,0	− 50,0 %	1,0
Kohlenhydrate	69,3	+ 6,8 %	74,0
Mineralstoffe (mg)			
Kalzium	44,0	− 65,9 %	15,0
Kalium	502,0	− 78,5 %	108,0
Phosphor	406,0	> − 66,6 %	o. A., aber < 95,0
Eisen	3,3	− 39,4 %	2,0
Vitamine (mg)			
B_1	0,5	− 80,0 %	0,1
B_2	0,1	− 70,0 %	0,03
B_6	0,44	− 49,1 %	0,18
E	3,2	− 28,1 %	2,3
Niacin	5,1	− 86,3 %	0,7
Rohfaser	2,0	− 95−70 %	0,1−0,6

(>: mehr als; <: kleiner als)

Anmerkungen:
Die geringen Eiweißverluste sind darauf zurückzuführen, daß der Mehlkörper in großen Mengen Klebereiweiß enthält. Ernährungsphysiologisch ist es minderwertig.

Nach Auswahl eines Weizens oder Roggens, möglichst aus biologischem Landbau, läßt sich mit einfachsten Mitteln aus frisch vermahlenem Getreide, Wasser und Salz ein Teig kneten. Die Teiglockerung erfolgt durch Kohlensäuregasentwicklung mittels Hefe und/oder Sauerteig. Der Teig wird bei 200 – 250 °C gebacken, wobei sich eine Kruste bildet, die neben dem Gäraroma von Hefe oder Sauerteig geschmacksbestimmend für das Brot ist. Nach Belieben können dem Teig andere Samen, Gewürze, Nüsse, Rosinen u. ä. beigefügt werden. Nur in sogenannten Mühlenbäckereien wird Brot nach diesen Grundsätzen gebacken, bei allen anderen Betrieben muß man mit folgenden Zusätzen rechnen:
- Ascorbinsäure, Alkalibromat oder enzymaktives Sojamehl (Lipoxygenaseaktivität) verbessern kleberschwache Mehle.
- Cystein, Natriumsulfit oder Proteonasen verkürzen einen zu starken Kleber (besonders bei Keksen eingesetzt).

- Geschmacksbeeinflussend sind viele Aminosäuren, Natrium- und Kaliumglutamat und Sorbit.
- Teigeigenschaften oder das Backergebnis können mit Emulgatoren (Rohlecithine, Mono- und Diacylglyceride, Verbindungen mit Essig-, Milch- oder Weinsäure), Fetten, Amylase-Präparaten und Stärkesirup beeinflußt werden.
- Milchprodukte (Magermilch, Casein) und Soja erhöhen die Wasserbindung und ergeben eine weichere, saftigere Krume.
- Bei Roggenmehlen wird eine Verbesserung der Wasseraufnahme durch Zusätze von Quellmehlen (verkleisterte Stärke u. U. mit Johannisbrotkernmehl, Guarmehl oder Alginat erreicht.
- Eine künstliche Säuerung kann durch Zugabe von Milch-, Essig-, Wein-, Citronensäure oder durch Natrium- und Calciumsalze der Phosphorsäure erfolgen. Fertig- oder Trockensauerteig besteht aus Quellmehl, vermischt mit Sauerteigkonzentrat oder sauren Getreidemaischen.
- Neben Hefe und Sauerteigansätzen sind auch chemische Lockerungsmittel, allgemein bekannt als Backpulver, in Gebrauch, meist bestehend aus Natriumhydrogencarbonat und aus Natrium- oder Calciumsalzen von Wein-, Citronen- und Adipinsäure, aus Dinatriumhydrogenphosphat oder Aluminiumsulfat. Leb- und Honigkuchen werden mit Hirschhornsalz in Verbindung mit Pottasche gelockert. Hirschhornsalz besteht aus Ammoniumhydrogencarbonat und Ammoniumcarbaminat und zersetzt sich in Ammoniak, Kohlendioxid und Wasser.
- Allgemein zulässig ist Zusatz bräunender Zuckercouleur, beta-Carotins (orange) und von Lactoflavinen (gelb), wodurch ein Gesundheit vortäuschender Vollkorneffekt erzielt werden kann. Übrigens sieht auch dunkelbraunes Pumpernickel nur urgesund aus: Der ca. 16 – 20 Stunden andauernde Kochprozeß zerstört die B-Vitamine bis auf einen lächerlichen Rest.
- Geschnittenem und verpacktem sowie brennwertvermindertem Brot (dies ist energieärmeres Brot, weil sein Ballaststoffanteil durch Kleie oder der Eiweißanteil durch Sojamehl erhöht wurde) dürfen die Konservierungsstoffe Propionsäure (3 g/kg) und Sorbinsäure (2 g/kg) gegen Schimmelpilzbefall zugesetzt werden. Der Zusatz ist auszeichnungspflichtig. Die Auszeichnungspflicht kann umgangen werden, wenn andere, ebenfalls konservierende, aber nicht auszeichnungspflichtige Zusätze wie Natriumacetat beigegeben werden – eine Möglichkeit, auf der Packung »ohne Konservierungsstoffe« vermerken zu können.

Angesichts der Tatsache, daß konventionell erzeugtes Getreide in unseren Landen einer umfangreichen Spritz- und Begasungsbatterie ausgesetzt ist (das fängt beim gebeizten Saatgut an und hört im Begasungs-Lagersilo auf), ist Getreide aus kontrolliertem biologischen Landbau zu bevorzugen – zumal die hygienischen Qualitäten vergleichbar gut sind.

Lagerhinweis für Brot
Brot soll immer kühl, trocken und luftig lagern, am besten in einem Steinguttopf bei 18 – 20 °C; angeschimmeltes Brot ganz wegwerfen. Im Kühlschrank trocknet Brot aus und wird schnell altbacken. Das Altbackenwerden des Brotes hängt mit einer Zustandsveränderung der Stärke zusammen und ist durch Aufbacken wieder rückgängig zu machen.

Kuchen, Teilchen, Plätzchen – »feine Backwaren, einschließlich Dauerbackwaren« im Bäckereifachjargon.
Sie unterscheiden sich von Brot durch mindestens 10 % Fett und/oder Zucker im Getreidemahlerzeugnis. Dazu kommen weitere Zutaten wie Eier, Milcherzeugnisse, Früchte. Die Konservierungsstoffe Propionsäure für feuchte Backwaren und Sorbinsäure für halbfeuchte Fertigteige sind erlaubt. Zuckerüberzüge dürfen künstlich gefärbt sein, wenn sie nicht Milch, Butter, Honig, Ei, Malz, Karamel, Kakao, Schokolade oder Kaffeezusätze vortäuschen.
Kakaohaltige Fettglasuren sind zulässig, wenn dies entsprechend kenntlich gemacht wird.
Auch Blätterteigwaren (z. B. Croissants) gehören zum Feingebäck: Sie bestehen nur als Mehl, Wasser, Fett, Eigelb und Salz, enthalten jedoch keinen Zucker und keine Lockerungsmittel. Die Lockerung geschieht einfach durch eingezogene Butter. Im Klartext: Blätterteig besteht aus Auszugsmehl, Wasser, mindestens 70 % (Zieh-)Margarine (siehe Tabelle Margarinesorten) oder 68,3 % Butter bzw. 56 % Butterreinfett, häufig Flüssigei und Salz – eine wahre Fettbombe. Bei Verwendung von Blätterteig mit Butter haben daraus hergestellte Croissants meist den Zusatz »au beurre« – in Deutschland sind solche Buttercroissants selten.

Teigwaren
Zur Herstellung von Teigwaren eignen sich am besten Weizenmehlprodukte (nach Partikelgröße unterscheidet man Grieß, Dunst oder Mehl) aus *kleberreichem Hartweizen*, der weitere Bindemittelzusätze überflüssig macht. Warmes Wasser und Salz (bei Eierteigwaren auch Eier) sind dann alles, was noch zur Herstellung erforderlich ist. Ein schonender Trocknungsprozeß, der den geformten Teig innen und außen gleichmäßig trocknet, ist für das spätere Kochverhalten (Platzen, Reißen) von ausschlaggebender Bedeutung. Frische Teigwaren (»handgeschabte Spätzle«) spielen nur im süddeutschen Raum eine Rolle.

Nach der Teigwarenverordnung soll das verwendete Getreide laut Definition nie einen höheren Ausmahlungsgrad als 70% übersteigen. Mittlerweile besteht aber auch ein großes Angebot an Vollkornnudeln, die neben Weizenmehlen auch andere aus Mais, Roggen, Buchweizen, Hirse enthalten können. Äußerlich sind Vollkornnudeln aus konventioneller und aus kontrollierter biologischer Produktion meist nur am Preisunterschied auszumachen. Teigwaren dürfen nicht gefärbt werden, ausgenommen sind eifreie Teigwaren, die durch den Emulgator Lecithin eine Färbung annehmen.
Wer sichergehen will, wählt Qualitäten aus kontrolliertem biologischem Landbau.
Licht, Wärme, Mikroorganismen begünstigen oxidative Fettveränderungen. Deshalb offene Packungen schnell aufbrauchen. Großindustriell hergestellte *Eier*teigwaren sind, wie der Flüssigeiskandal 1985 zeigte, nicht vor mikrobiellen Verunreinigungen sicher.

Sonstige Verwendung von Weizen und Roggen
Graupen (geschälte und polierte Körner), Grieß und Grütze (grobgebrochene geschälte Körner) sind praktisch aus allen Getreidearten herzustellen. Roggen findet auch in der Kaffee-Ersatz- und Kornbranntweingewinnung (Weizen) Verwendung. Die Tendenz, Einzelteile von Getreide zu vermarkten, nimmt zu: Kleieprodukte (aus der Samenschale), Stärkebindemittel (aus dem Mehlkörper), Weizenkeimöl (aus dem Keimling) Geschmacksverstärker (aus Eiweißstoffen des Mehlkörpers).

Gerste
Gerste unterscheidet sich von Weizen erstens durch die Spelzen, die fest mit den Samen verwachsen sind, wodurch Rohfaser- und Mineralstoffgehalt steigen, und zweitens – und das ist der entscheidende Unterschied – durch eine stärkere Amylaseaktivität, die zur Malzgewinnung im Brauerei- und Brennereigewerbe zur Bier- und Kornherstellung (Whisky) genutzt wird. Mehr noch als Weizen wird Gerste zu Graupen verarbeitet. Aus einem weiteren Teil wird Kaffee-Ersatz geröstet.
In extremen Klimazonen (Anden) wird Gerste sogar noch als Brotgetreide verwendet, allerdings backen die Leute dort nur Fladen.

Hafer

Hafer besitzt unter allen Getreidearten den höchsten Vitamin B_1- und den höchsten Mineralstoffgehalt. Zur Brotherstellung ist Hafer aufgrund mangelnden Klebereiweißes nicht geeignet. Die Bereitung von Frischkornbrei klappt nicht, wenn man den Schrot zu lange (über Nacht) einweicht, da der Fettgehalt relativ hoch, das als Antioxidans wirkende Vitamin E demgegenüber aber – im Gegensatz zum Weizenkorn – in geringer Menge vorhanden ist. Deshalb wird er bei uns zu Haferflocken verarbeitet, was bedeutet, daß die Körner entspelzt, geschält, gedarrt (über Holzfeuer getrocknet) und gewalzt werden. Die Lipasen, fettabbauende Enzyme, werden dadurch zerstört, Vitamin B-Verluste sind durch diesen Prozeß *nicht* zu verzeichnen.
Auch die Flocken werden wegen des Fettverderbs leicht bitter und sind deshalb von begrenzter Lagerfähigkeit.

Mais

In unseren Breiten liefert Mais, außer auf dem Balkan und in Italien, wo »Polenta« ein beliebter Maisbrei ist, hauptsächlich Viehfutter. Leider greift der großflächige Anbau von Futtermais in Monokultur auch in der Bundesrepublik immer weiter um sich, da er als stickstoffliebende Pflanze am besten zur Gülleentsorgung, die durch die hohe Viehdichte besonders im norddeutschen Raum in ungeheurem Ausmaß anfällt, geeignet ist.
Für die Lebensmittelindustrie ist die Gewinnung von Stärke (Maizena, Mondamin), Stärkesirup, Zucker und Maiskeimöl interessant. Am bekanntesten ist uns Mais in Form von Cornflakes und Popcorn (aus Puffmais). Mais-Cornflakes werden aus gekochtem, süßem Maisbrei durch Trocknen, Flockieren und Rösten hergestellt. Gemüsemais besteht aus nicht voll ausgereiftem Zuckermais und wird als Frischkolben, in Konserven, als Tiefkühlkost und Bestandteil von Pickles angeboten – aus biologischem Landbau stammt er im allgemeinen nicht.

Reis

Noch heute wird 90 % der Reis-Weltproduktion in Ostasien gewonnen, wichtige Anbaugebiete sind aber auch in Kalifornien, Mexiko, Brasilien, Westafrika, Ägypten und Madagaskar. In Europa sind Italien, Spanien, Portugal und Frankreich Produktionsländer, wobei dem italienischen Reis aus der Poebene der beste Geschmack nachgesagt wird. Aus Italien stammen auch die einzigen nennenswerten Mengen europäischen Bioreises.

Die Reispflanze ist auf hohe Wasserzufuhr angewiesen. Bei dem mengenmäßig weniger bedeutsamen Berg- oder Trockenreis wird die Wasserversorgung durch hohe Niederschläge gewährleistet, Naßreis steht die ganze Zeit über im Schlamm wie in einer Nährlösung. Als Vorbeugemaßnahme gegen den pflanzenzerstörenden Blutwurm, der im westlichen Anbau bei Aussaat angekeimter Körner ins Wasser zur Plage wird, werden dem Wasser u. U. permanent DDT-Gaben beigemischt. Beim traditionellen Auspflanzen ist der Wurm bei Verwendung geeigneter Sorten kein Problem.
Nach der Form der Körner werden zwei große Reissortengruppen unterschieden: der harte, körnige Langkorn- (Patna- oder Tafelreis) und der weichere Rundkornreis (Milchreis).
Wichtiger ist aber die Verarbeitungsform des Reises:
Der gedroschene, ungeschälte, noch mit Spelzen umhüllte Reis heißt Paddy (Rohreis). In diesem Zustand ist Reis nicht genießbar, erst nach Entfernung der Spelzen erhält man Braunreis, den eigentlichen Naturreis. Jeder weitere Verarbeitungsschritt führt zu einer Entwertung: Dem Schleifen und Polieren fallen Frucht- und Samenschale (Silberhäutchen) und damit Rohfaser, Mineralstoffe und besonders Vitamin B_1 zum Opfer, auch der Keimling (Fett- und fettlösliche Vitamine) und die eiweißreiche Aleuronschicht gehen verloren: Man erhält polierten Reis (Weißreis). Dieser »Zivilisationsfortschritt« war für breite Teile der ostasiatischen Bevölkerung, die fast nur von Reis lebt, mit der Vitamin B_1-Mangelkrankheit Beriberi verbunden. Mit dem sogenannten Parboiling-Verfahren gelingt es, Mineralstoffe und Vitamine aus den äußeren Kornschichten in das Innere des Korns zu verfrachten und sie so auch nach Abtrennung der Aleuronschicht zu erhalten. Diesen Parboiled-Reis (Uncle Ben's) gewinnt man durch Einweichen von Rohreis in heißem Wasser, Dämpfen, Trocknen und Polieren. Ein Vollwertprodukt ist dieser Reis nicht, aber immerhin besser als Weißreis. Allerdings: Geschmacklich sind Naturreis und Weißreis besser!
Reis fließt im übrigen auch teilweise in die Reiswein- (»Sake«) oder Bierherstellung. Durch Destillation wird Reisschnaps (»Arrak«) erzeugt. In Reismühlen anfallender Bruchreis wird zur Reisstärkegewinnung verwendet.

Aus **Hirsen und Buchweizen** sind als Abwechslung zu anderen Getreidearten hervorragende Müslivarianten, Fladen und Pfannkuchen herzustellen. Sie sind nicht nur als Vogelfutter brauchbar!
Hirseeiweiß ist von guter biologischer Wertigkeit, und auch die Gehalte an

Vitamin B_1 und B_2 sind hoch. Hirse und Buchweizensamen sind von einer harten Schale umgeben, die entfernt werden muß, um die Inhaltsstoffe überhaupt dem Verdauungsprozeß zugänglich zu machen. Brot läßt sich aus beiden wegen Klebermangel allerdings nicht backen. Wegen seines angeblich hohen Calciumgehaltes wird Buchweizen besonders stillenden Müttern empfohlen. Woher dieses Gerücht stammt, ist unklar: Sicher ist, daß Hafer mehr als dreimal soviel und Weizen zweimal soviel Calcium wie Buchweizen enthält. In biologischer Qualität sind beide Getreidearten rar, aber erhältlich. Buchweizen läßt sich gut auf kargen Böden anbauen und reagiert auf Überdüngung bestenfalls mit Ausbildung größerer Blätter, aber nicht mit höheren Erträgen. Die hohe Buchweizennachfrage darf nicht dazu führen, daß er wertvolle Böden, auf denen besser andere Nutzpflanzen angebaut werden sollten, besetzt.
Und noch etwas: Auf dem Vegetariermarkt treiben sich merkwürdige Fleischersatzprodukte auf Getreideeiweißbasis von gummiartiger Substanz (»Wurst«) oder auch Protose-Gehacktes herum. Der Forderung nach möglichst geringfügiger Verarbeitung natürlicher Lebensmittel entsprechen diese Produkte nicht; genausowenig Tartex, ein stärkehaltiger Brotaufstrich.
Bestrebungen, ballaststoffreiche *Torfbrote* oder solche, die mit Kartoffelpülpe oder Sojaschalen angereichert sind, einzuführen, sind einerseits umweltzerstörend, andererseits *überflüssig*.

Empfehlungen

Getreide stellt zusammen mit Kartoffeln das wichtigste Element der Vollwerternährung dar. Das römische Weltreich wurde auf Getreide errichtet, jede Kohorte führte eine zerlegte Getreidemühle und Weizen als Proviant mit sich. Fleisch wurde dahingegen als Lebensmittel zweiter Klasse angesehen; dieses wurde erst angerührt, wenn das Getreide aufgebraucht war. In der Vollwerternährung wird natürlich das volle Korn verwendet. Die wichtigsten Lebensmittel aus dem ganzen Korn sind:
- das Müsli, der Frischkornbrei aus rohem gemahlenen Getreide oder aus angekeimten Körnern,
- gekochte Getreidebreie,

- Gerichte aus gekochten Körnern,
- Vollkornbrot.

Das Getreide sollte nach Möglichkeit aus kontrolliertem biologischen Anbau stammen. Bei »Adressen« sind die wichtigsten Anbauorganisationen aufgeführt, Anbaurichtlinien können da direkt angefordert werden. Es wird zwar immer behauptet, es bestünde kein Unterschied zwischen biologischem und konventionellen Getreide, das ist aber nicht nur unlogisch, sondern falsch. Wenn keine Pestizide verwendet werden, ist die Belastung mit Rückständen einfach geringer, als wenn zu ubiquitären (überall vorhandenen) Schadstoffen solche aus Pestizidanwendung hinzukommen. In den gekochten Gerichten sollte Getreide möglichst häufig mit Hülsenfrüchten kombiniert werden. Getreide und Hülsenfruchteiweiß ergänzen sich von ihrer Aminosäurezusammensetzung her ideal und erreichen biologische Wertigkeiten, die tierische Proteine in den Schatten stellen.

Diese Ergänzungswirkungen, von der modernen Forschung erst in neuer Zeit anerkannt, waren den Naturvölkern vielleicht unbewußt schon länger bekannt. So verzehrten die Indianer grundsätzlich Mais in Verbindung mit Bohnen und oft auch noch mit Tomaten, bauten sie sogar in Mischkulturen auf dem gleichen Feld an. Mais und Bohnen ergeben eine Eiweißwertigkeit von über 100, und die Tomate steuert noch fehlende Vitamine (Niacin) und Mineralstoffe bei. Zwar werden beim Kochen und Backen Inhaltsstoffe des Getreides zerstört, der verbleibende Rest wird aber besser aufgeschlossen. Zum Ausgleich ist deshalb der Frischkornanteil in der Ernährung sehr wichtig. Man kann übrigens durchaus auch rohe unzerkleinerte Getreidekörner essen, sofern man noch gute Zähne hat. Der Energieverbrauch beim Essen ist dann allerdings fast so hoch wie die Energiezufuhr. Gewaschene, getrocknete Körner (Weizen, Roggen oder Gerste) werden grob geschrotet und mindestens 6, höchstens aber 13 Stunden in Wasser oder Yoghurt eingeweicht. Bei längerem Einweichen besteht die Gefahr einer mikrobiellen Verunreinigung, Durchfälle können die Folge sein. Beim Einweichen steigt durch enzymatische Einwirkung der Vitamingehalt an. Weiterhin wird das besonders im Weizen enthaltene Phytin, das die unangenehme Eigenschaft hat, Eisen, Calcium und Zink in unlösbare Komplexe zu binden, inaktiviert. Mais und Hafer enthalten kein Phytin. (Beim Brotbacken wird das Phytin übrigens durch die Teigführung auch unschädlich gemacht.)

Der Frischkornbrei trägt besonders zur Versorgung mit Thiamin und an-

deren Vitaminen der B-Gruppe bei. Vielleicht noch wichtiger ist jedoch seine positive Wirkung auf Art und Zusammensetzung der Darmflora. Der Frischkornbrei ist damit eines der wichtigsten Elemente der Vollwerternährung. Statt einem Schrotbrei kann man auch ganze Körner einweichen und keimen lassen (etwa 12–20 Stunden). Am besten geeignet sind Weizen und Gerste. Roggen hat einen etwas eigentümlichen Geschmack, der nicht jedem zusagt. Das Getreidekorn stellt eine ideale Konserve dar, jedoch sofort nach dem Mahlen setzen Oxidationsprozesse ein. Das Getreidekorn wird ranzig, Vitamine und andere Bestandteile werden zerstört. Das Auszugsmehl, aus dem die meisten leicht verderblichen Teile des Korns entfernt werden, wurde ja erfunden, um ein lagerfähiges Mehl zu schaffen. Vollkornschrot muß deshalb sehr bald nach dem Mahlen weiterverarbeitet werden. Gerade das Schrot für den Frischkornbrei muß absolut »frisch« sein, deshalb nicht auf Vorrat mahlen.
Backmehl oder Schrot sollte jedoch auch nicht länger als 3–4 Tage »warten« müssen. Ganz besonders oxidationsempfindlich ist Hafer, der auch einen etwas höheren Fettgehalt hat als Weizen (der Tocopherolgehalt (Vitamin E Antioxidans) ist im Hafer geringer). Haferschrot darf für das Müsli nicht eingeweicht werden, da sich in der Einweichzeit das Öl zersetzt und dann bitter schmeckt (und auch nicht sehr gesundheitsförderlich ist), sondern er wird erst unmittelbar vor dem Verzehr gemahlen. Aus vollem Korn hergestellte Getreideprodukte (bsp. Nudeln) sind nicht so wertvoll wie die oben aufgeführten vier, da unnötige Produktionsschritte durchlaufen werden. Ihnen ist aber in jedem Fall Vorzug vor Produkten aus Auszugsmehlen zu geben. Ein Kuchen aus Vollkornmehl, Vollkornnudeln, Vollkornplätzchen stellen eine gute Abwechslung dar und haben keine schädlichen Folgen für die Gesundheit. Auch bei der Auswahl der Getreide für die gekochten Gerichte gilt wieder der Grundsatz der Vielseitigkeit und Abwechslung. Vollreis ist zwar auch ein Vollwertgetreide, unsere einheimischen Getreidearten sind für »Reisgerichte« jedoch genausogut geeignet.

Ballaststoffe

Ballaststoffe wurden zu Anfang der modernen Ernährungsphysiologie im wahrsten Sinne des Wortes als unnötiger, unverdaulicher Ballast betrachtet. Heute wissen wir, daß ein hoher Ballaststoffanteil in der Ernährung lebenswichtig ist und einige wichtige Zivilisationskrankheiten durch ballaststoffarme Ernährung zumindest begünstigt werden.

Unter Ballaststoffen werden eine Vielzahl von Substanzen verstanden, die sich in ihrer chemischen und morphologischen Struktur und in ihren physiologischen Effekten unterscheiden. Es sind hochmolekulare Kohlenhydrate, am häufigsten sind Zellulose, Hemizellulose, Lignin und Pektin. Sie alle können nicht von den menschlichen Verdauungsenzymen angegriffen werden und gelangen unverdaut in den Dickdarm. Im Englischen findet man häufig den Begriff »dietary fiber«, aber nicht alle Ballaststoffe haben eine faserige Struktur. Veraltet ist der aus der Tierfütterung stammende Begriff »Rohfaser«. Der Rohfasergehalt ist immer niedriger als der Ballaststoffgehalt, da bei diesem Bestimmungsverfahren (der sogenannten Weehnder Analyse) nur ein Teil der Ballaststoffe erfaßt wird. Ein Teil der Ballaststoffe (bei Kohlgemüse 92 %, bei Weizen 2 %) wird im Darm von Mikroorganismen zu kurzkettigen Fettsäuren abgebaut, die teilweise noch resorbiert werden. Ein hoher Ballaststoffanteil erhöht das Stuhlgewicht und senkt die Transitzeit der Nahrung durch den Verdauungstrakt. (Transitzeittest: Rote Bete-Salat oder -Gemüse verzehren. Wenn der Stuhl rot gefärbt ist, hat die Rote Bete den Verdauungstrakt passiert.) Eine ballaststoffreiche Kost ist also ein wahres »Wunderheilmittel« gegen Obstipation (Verstopfung). Es stellt sich nur die Frage, weshalb Kleietabletten und ballaststoffangereichertes Brot erzeugt werden müssen, wo doch die Natur das ganze Paket in Form »natürlicher Lebensmittel« anbietet. Ballaststoffe haben eine ganze Reihe weiterer positiver Effekte, die aber immer im Zusammenhang mit der ganzen Ernährung stehen:

- Der Serumcholesterinspiegel sinkt,
- der Serumtriglyceridspiegel sinkt,

beide Faktoren zeigen erhöhtes Infarktrisiko an.

- Die Resorption von niedermolekularen Kohlenhydraten (Zucker) wird verlangsamt,
- giftige Wirkungen von Nahrungsbegleitstoffen können durch Absorption abgeschwächt werden,
- die Sekretion von Verdauungssekreten und die Darmperistaltik werden verstärkt.
- Das Auftreten von Colonkarzinomen (Mastdarmkrebs) ist bei ballaststoffreicher Ernährung signifikant niedriger. Möglich ist eine positive Wirkung der von den Mikroorganismen gebildeten kurzkettigen Fettsäuren auf die Schleimhautfunktion.

  Bei einer Zivilisationskost, die nur ballaststoffangereichert wird (Kleietabletten zum Weißbrötchen!), sind diese Effekte schwächer.

Ein erst als unnötig betrachteter Lebensmittelinhaltsstoff kann sogar in Grenzen Ernährungsfehler ausbügeln. Nicht zuletzt wegen des hohen Ballaststoffanteils ist der Verzehr von Vollkorngetreide so eminent wichtig.

Gemüse und Gemüseprodukte

Alle frischen, roh oder gekocht genießbaren Pflanzenteile bezeichnet man als Gemüse. Ausnahmen sind die Früchte mehrjähriger Pflanzen (Nüsse und Obst), trockene Samen von Erbsen- und Bohnenarten (Hülsenfrüchte) sowie Getreidesamen und Ölsaaten.
Gemüse wird in folgende große Gruppen eingeteilt:

Algen:	z. B. die Grünalge Meersalat, die Braunalge Zuckertang (»Kombu«), die Rotalgen Porphyra (»Nari«) und Undaria (»Wakame«) Verwendung: roh als Salat oder gekocht als Gemüse und in Suppen, z. T. getrocknet
Pilze:	Verwendung: gedünstet, gebraten, getrocknet, gesäuert und gesalzen, Champignons können auch ab und zu roh verzehrt werden
Wurzelgemüse:	z. B. Möhre, Rettich, Schwarzwurzel Verwendung: roh oder gekocht
Knollengemüse:	z. B. Steckrübe, Rote Bete, Radieschen, Sellerie, Kohlrabi Verwendung: roh und / oder gekocht

Sproßknollengemüse:	z. B. Kartoffeln, Topinambur Verwendung: nur erhitzt in allen Formen
Wurzelknollengemüse:	z. B. Batate, Maniok, Yam, alle spielen bei uns keine Rolle Verwendung: erhitzt in allen Formen
Zwiebelgemüse:	z. B. Fenchel, Zwiebel, Knoblauch, Porree Verwendung: roh oder gekocht
Blattstielgemüse:	z. B. Bleichsellerie, Rhabarber Verwendung: roh oder gekocht, Rhabarber nur gekocht als Kompott
Blattgemüse:	z. B. alle Salatarten, alle Blattkohlarten (Rot-, Weiß-, Rosenkohl, Wirsing, Grünkohl) Spinat, Mangold Verwendung: roh und/oder gekocht, Weißkohl auch als Sauerkraut
Blütenstände als Gemüse:	z. B. Artischoke, Blumenkohl, Brokkoli Verwendung: gekocht, Blumenkohl auch roh
Samengemüse:	z. B. Edelkastanie, Grüne Bohnen, Grüne Erbsen Verwendung: alle gekocht, Grüne Bohnen auch gesäuert
Fruchtgemüse:	Gemüsepaprika, Gurke, Tomate Verwendung: am besten alle roh, gekocht möglich Okra, Zucchini, Aubergine, Kürbis; sonst gekocht, gedünstet, gebraten

Die große Gemüsetabelle

Gemüse	(g in 100 g eßbarem Anteil) Wasser	Eiweiß	Fett	Kohlenhydrate	Rohfaser	Mineralstoffe	Vitamine (mg in 100 g eßbarem Anteil) Vit. C	Carotin	Vit. B_1	Vit. B_2	Nicotinamid	Sonstiges
Sproßknollen												
Kartoffel	77,8	2,05	0,11	18,5	0,5	,02	17,0	0,01	0,11	0,05	1,22	
Topinambur	78,9	2,44	0,41	15,8	0,7	1,74	4,0	0,01	0,20	0,06	1,30	inulinhaltig
Knollengemüse												
Steckrübe	39,3	1,16	0,16	7,24	1,37	0,77	33,0	0,099	0,050	0,058	0,85	
Rote Bete	88,8	1,53	0,10	7,58	1,00	1,00	10,0	0,011	0,022	0,042	0,23	6,8 mg Oxalsäure
Radieschen	94,4	1,05	0,14	3,51	o. A.	0,90	29,0	0,023	0,033	0,030	0,25	
Sellerie	88,6	1,55	0,33	7,37	1,21	0,94	8,25	0,015	0,036	0,070	0,90	
Kohlrabi	91,6	1,94	0,10	4,36	1,05	0,95	63,3	0,200	0,048	0,046	1,80	
Wurzelgemüse												
Möhre	88,2	0,98	0,20	8,71	1,05	0,86	7,1	12,000	0,069	0,053	0,58	
Rettich	93,5	1,05	0,15	3,85	0,70	0,75	29,0	0,006	0,030	0,030	0,40	
Schwarzwurzel	78,6	1,39	0,43	16,30	2,29	0,99	4,0	0,020	0,110	0,035	0,35	
Pastinake	80,2	1,31	0,43	14,90	1,96	1,18	18,0	0,020	0,080	0,130	0,94	2,8 mg Oxalsäure
Zwiebelgemüse												
Zwiebel	87,6	1,25	0,25	9,55	0,76	0,59	8,5	0,03	0,033	0,028	0,20	
Porree	89,0	2,24	0,34	6,27	1,29	0,86	0,3	o. A.	0,100	0,060	0,53	
Knoblauch	64,0	6,05	0,12	27,50	0,94	1,42	14,0	o. A.	0,200	0,080	0,60	
Spargelgemüse												
Spargel	93,6	1,90	0,14	2,90	0,84	0,62	21,0	0,03	0,110	0,120	1,00	
Pilze												
Zuchtchampignon	90,7	2,74	0,24	3,00	0,95	1,02	4,9	0,01	0,100	0,440	5,20	
Blattstielgemüse												
Bleichsellerie	92,9	1,20	0,20	3,60	1,00	1,10	7,0	0,017	0,048	0,076	0,55	
Rhabarber	94,5	0,60	0,14	3,30	0,82	0,64	10,0	0,070	0,027	0,030	0,25	460 mg Oxalsäure

Blütenstände als Gemüse												
Blumenkohl	91,6	2,46	0,28	3,93	0,91	0,82	69,8	0,033	0,110	0,100	0,60	
Artischocke	82,5	2,40	0,12	2,20	1,50	1,29	7,6	0,100	0,140	0,012	0,10	
Brokkoli	89,7	3,30	0,20	4,40	1,30	1,10	114,0	1,900	0,095	0,210	1,00	
Fruchtgemüse												
Tomate	94,2	0,95	0,21	3,28	0,75	0,61	24,2	0,820	0,057	0,035	0,53	
Aubergine	92,6	1,24	0,18	4,36	0,85	0,50	5,0	0,031	0,040	0,050	0,06	
Gemüsepaprika	91,0	1,17	0,33	4,73	2,20	0,57	139,0	0,600	0,060	0,050	0,33	
Gurke	96,8	0,60	0,20	1,30	0,50	0,60	7,5	0,170	0,018	0,030	0,20	
Eßkastanie	50,1	2,92	1,90	42,80	1,42	1,18	27,0	0,024	0,200	0,210	0,87	
Kürbis	91,3	1,10	0,13	5,46	1,24	0,77	9,0	1,960	0,047	0,065	0,50	
Kohl												
Weißkohl	92,1	1,37	0,20	4,24	1,50	0,59	45,8	0,042	0,048	0,043	0,32	
Rotkohl	91,8	1,50	0,18	4,75	1,10	0,67	50,0	0,030	0,068	0,050	0,43	
Wirsing	90,0	2,95	0,38	4,37	1,20	1,10	45,0	0,039	0,050	0,057	0,33	
Rosenkohl	85,0	4,45	0,50	7,20	1,45	1,40	114,0	0,400	0,011	0,140	0,67	
Grünkohl	86,3	4,30	0,90	5,10	1,70	1,70	105,0	4,100	0,100	0,250	2,10	
Chinakohl	95,4	1,19	0,30	1,96	0,50	0,65	36,0	0,078	0,030	0,040	0,40	
Salate und Kresse												
Kopfsalat	95,0	1,25	0,22	2,17	0,64	0,72	13,0	0,790	0,062	0,078	0,32	
Endivie	94,3	1,75	0,20	2,05	0,80	0,90	9,4	1,140	0,052	0,120	0,41	
Chicoree	94,4	1,30	0,18	2,27	0,85	1,00	10,2	1,290	0,051	0,033	0,24	27,3 mg Oxalsäure
Feldsalat	93,4	1,84	0,36	2,85	0,75	0,80	35,0	3,900	0,065	0,080	0,38	
Gartenkresse	87,2	4,20	1,40	4,10	1,20	1,90	59,0	2,190	0,150	0,190	1,75	
Löwenzahn	85,7	2,55	0,62	7,52	1,61	2,00	30,0	7,900	0,190	0,170	0,80	24,6 mg Oxalsäure
Spinatgemüse												
Spinat	91,6	2,52	0,30	3,43	0,64	1,51	52,0	4,200	0,110	0,230	0,62	442 mg Oxalsäure
Mangold	92,2	2,13	0,28	2,89	0,82	1,68	39,0	3,530	0,098	0,160	0,65	650 mg Oxalsäure
Sauerampfer	91,7	2,25	0,44	3,63	0,69	1,29	47,0	3,500	o. A.	o. A.	o. A.	360 mg Oxalsäure

Werte nach Souci, Fachmann, Kraut: Nährwerttabellen 1981/82

Die Zusammensetzung schwankt je nach Gemüseart und Herkunft beträchtlich, für die Hauptnährstoffzusammensetzung lassen sich grob folgende Angaben machen:

Trockenmasse:	5–20 %
Kohlenhydrate:	3–20 %
Rohfaser:	ca. 1 %
Stickstoffverbindungen:	1–5 %
Fett:	0,1–0,3 %
Mineralstoffe:	ca. 1 %

Der Wassergehalt dominiert und kann in wasserreichen Gemüsearten Spitzenwerte um 95 % (Kopfsalat, Spinat, Tomaten, Gurken) erreichen. In kohlenhydratreichem Knollen- und Samengemüse (Kartoffeln, Kastanie) sinkt der Wassergehalt unter 80 %. Kartoffeln sind dadurch und auch wegen ihres gleichzeitig hohen Eiweißgehalts als Grundnahrungsmittel geeignet.
Ansonsten läßt sich eine Empfehlung für ein besonders gesundes Gemüse nicht aussprechen: Man folgt einfach dem jahreszeitlichen Angebot, denn alle sind geeignet, zur Mineral- und Ballaststoffversorgung beizutragen; ihr Vitamingehalt übertrifft vielfach den von Obst. Besonders hervorzuheben ist ihr Gehalt an sogenannten »sekundären Pflanzenstoffen«, wozu auch viele aroma- und geschmacksbestimmende Stoffe gehören. Ihre Wirkungen sind häufig noch nicht wissenschaftlich erforscht, ihre Heilwirkungen (z. B. die des Knoblauchs) werden aber in der Volksheilkunde seit langem genutzt. Im gesamten EG-Bereich gelten für viele Gemüsearten die sogenannten EG-Güteklassen, für andere nur die deutschen Handelsklassen. Über wertgebende Inhaltsstoffe sagen diese Qualitätsnormen *nichts* aus (mehr dazu siehe Obst).
Gemüse also nicht nach optischem Eindruck kaufen, sondern nach der Anbaumethode. Gerade was den Geschmack und manche wertgebende Inhaltsstoffe betrifft, schneidet Gemüse aus kontrolliertem, biologischem Landbau deutlich besser ab.

Stickstoffverbindungen
Die Eiweißstoffe in Gemüse bestehen hauptsächlich aus Enzymen, also Stoffen, die chemische Umsetzungen in der Zelle veranlassen oder beschleunigen – dies, zusammen mit dem hohen Wassergehalt, ist der Hauptgrund für den raschen Verderb vieler Gemüse. In Kartoffeln und

Grünen Bohnen kommen bestimmte Proteine mit Inhibitorwirkung für Verdauungsenzyme vor, weshalb beide Gemüse nicht roh gegessen werden sollen. Viele Kohlarten bilden Rhodanid, was die Aufnahme von Iod in die Schilddrüse hemmt. Bei Verzehr großer Kohlmengen (Winter) und gleichzeitig geringer Iodzufuhr ist eine Kropfbildung nicht auszuschließen. Auch Gelbe und Weiße Rüben sowie Kohlrüben enthalten kropfbildende Substanzen. Indirekt ist eine Aufnahme auch über Kuhmilch von Kühen, die entsprechend gefüttert wurden, möglich.
Eine weitere unangenehme Eigenschaft bestimmter Gemüsearten besteht in der unmäßigen Aufnahme und Speicherung von Nitrat, besonders aus überdüngten Böden. Nitrat ist Grundbaustein für die Eiweißsynthese, der aber bei schlechten Lichtverhältnissen (Treibhaus, lichtarme Jahreszeiten im Frühjahr und Spätherbst) nicht zu Eiweißen verbaut wird. Nitrat selbst ist für uns zwar kein gefährliches Gift, es kann aber nach Verzehr über den Speichel wieder in die Mundhöhle gelangen, wird hier von Mikroorganismen zu Nitrit umgewandelt, das dann im Körper mit Aminen die krebserregenden Nitrosamine bilden kann. Bereits im Kochtopf entsteht Nitrit beim Aufwärmen nitratreichen Gemüses. Spinat ist hierfür das Paradebeispiel. Durch hohe Vitamin C- und E-Gehalte der Nahrung wird die Bildung der Nitrosamine unterdrückt. Für Säuglinge besteht zusätzlich die Gefahr, an der sogenannten Methämoglobinämie (Blausucht) zu erkranken.
Das Nitrit oxidiert den roten Blutfarbstoff, das Hämoglobin, der dadurch die Fähigkeit verliert, Sauerstoff aufzunehmen.
Säuglingsgemüse unterliegt deshalb den Bestimmungen für diätetische Lebensmittel und darf nicht mehr als 250 mg Nitrat pro kg enthalten.
In verschiedenen Gemüsearten gefundene Nitratgehalte ergeben folgendes Bild:

Nitratgehalt verschiedener Gemüsearten aus unterschiedlchen Anbauarten

K = Gemüse aus konventionellem Feldanbau, G = Glaushausgemüse, A = Gemüse aus alternativem Feldanbau

Gemüse	Durchschnittlicher Gehalt		Schwankungsbreite
Kopfsalat	K	1560	230–3290
	A	1190	60–2310
	G	3680	1570–6610
Endivie	K	1060	70–2590
	A	490	70–1120
Feldsalat	K	1170	180–2980
	A	710	10–1950
	G	3200	2250–4330
Spinat	K	840	20–2720
	A	970	20–2730
Chinakohl	K	1120	200–2610
	A	760	180–2180
Weißkohl	K	1070	10–3230
	A	740	110–2110
Grünkohl	K	1060	10–3640
	A	960	10–1740
Blumenkohl	K	420	40–1030
	A	350	10– 940
Kohlrabi	K	1330	360–2950
	A	1120	390–2330
	G	2500	900–4380
Radieschen	K	1530	80–3830
	A	1310	270–3370
	G	2860	1080–4530
Rettich, weiß	K	1680	300–3770
	A	1230	420–3220
	G	3580	2920–4960
Rettich, schwarz	K	1770	410–4380
	A	460	170– 820
Rote Bete	K	1950	80–5360
	A	1580	100–4360
Sellerie (Knolle)	K	980	70–3640
	A	360	30–1080
Karotten	K	500	90–1100
	A	200	20– 520

Angaben in Milligramm Nitrat pro Kilogramm Frischgewicht

nach: Rauter, W., Wolkersdorfer, N.: Zeitschrift f. Lebensmittel-Untersuchung und Forschung, 175 (1982)

Wie man sieht, ist die Anbauart dabei nicht gleichgültig. Treibhaussalat ist gar ganz von der Speisekarte zu streichen. Eine grobe Orientierung vermittelt auch die folgende Tabelle:

Nitratgehalt verschiedener Gemüsearten

Gemüsesorte	Durchschnittswerte	geringster und höchster Gehalt
Kopfsalat	1870	70–5020
Feldsalat	1290	90–2740
Endivien	660	320–1470
Spinat	1550	530–2040
Rettich	2720	1850–3430
Möhren	290	40– 840
Kartoffeln	130	40– 340
Kohl	260	30– 640
Gurken	130	30– 140
Chinakohl	1290*	
Rote Bete	4460*	
Kohlrabi	1930*	
Porree	830*	
Sellerie	940*	

Angaben in mg; Werte gerundet
* nur 1 Probe

nach: Collet, P.: Deutsche Lebensmittel-Rundschau, 79 (11), 1983

Kohlenhydrate
Als Reservekohlenhydrat ist Stärke am meisten verbreitet. Beachtenswert ist aber, daß einige Korbblütler wie die Artischocke, Schwarzwurzel und die Sonnenblumenart Topinambur in ihren Blütenböden, Wurzeln oder Knollen Inulin anstelle von Stärke speichern, das nicht aus Glucose, sondern aus Fructosebausteinen besteht. Damit stellen sie *die* hervorragende Diabetikerkost dar.

Fette
Der Fettgehalt ist in allen Gemüsen niedrig, Fettbegleitstoffe, die Carotinoide (Beta-Carotin ist die Vorstufe von Vitamin A), sind dagegen in größeren Mengen in Paprika, Tomaten, Melonen und Möhren anzutreffen und für deren Rotfärbung verantwortlich. Die rote Farbe von Auberginen, Radieschen, Rotkohl und rotschaligen Zwiebeln ist dagegen auf wasserlösliche Farbstoffe, die Anthocyane, zurückzuführen.

Sekundäre Pflanzenstoffe

Schwefelhaltige Senföle bestimmen den Geschmack von Brunnenkresse, Zwiebelgemüsen und Knoblauch. Die zu Tränen reizende Schwefelverbindung der Zwiebel entsteht erst bei Zerkleinerung des Gewebes und durch Einwirkung eines Enzyms. Auch in Kohl dominiert der Schwefel in aromabildenden Stoffen.

Meistens bilden mehrere Aromastoffe den Geschmackscharakter. Die Aromabilder künstlich gereifter Gemüse unterscheiden sich völlig von natürlich ausgereiften.

Säuren

Apfel- oder Zitronensäure kommen in allen Gemüsen vor. Grüne Bohnen, Grünkohl, Rhabarber, Rosenkohl, Rote Bete und Sauerampfer enthalten außerdem größere Mengen an Oxalsäure.

Oxalsäure bildet mit Calcium Verbindungen (Calciumoxalat), die im Verdauungstrakt nicht mehr aufgelöst werden können. 100 g Rhabarber binden das Calcium von einem halben Liter Milch.

Vitamine

Die höchsten Vitamingehalte besitzen die Kohlarten, gefolgt von Paprika und Spinat. Grünkohl – um nur ein Beispiel anzuführen – hat durchschnittlich 7mal mehr Vitamine als die Vitamin-C-reichste Apfelsorte. Generell schwanken die Vitamingehalte je nach Sorte, Anbaumethode, Klima und Reifezustand beträchtlich.

Mineralstoffe

Das für die Nervenfunktion wichtige Kalium ist mit Abstand Hauptmineralstoff in Gemüsen, dann erst folgen Calcium, Magnesium und Natrium, der Antagonist des Kaliums, an dem ohnehin durch reichliche Kochsalzzufuhr (NaCl) ein erhebliches Überangebot besteht.

Schadstoffe in Gemüse

Ca. 320 verschiedene Wirkstoffe in etwa 1700 verschiedenen Präparaten sind in der BRD derzeit als Pflanzenschutzmittel zugelassen und werden im konventionellen Landbau auch reichlich eingesetzt: Mehrfache Spritzungen, besonders gegen Pilze in geschlossenen Treibhaussystemen, sind im Gemüsebau selbstverständlich. Salate enthalten noch immer Rückstandsmengen häufig über den zulässigen Grenzwerten. Rückstandsreste

sind in bis zu 50 % des untersuchten Materials gefunden worden. Importgemüse ist stärker belastet als Inlandware.
Die Richtwerte der allgegenwärtigen Schwermetalle werden derzeit bis zu maximal 13 % bei verzehrsfertigem Gemüse ausgeschöpft. Blattgemüse, besonders an exponierten Standorten, sind stärker belastet als andere Gemüsearten.
Cadmium und Quecksilber werden von Wildpilzen unverhältnismäßig stark aufgenommen; sogar das Bundesgesundheitsamt warnt vor dem Verzehr von mehr als 200–250 g Wildpilzen / Woche.

Lagerung von frischem Gemüse

Grundsätzlich gilt für alle Gemüse: Kühl und bei hoher Luftfeuchtigkeit lagern – nur Zwiebeln liegen luftig und trocken besser. Blattgemüse und Fruchtgemüse sind nur einige Tage haltbar. Für eine monatelange Freiland- oder Kellermiete als Wintervorrat kommen Möhren, Rote Bete, Sellerie und auch Kopfkohlarten in Frage. Rosenkohl und Grünkohl brauchen Frost, um einen guten Geschmack zu entwickeln, und auch Lauch kann draußen überwintern. Wichtig: Die 6–8 Monate lagerfähige Einkellerkartoffel hilft trotz erheblicher Vitamin-C-Verluste über die vitaminarme Winterzeit hinweg – Überseeimporte einmal ausgelassen. Äpfel und Kartoffeln sind übrigens im gleichen Keller lagerbar.

Gemüseerzeugnisse

Alle im Handel erhältlichen Gemüseerzeugnisse, frisch angerichtete und zum Verkauf angebotene Salate sind gewissermaßen Gemüsekonserven, haben aber neben dem Ziel einer erhöhten Haltbarkeit den Effekt, dem Hausmann oder der Hausfrau die Arbeit zu erleichtern.
Meist ist nach dem Kauf (bzw. dem Öffnen des selbsteingekochten Einmachglases) nur noch ein kurzes Aufwärmen und Abschmecken erforderlich – fertig ist das Gericht. Die Frage ist: für welchen Preis?

Trockengemüse

(Tomaten- und Kartoffelpüree, Knödel, Flocken, Streifen, Würfel, Kartoffelstärke, Trockensuppen, Zwiebelgewürze)
Eine Erhöhung der Haltbarkeit durch Trocknen ist einfach dadurch gegeben, daß der Wassergehalt in Gemüse so stark gesenkt wird (auf 12–15 % von ursprünglich 80–95 %), daß Mikroorganismen hier kein angenehmes Milieu mehr vorfinden. Das Trockenprodukt ist handlich und

platzsparend lagerbar und nach Bedarf wieder aufquellbar. Leider hat dieser Prozeß neben der Wasserverminderung auch weitere Verluste zur Folge:

1. Das Vorblanchieren zur Ausschaltung von Enzymaktivitäten führt zu Mineralstoffverlust.
2. Die Vitamine werden z. T. stark abgebaut.
3. Die vorhandenen flüchtigen Aroma- und Geschmacksstoffe gehen weitgehend verloren.
4. Die Fettstoffe zersetzen sich und bewirken leicht Aromafehler.
5. Farbveränderungen (Bräunung) sind unvermeidlich, wenn nicht mit Schwefeldioxid oder Sulfitlösungen eingegriffen wird.

Zu guter Letzt erfordern diese Produkte eine aufwendige Verpackung (Alu, Blech, Zellglas, Mehrschichtfolie), da alle Trockengemüse licht-, luft- und wasserempfindlich sind.

Die aufgeführten Nachteile gelten auch für gefriergetrocknete Produkte, lediglich die Formerhaltung und das Quellverhalten sind verbessert.

Gemüse in Dosen und Gläsern – oder das Sterilisieren

Zu Hause heißt das: Einkochen bis 100 °C.

Unter Industriebedingungen ist die Sterilisationstemperatur immer größer als 100 °C, mindestens 15 min lang, bei 0,75 atü. Je kürzer die Zeit und je höher die Temperatur, um so besser werden Farbe, Konsistenz und Aroma erhalten. Der ernährungsphysiologische Wert von Eiweißen und Kohlenhydraten vermindert sich kaum – was leidet, sind die Vitamine:

- Carotin (Provitamin A) wird zwischen 5 und 30 % geschädigt
- Vitamin B_1 bleibt in Möhren und Tomaten ganz gut erhalten, bei Grünen Bohnen, Erbsen, Spargel sind Verluste von 10–50 % zu verzeichnen, bei Spargel sogar 66 %
- Vitamin B_2 wird zu 5–25 % ausgelaugt
- Nicotinsäure ebenso
- Vitamin C geht zu 20–45 % verloren

... und da Dosen und Gläser 1–2 Jahre lagerbar sind gehen dabei nochmal ca. 20 % aller Vitamine drauf.

Die Dosenflüssigkeit besteht nie nur aus Gemüse und Wasser, selbst im Privathaushalt werden häufig Salz und Zucker aus geschmacklichen oder technischen Gründen zugegeben.

Der Doseninhalt ist häufig versalzen. Zulässige Zugaben sind auch: Weißzucker, Traubenzucker, Glukosesirup, Essig, Genußsäuren (Milch-,

Wein-, Zitronen- und Apfelsäure), Ascorbinsäure, der Geschmacksverstärker Glutaminsäure, Calciumcarbonat und Calciumchlorid, Gewürze und Kräuter bzw. deren Auszüge.

Tiefkühlgemüse – eine energieaufwendige Lagerhaltung

Richtiges Tiefkühlen, das heißt Einfrieren des Gemüses bei −35 bis −40 °C. Lagerung bei −18 bis −20 °C ist, vorausgesetzt die Tiefkühlkette wird nicht unterbrochen und das Gemüse wird nicht überlagert (siehe Lagerung von Lebensmitteln), nur mit geringen Wertverlusten verbunden. Vitaminverluste sind im wesentlichen auf die vorbereitenden Maßnahmen, etwa das Blanchieren zur Enzymzerstörung, zurückzuführen.
Nicht alle Gemüsearten sind zum Einfrieren geeignet. Bewährt haben sich: Bohnen, Erbsen, Spinat, Paprika, Rosenkohl und andere Kohlarten, Steinpilze, Tomatenmark, Möhren.
Ungeeignet sind: Radieschen, Rettich, Blattsalate, ganze Tomaten. Oft ist durch Einfrieren mit einer nicht wieder rückgängig zu machenden Konsistenzänderung zu rechnen, da die Eiskristalle das Gewebe sprengen.

- Bohnen, Gurken, Möhren, Schwarzwurzeln werden weich, schlaff und zäh
- Sellerie und Kohlrabi werden pappig-wattig
- bei Erbsen verhärtet die Schale

Industriell gefertigtes Tiefkühlgemüse darf wiederum Zusätze von Ascorbin- und Zitronensäure sowie auch Glutaminsäure enthalten (Herstellung des Fertigerzeugnisses Pommes frites siehe bei »Fast Food«).

Gärungsgemüse

Diese uralte Konservierungsmethode macht sich – wie bei der Herstellung von milchsauren Milchprodukten – die spontane Milchsäuregärung zunutze. Die entstehende Milchsäure mindert das Wachstum schädlicher säureempfindlicher Mikroorganismen, führt zur enzymatischen Lockerung des Zellgewebes und damit zu besserer Verdaulichkeit – und erhält das Vitamin C. Zur zusätzlichen Konservierung wird ca. 1,5 – 2,5 % Kochsalz eingebracht, bei Sauerkraut wird das Salz einfach lagenweise zwischen die rohen Schnitzel gestreut. Die anderen Gemüse werden in eine 4–6 %ige Salzlake eingelegt.
Weißkohl (wird Sauerkraut), Grüne Böhnchen und Gurken (»saure Gürkchen«) und auch Möhren, Kohlrabi und Kohlrüben sind für diese Art der Konservierung geeignet.

Sauerkraut läßt sich aus frischem Weißkohl im Gärtopf oder Steinguttopf leicht selber herstellen (wir verweisen auf die Literatur im Anhang).
Industriell hergestelltes Gärungsgemüse wird meist unsauberer verarbeitet als zu Hause; auch die geringere Qualität der verwendeten Gemüse (nicht aus biologischem Anbau, nicht genau auf Fehler untersucht) machen höhere Salzzugaben zur Konservierung erforderlich. Weitere Zutaten wie Zucker oder Zuckeraustauschstoffe, Ascorbinsäure und der Konservierungsstoff Sorbinsäure, Benzoesäure und Ameisensäure sind erlaubt.
Weinsauerkraut enthält mindestens 1 l Wein auf 50 kg Sauerkraut. Der Wein wird nach der Gärung zugegeben.
Obwohl die Sauergemüse kühl in der Gärlake haltbar sind, kommen häufig in Dosen oder Gläser sterilisierte oder pasteurisierte Produkte in den Handel, die dann alle Nachteile von Dosengemüse besitzen.

Essiggemüse
Auch dieses Verfahren bewirkt eine Sauerkonservierung: Im Gegensatz zur natürlichen Gärung wird das Gemüse mit heißer 2,5 %iger Essigsäurelösung überbrüht und dadurch gesäuert. Die Liste verwendeter Gemüsearten ist lang. Am bekanntesten sind Gurken in verschiedensten Würzvarianten (Pfeffer, Senf, Gewürze), Perl- und Silberzwiebeln, Rote Bete, Maiskölbchen, Paprika, »Mixed Pickles«. Auch diese Produkte sind häufig sterilisiert oder pasteurisiert, besitzen oft hohe Kochsalzgehalte und dürfen Sorbinsäure, Benzoesäure und Ameisensäure enthalten.

Salzgemüse
sind mit Hilfe von Kochsalz haltbar gemachte Gemüse. Salzspargel enthält dann z. B. 20 % Salz. Industriell werden Salzgemüse sozusagen als »Zwischenlager«-Gemüse, das noch weiterer Verarbeitung harrt, z. B. zu »Leipziger Allerlei«, angelegt.
Wer Salzgemüse zu Hause herstellt, muß das Gemüse vor Verzehr unbedingt gründlich wässern oder mit heißem, fließendem Wasser gründlich durchspülen – mit einem Teelöffel Salzgemüse konsumiert man sonst bereits seinen gesamten Kochsalztagesbedarf. Von hohem ernährungsphysiologischem Wert ist die ausgespülte Ware dann leider auch nicht mehr.

Gemüsesaft

Gemüsesäfte sind, ganz gleichgültig aus welchem Anbau das Gemüse stammt, immer einige Zeit über 70 °C erhitzt und besitzen dadurch weniger Vitamine und Aromastoffe. Sie enthalten nur einen Teil des ganzen Gemüses, nämlich die wäßrige Fraktion (der u. U. Gemüsemark beigefügt ist), d. h. sie sind ballaststoffarm. Ein Kochsalzzusatz ist üblich. Es lohnt sich, den Flaschenaufkleber genau durchzulesen: Im Handel sind vergorene und unvergorene Gemüsesäfte, immer häufiger bestehen unvergorene Gemüsesäfte aus Gemüsekonzentraten, die mit Wasser wieder aufgemischt wurden. Milchsäure und Zitronensäure dürfen zugesetzt werden (bei Rhabarber bis auf 25 %).

Gemüsetrunk ist mit Wasser verdünnter Gemüsesaft und / oder Gemüsemark. Der Saft- oder Marktanteil sinkt bis auf 40 %, bei Rhabarber bis zu 25 %.

Weil der Trunk durch die Verdünnung an Geschmack verliert, dürfen natürliche Aromastoffe, Fruchtsäuren und Glutaminsäure zugesetzt werden. Auch Gemüse, Zucker, Honig und Fruchtanteile dürfen geschmacksbelebend wirken.

Gemüsemark

ist passierter und eingedickter Gemüsebrei. Am bekanntesten ist Tomatenmark, das 14–36 % Trockenmasse und 0,8–2 % Salz enthält. Tomaten in Dosen und auch Tomatenmark besteht immer aus im Freiland voll ausgereiften Tomaten und ist deshalb ein qualitativ besseres Produkt als manche geschmacklose Treibhaustomate.

Gemüsepulver

gewinnt man durch Trocknung von Gemüsesäften. In Suppenbrühen findet man sie wieder. Für die Lebensmittelindustrie ist das meist farbige Pulver aus Spinat, Rote Bete oder Tomaten zum Färben anderer Nahrungsmittel interessant.

Hülsenfrüchte

Darunter versteht man eßbare, reife Samen aus der Familie der Schmetterlingsblütengewächse: Außer der Hülse haben sie ein ernährungsphysiologisch wichtiges Charakteristikum: sie sind sehr eiweißreich, wenn auch die biologische Wertigkeit des Eiweißes aufgrund ihres Mangels an schwefelhaltigen Aminosäuren nicht überragend ist, aber gut durch andere Gemüse und Getreide ergänzt werden kann.

Im einzelnen werden folgende Hülsenfrüchte unterschieden, die gekocht Grundbestandteile von Suppen, Salaten oder Beilagen bilden:

- Erbse, Kichererbse, Gartenbohne, Feuerbohne, Linse, Saubohne
- Limabohne, Sojabohne, einige der gelben Sojabohne bis auf die Färbung ähnlich aussehende Bohnenarten wie Adzuki (rot)-, Mung (grün)- und Mungobohne (schwarz) – und auch die Erdnuß ist eine Hülsenfrucht.

Alfalfa, den Samen der Luzerne, läßt man neben der Mungbohne zu frischen Sprossen auskeimen. Auch alle anderen Hülsenfrüchte wie auch Getreide eignen sich dazu.

Sojabohne und Erdnuß enthalten neben den anderen Bohnen, bei denen der Kohlenhydratanteil entsprechend höher ist, große Mengen Öl, sind also gleichzeitig wichtige Öllieferanten. Verglichen mit den anderen Hülsenfrüchten ist hier auch der Anteil des fettlöslichen Vitamins E und der Vitamin B_1-Anteil am höchsten.

Einige Hülsenfrüchte, allen voran die Sojabohne, aber auch Bohnen und Erbsen enthalten eine ganze Reihe toxisch wirkender Proteininhibitoren, die erst durch geeignete Zubereitungsverfahren zerstört werden müssen, da sie sonst zu Ernährungsstörungen führen: Ratten reagierten bei Verfüttern rohen Sojamehls mit Bauchspeicheldrüsenveränderungen, die eine Verdauungsstörung für die Stickstoffaufnahme auslöste und zu Wachstumsverzögerungen führte. In texturierten Proteinen (s. u.) auf Sojabasis ist die Inhibitoraktivität meist nicht ganz ausgeschaltet.

Hämagglutinine, eigentlich Stoffe, die zur Verklumpung roter Blutkörperchen führen, hemmen wahrscheinlich auch die Nährstoffresorption an der Dünndarmwand.

Cyanogene Glykoside, aus denen Blausäure entsteht, sind vornehmlich in der Limabohne nachgewiesen worden – und zwar in solchen Mengen, daß unbedingt das Kochwasser weggegossen werden muß. In Österreich ist deshalb der Vertrieb von Limabohnen verboten.

Neuzüchtungen in den USA brachten Bohnen hervor, die nur noch 1/20 – 1/30 der ursprünglichen Blausäuremenge bilden können.
Bohnensamen sind wegen ihrer festen Schale ideale Vollkonserven! Einkauf von Dosenkost erübrigt sich da vollends.
Sie sind ohne weiteres trocken 1–2 Jahre lagerbar. Danach nimmt aber die Quellfähigkeit ab.
Und zum Schluß: keine Angst vor Bohnengenuß!
Die Blähungen, die bei der Verdauung entstehen, sind nicht gesundheitsschädlich und auch teilweise mit entblähenden Gewürzen in den Griff zu bekommen.
Stillende Mütter sollten Hülsenfrüchte meiden; gekeimte Sprossen rufen diese Erscheinungen nicht hervor.

Soja
Die Sojabohne ist eine konzentrierte Eiweißbombe. Sie enthält 40% Protein, von recht guter biologischer Wertigkeit.
Bei fast allen essentiellen Aminosäuren (außer Methionin) hat die Sojabohne höhere Gehalte als tierische Lebensmittel. Außer hochwertigem Eiweiß enthält sie 35% Kohlenhydrate, 5% Rohfaser und Mineralstoffe und 20% Fett.
Bei den Mineralstoffen ist besonders der Eisengehalt interessant, der bei 8,6 mg/100 g verzehrbaren Anteil liegt. So lassen sich mit 100 g Sojabohnen 40% des täglichen Eisenbedarfs bei Frauen decken (DGE-Empfehlung 1984 für Frauen 18 mg/Tag).
Trotz aller Pluspunkte sollten Sojabohnen in unseren Breiten aber nicht zur Grundlage jeder Mahlzeit werden, sondern eher als willkommene Abwechslung auf den Tisch kommen. Denn Soja wächst hier nicht, und wir sind immer auf den Import aus den USA und Asien angewiesen.
Wie vielfältig Soja zubereitet werden kann, ist schon an der Produktvielfältigkeit auf dem Markt ersichtlich. Einige Anregungen für die Zubereitung befinden sich auch am im Rezeptteil dieses Buches.

SoJa

Tofu

Vorstufe für die Tofuherstellung ist die Sojamilch. Man erhält sie durch Einweichen der Bohnen, anschließendes Zermahlen und Filtern. Sojamilch ist bis auf den sehr viel geringeren Calciumgehalt der Kuhmilch gleichwertig. Um Tofu zu erhalten, wird die Sojamilch mit einem Gerinnungsmittel gestockt. Verwendet wird dafür meist »Nigari«, eine Mischung aus $MgSO_4$, $MgCl_2$ und zahlreichen Spurenelementen, aber auch Obstessig zusammen mit Zitronensaft ist geeignet. Die gestockte Masse wird abgegossen und ausgepreßt. Sie bildet wegen ihres neutralen Geschmacks die Grundlage für Brotaufstriche, Suppeneinlagen und Füllungen. Käuflich ist sie in rechteckigen Pfundstücken. Im Tofu liegt das wertvolle Sojaeiweiß ohne chemische Zusätze, aber gut aufgeschlossen und angereichert mit Mineralstoffen (Gerinnungsmittel) vor. Dieses Sojaprodukt ist deshalb sehr empfehlenswert.

Tempeh

Ein Produkt, das aus Indonesien stammt. Die zuerst gekochten und pürierten Sojabohnen werden mit einer Schimmelpilzkultur (Rhizopus oryzaena) geimpft und gären dann 24 Stunden. Der fertige Käse enthält 25% sehr

SoNein

Abzulehnen sind dagegen in Japan produziertes Shoyu und Tamari aus entfettetem Sojaschrot, das zwar auch noch fermentiert wird, dem aber auch noch mehr Salz und vor allem Geschmacks- und Konservierungsstoffe zugesetzt werden.

Ebenfalls nicht empfehlenswert sind die Sojasaucen westlicher Hersteller, die durch Säurehydrolyse der Bohnen gewonnen werden. »Gewürzt« wird zusätzlich mit Zucker, Sirup, Salz sowie verschiedenen Konservierungs- und Geschmacksstoffen.

Die Zutatenliste auf der Flasche enthält fast immer den Geschmacksverstärker Glutaminsäure.

Sojafleisch (TVP-Textured vegetable protein, texturiertes Pflanzenprotein) wird von vielen Vegetariern als Fleischersatz verwendet. Es enthält kein Cholesterin und ist aufgrund seines Zustandes (es wird getrocknet verkauft) lange lagerfähig. Die aufwendigen Herstellungsverfahren machen dieses Produkt aber nicht gerade empfehlenswert.

Grundsätzlich gibt es zwei Möglichkeiten, dem Sojaeiweiß eine Fleischstruktur zu verpassen. Dabei führt der sogenannte Extrusionsprozeß, bei dem das nur leicht getrocknete Sojamehl bei hohem Druck und hoher Temperatur unter Zusatz von NaCl-

SoJa

gut aufgeschlossenes Protein. Das Produkt ist eine echte Bereicherung des Speisezettels, da die Pilze auch das in pflanzlichen Produkten sonst nicht enthaltene Vitamin B_{12} produzieren.

Sojakeime

Sie sind eine ideale Vitaminspritze, denn auch bei Sojabohnen wird der Vitamingehalt durch das Keimen enorm erhöht. So ist nach 5tägiger Keimdauer der Gehalt in der grünen Sojabohne = Mungbohne an Vit. B_2 von 1,2 auf 10,0 mg/kg, an Vit. B_1 von 8,8 auf 10,3 mg/kg, an Niacin von 26 auf 70 mg/kg, an Biotin von 0,2 auf 1,0 mg/kg gestiegen.

Die optimale Keimtemperatur liegt für die Sojabohne bei 20–25 °C.

Sojasaucen

Grundsätzlich gilt für alle Sojasaucen, daß sie sehr salzhaltig sind und deshalb nur in Maßen genossen werden sollten. Auf dem deutschen Markt gibt es drei Klassen von Sojasaucen, wobei eigentlich nur die in Japan traditionell hergestellten Shoyu und Tamari befürwortet werden können.

Grundlage für Tamari bilden Sojabohnen, Wasser und Salz, bei Shoyu zusätzlich noch gerösteter Weizen. Die Sojabohnen werden gekocht und anschließend mit einem Pilz (Aspergillus oryzae) geimpft. Die Masse lagert dann bis zu mehreren Jahren und wird zum Schluß pasteurisiert, um die Fermentation zu beenden.

SoNein

Puffersubstanzen, Farb- und Aromastoffen in seiner Struktur verändert wird, nur zu faserartigen Partikeln, während der Spinnprozeß richtige »Fleisch«fasern ergibt. Um die Aufwendigkeit zu verdeutlichen, sei dieses Verfahren etwas näher beschrieben.

Nachdem die Bohne geschrotet ist, werden mit n-Hexan das Öl und die fettlöslichen Bestandteile extrahiert. Zurück bleibt entfetteter Sojaschrot, der in eine alkalische Lösung gegeben wird, um das Protein zu lösen. Die gesamte Lösung wird dann durch sehr feine Spinndrüsen in ein stark saures Fällbad (pH 2–3) gepreßt. Dieses enthält neben einer Säure (Phosphor-, Milch-, Essig, Citronen-, Salzsäure) meist 19 % NaCl. Die so entstehenden Proteinfasern werden zu Bündeln zusammengefaßt, durch Abpressen von der noch anhaftenden Flüssigkeit befreit, durch ein Neutralisationsbad ($NaHCO_3$ + NaCl) und eventuell auch noch durch ein Härtebad (konz. NaCl-Lsg.) geführt.

Bei diesem Verfahren ist es nur mehr als wahrscheinlich, daß in dem Fertigprodukt Rückstände verbleiben.

Wissenswert ist außerdem auch, daß bei uns im Handel befindliche TVP-Produkte aus dem Ausland (aus konventionellem Anbau) stammen, in den USA beispielsweise die Sojapflanze zwecks leichterer Ernte der Bohnen chemisch entlaubt wird. Auch von dieser Aktion sind Rückstände zu erwarten.

Wer klagt über Blähungen?
Eine gewisse Gasentwicklung (auf deutsch: ein Furz ab und an) ist völlig normal und unschädlich. Eine dauernde übermäßige Gasentwicklung kann aber mehrere Ursachen haben. Manchmal liegt es einfach an der Art des Essens: Wer sehr hastig stopft und schlingt, braucht sich über Blähungen nicht zu wundern, denn die unvollständige Vorverdauung wird dann von den Darmbakterien nachgeholt. Kohlgemüse und Bohnen blähen zwar eher als andere, das läßt sich aber durch Kümmel (als Gewürz, nicht zum Trinken) mildern. Häufiger sind aber Unverträglichkeiten vom Zucker!
Bei manchen Ernährungsumstellern ist die Darmflora offenbar nicht in der Lage, gleichzeitig mit Vollwerternährung und isolierten Kohlenhydraten fertig zu werden. Eine Erklärung dafür steht noch aus. Wer zu diesem Personenkreis gehört, sollte seine Ernährung ganz umstellen und auf isolierte Kohlenhydrate verzichten.
Andere mögliche Blähungsverursacher sind Milchprodukte beim morgendlichen Getreidemüsli. Die Erklärung steht auch hier noch aus, aber beim Weglassen der Milch sind die Blähungen bei dahingehend empfindlichen Personen verschwunden.
Also: Finden Sie heraus, was Ihnen bekommt und was nicht!

Obst und Obsterzeugnisse

Eine scharfe Trennung zwischen Obst und Gemüse ist botanisch kaum möglich. Im Handel hat man sich deshalb auf eine Unterscheidung geeinigt, die dem Alltagsempfinden am nächsten kommt:
Hier unterteilt man das Obst, oft entgegen der botanischen Definition, in Kernobst (Äpfel, Birnen), Steinobst (Kirschen, Pflaumen, Pfirsiche), Beerenobst (Stachelbeeren, Himbeeren, Erdbeeren), Schalenobst (Haselnüsse, Walnüsse) und Wildobst (Heidelbeeren, Holunderbeeren, Schlehen).
Dazu kommt die große Gruppe der Südfrüchte; hier spielen die Citrus-

früchte (Zitronen, Orangen, Mandarinen, Grapefruit usw.) eine besondere Rolle, aber auch Bananen, Ananas, Avocados, Papayas... die Exoten sind im Kommen.

Samen (z. B. Nüsse) enthalten weniger wasserlösliche Vitamine, dafür wertvolle Fette und Öle, fettlösliche Vitamine A und E und sind deshalb sehr nahrhaft. Früchte, deren Samen in der Regel nicht verzehrt werden (Kerngehäuse im Apfel), haben meist einen hohen Wassergehalt und besitzen daher nur einen geringen Nährwert. Dank ihres Gehaltes an Vitaminen und Mineralsalzen stellen sie aber nicht nur einen wichtigen Bestandteil unserer Nahrung dar, sondern regen mit ihren Geschmacksstoffen, Zuckern und Fruchtsäuren den Appetit an und wirken auf Verdauung und Körperbefinden vorteilhaft ein. Längere Zeit nur von Früchten zu leben, ist als Ernährung allerdings nicht ausreichend. Gemüse ist insgesamt wichtiger für die Nährstoffversorgung: Die Vitamingehalte (auch Vitamin C) liegen oft deutlich höher als in Obst, außerdem enthält Obst im Gegensatz zu Gemüse einen hohen Anteil kurzkettiger und damit wesentlich leichter resorbierbarer Kohlenhydrate (siehe Ernährungskrankheiten). Während Beta-Carotin (Provitamin A, in Kirsche, Pfirsich, Melone, Aprikose) und auch die B-Vitamine in einigen Obstarten enthalten sind, fehlen Vitamin B_{12}, D und E praktisch völlig.

Wie bei vielen zum menschlichen Verzehr geeigneten Pflanzenteilen sind auch bei Früchten hin und wieder giftige Inhaltsstoffe anzutreffen. Im *reifen* Obst sind natürliche Gifte jedoch selten oder lassen sich durch entsprechende Verarbeitung der Früchte unwirksam machen.

Einen Eindruck von der Zusammensetzung verschiedener Obstarten vermittelt die nach Souci, Fachmann, Kraut zusammengestellte Tabelle auf S. 178–180.

Man muß sich aber darüber im klaren sein, daß die Zusammensetzung je nach Sorte, Reifezustand, Klima und Anbau *stark* schwankt.

Zur Orientierung sind diese Richtgrößen geeignet:

80–90 %	Wasser
10–20 %	Trockengewicht (hauptsächlich bedingt durch Zucker, Polysaccharide und organische Säuren)
1–1,5 %	Stickstoffverbindungen
0,1–0,5 %	Fettstoffe (Lipide)

in noch geringeren Mengen: Aroma-, Farb-, Mineralstoffe und Vitamine.

Schalenobst weicht von dieser Zusammensetzung mit weniger als 10 % Wasser, 20 % Stickstoffverbindung und ca. 50 % Lipiden stark ab.

Die große Obsttabelle

Inhaltsstoffe verschiedener Obstarten in 100 g

Art	Kcal	H_2O	Eiweiß in g	Fett	Kohlen-hydrate	Roh-faser	Mine-ralst.	Vit. C	Vit. B_1 in mg	Vit. B_2 in mg	Nicotin-amid	Carotin
Ananas	56	85,3	0,5	0,2	13,2	0,5	0,4	20	0,08	0,03	0,2	0,06
in Dosen	95	75,8	0,4	0,2	22,9	0,3	0,4	7	0,07	0,02	0,2	0,04
Äpfel*	55	85,3	0,3	0,4	12,6	1,0	0,3	3–25	0,04	0,03	0,3	0,05
getrocknet	280	26,7	1,4	1,6	64,8	4,0	1,5	12	0,10	0,10	0,8	–
Apfelmus in Dosen	79	80,0	0,2	0,1	19,2	0,4	0,2	2	0,01	0,02	0,1	0,04
-saft	47	88,1	0,1	0,0	11,6	0,0	0,3	1	0,02	0,03	0,3	0,05
(Handelsware)									µg!			
Apfelsine	54	85,7	1,0	0,2	12,0	0,6	0,5	39–65	0,08	0,04	0,3	0,09
Apfelsinenkonfitüre	269	31,2	0,4	–	67,8	0,6	0,1	4	–	–	–	–
Apfelsinensaft, frisch	47	88,1	0,7	0,2	10,6	0,1	0,4	54	0,1	0,03	0,3	0,07
Apfelsinenkonzentratsaft	249	36,8	2,4	1,5	56,6	0,5	2,2	225	–	–	–	0,3–1,8
Aprikosen	54	85,3	0,9	0,1	12,3	0,7	0,7	5–15	0,04	0,05	0,8	1,79
Aprikosen, getrocknet	305	17,6	5,0	0,5	70,2	3,2	3,5	11	7,0	0,11	3,2	4,6
Aprikosenkonfitüre	262	33,0	0,4	–	65,9	0,3	0,4	–	0,01	0,02	0,5–1	–
Avocado	240	68,0	1,9	23,5	3,4	1,8	1,4	13	0,08	0,15	1,7	0,07
Banane	99	73,9	1,2	0,2	23,3	0,6	0,8	7–21	0,04	0,06	0,7	0,23
Birne	56	84,3	0,5	0,3	12,8	1,8	0,3	2–10	0,03	0,04	0,2	0,03
Brombeeren	48	84,7	1,2	1,0	8,6	4,0	0,5	17	0,03	0,04	0,4	0,27
Brombeer-Konfitüre	259	32,2	0,5	–	65,1	1,8	0,3	–	–	–	–	–
Datteln, getrocknet	305	20,2	1,9	0,5	73,2	2,4	1,8	3	0,04	0,07	1,9	0,03
Erdbeeren	37	89,5	0,8	0,4	7,5	1,3	0,5	64	0,03	0,05	0,5	0,05
Erdbeerkonfitüre	260	33,3	0,4	–	65,4	0,6	0,3	9	0,01	0,01	0,3	–
Erdnuß	651	1,6	26,4	49,4	17,6	2,4	2,6	–	0,25	0,14	14,3	–
Feige, frisch	73	80,2	1,3	0,5	15,7	1,6	0,7	3	0,06	0,5	0,5	0,05
Feige, getrocknet	272	24,6	3,5	1,3	61,5	6,7	2,4	3	0,12	0,09	1,2	0,05
Granatapfel	76	80,0	1,0	0,6	16,6	1,1	0,7	7	0,07	0,01	0,3	0,04
Grapefruit	42	89,0	0,6	0,2	9,5	0,4	0,4	44	0,05	0,02	0,2	0,02
Grapefruitjuice	40	89,7	0,6	0,1	9,2	0,1	0,3	43	0,04	0,02	0,2	0,01

Art	Kcal	H_2O	Eiweiß in g	Fett	Kohlen-hydrate	Roh-faser	Mine-ralst.	Vit. C	Vit. B_1 in mg	Vit. B_2 in mg	Nicotin-amid	Carotin
Guave	54	81,0	0,9	0,5	11,4	5,5	0,7	273	0,05	0,04	1,1	0,22
Hagebutte	100	50,2	3,6	0,5	21,4	22,9	2,6	1250	–	–	–	3,6–6,0
Hagebuttenmarmelade	254	34,2	0,5	–	63,8	0,6	0,6	10–140	–	–	–	–
Haselnuß	693	5,2	14,1	61,6	13,7	3,0	2,4	3	0,39	0,21	1,4	0,03
Heidelbeere	62	84,9	0,6	0,6	13,6	–	0,3	22	0,02	0,02	0,4	0,13
Himbeere	40	84,5	1,3	0,3	8,1	5,3	0,5	25	0,02	0,05	0,3	0,08
Himbeerkonfitüre	271	28,7	0,6	–	68,0	2,4	0,3	3	–	–	–	–
Himbeersaft	41	89,4	0,3	–	9,9	–	0,5	25	0,03	–	–	0,06
Himbeersirup	275	31,3	Spuren	–	68,5	–	0,2	16	0,06	3,00	0,2	–
Holunderbeeren	46	80,9	2,5	–	9,1	6,8	0,7	18	0,07	0,08	1,5	0,2–0,5
Holundersaft	38	86,5	2,0	–	7,5	–	0,8	26	0,03	0,06	0,4	–
Honigmelone	52	87,0	0,9	0,1	12,0	0,5	0,4	32	0,06	0,02	0,6	1,75
Johannisbeeren, rot	45	84,7	1,1	0,2	9,7	1,6	0,6	36	0,04	0,03	0,2	0,04
Johannisbeeren, schwarz	63	81,3	1,3	0,2	14,0	2,4	0,8	177	0,05	0,04	0,3	0,14
Johannisbeerkonfitüre	254	33,2	6,5	–	63,8	2,1	0,3	21	–	–	–	–
Johannisbeersaft, rot	50	85,0	0,4	Spuren	12,0	–	0,3	6	0,002	0,002	–	0,02
Johannisbeersaft, schwarz	54	85,3	0,4	Spuren	13,0	–	0,3	30	0,005	0,002	0,03	0,02
Kaschu-Nuß (Cashew-Nuß)	605	4,0	17,5	42,2	32,0	1,4	2,9	–	0,63	0,26	2,6	0,06
Kirsche, süß	67	82,8	0,9	0,4	15,1	0,4	0,5	15	0,04	0,04	0,3	0,08
Kirsche, sauer	60	84,8	0,9	0,5	13,0	0,3	0,5	12	0,05	0,06	0,4	0,3
Kirschen in Dosen	80	79,5	0,7	0,2	19,0	0,2	0,5	5	0,03	0,02	0,2	0,41
Kirschkonfitüre	265	32,5	0,4	–	66,6	0,1	0,4	1	–	–	–	–
Kiwi (chin. Stachelbeere)	55	83,8	1,0	0,6	11,3	1,1	0,7	108	0,02	0,05	0,4	0,37
Kokosnuß	400	44,8	3,9	36,5	10,3	3,3	1,2	2	0,06	0,01	0,4	–
Kokosmilch	22	94,4	0,3	0,4	4,2	–	0,7	2	Spuren	Spuren	0,1	–
Limone (Limette)	47	91,0	0,5	2,4	5,6	0,3	0,2	46	0,03	0,02	0,2	0,01
Litchi	70	83,0	0,9	0,3	16,0	0,4	0,5	43	0,04	0,05	0,5	–
Mandarine	48	87,7	0,7	0,3	10,6	1,0	0,7	30	0,06	0,03	0,2	0,34
Mandeln, süß	652	5,6	18,3	54,1	16,0	3,3	2,6	1–7	0,22	0,62	4,2	0,12

Art	Kcal	H_2O	Eiweiß in g	Fett	Kohlen-hydrate	Roh-faser	Mine-ralst.	Vit. C	Vit. B_1 in mg	Vit. B_2 in mg	Nicotin-amid	Carotin
Mango	69	82,0	0,6	0,3	16,0	0,5–1,9	0,5	39	0,04	0,05	0,7	2,77
Marone	210	50,1	2,9	1,9	1,4	1,2	27,0	0,2	0,21	0,87	0,02	–
Mirabelle	67	82,4	0,7	0,2	15,5	0,7	0,5	7	0,06	0,04	0,6	0,21
Opuntie	60	83,0	1,0	0,4	13,0	3,9	0,3	20	0,03	0,03	0,03	–
Papaya	44	87,9	0,5	0,1	10,4	0,6	0,6	82	0,03	0,04	0,3	0,56
Paranuß	74	5,6	14,0	66,8	7,3	2,7	3,7	0,7	1,00	0,04	0,2	Spuren
Passionsfrucht (daraus Maracujasaft)	106	77,3	2,4	2,2	18,9	4,5	1,0	17	0,02	0,1	1,4	–
Pfirsich	46	87,5	0,8	0,1	10,5	0,7	0,5	10	0,03	0,05	0,9	0,44
Pfirsich in Dosen (breite Spannen sortenabh.)	77	80,0	0,4	0,1	18,8	0,4	0,3	4	0,01	0,02	0,6	0,27
Pflaume	62	83,7	0,6	0,2	14,5	0,6	0,5	2–14	0,07	0,04	0,4	0,21
Pflaumen in Dosen	91	76,5	0,5	0,1	22,1	0,4	0,5	2	0,03	0,03	0,4	0,14
Pflaumen, getrocknet	292	24,0	2,3	0,6	69,4	1,6	2,1	4	0,15	0,12	1,7	0,67
Pistazie	641	5,9	20,8	51,6	16,4	2,6	2,7	0–14	0,69	0,20	1,5	0,15
Preiselbeere	46	87,9	0,3	0,5	9,9	1,7	0,3	12	0,01	0,02	0,03–0,05	0,02
Quitte	68	83,1	0,4	0,5	15,5	1,9	0,4	13	0,03	0,03	0,2	0,03
Reineclaude	72	80,7	0,8	17,3	0,6	0,6	0,6	6	–	–	–	0,18
Sanddornbeere	103	82,6	1,4	7,1	7,8	0,8	0,5	450	0,03	0,21	0,3	1,50
Stachelbeere	40	87,3	0,8	0,2	8,8	2,5	0,5	35	0,02	0,02	0,3	0,21
Vogelbeere	98	71,7	1,5	22,9	–	3,2	0,7	98	–	–	–	2,45
Walnuß	705	4,3	14,4	62,5	14,2	2,5	2,0	3	0,34	0,12	1,0	0,05
Wassermelone	24	93,2	0,6	0,2	5,0	0,6	0,4	6	0,05	0,05	0,2	0,05–0,35
Weintrauben	72	81,1	0,7	0,3	16,8	0,7	0,5	4	0,05	0,03	0,2	0,03
Rosinen	296	15,7	2,5	0,6	70,2	7,7	2,0	1	0,12	0,04	0,5	0,03
Zitrone	28	40,2	0,7	0,6	7,1	0,9	0,5	53	0,05	0,02	0,2	0,02

* stark sortenabhängige Zusammensetzung   – = enthält nichts

Zusammengestellt nach Souci, Fachmann, Kraut, Die Zusammensetzung der Lebensmittel, Nährwert-Tabellen 1981/82, Stuttgart 1981

Die »Zucker« in Früchten

Tatsächlich: Auch in Früchten führt die berüchtigte Verbindung aus Glukose und Fruktose, genannt Haushaltszucker (Saccharose), die Zuckerliste an – allerdings mindestens in der Verdünnung 1:10 bei gleichzeitigem Angebot an Vitaminen, Mineralstoffen und Ballaststoffen.

Speziell in Stein- und Kernobst kommt auch Sorbit vor. Stärke findet man meist nur in reifen Früchten, bei der Banane aber immer und auch bei verschiedenen Schalenobstarten (Cashew- oder Paranuß). In allen Obstarten gibt es reichlich die höheren Kohlenhydrate Cellulose, Hemicellulose, Pentosane (=Ballaststoffe). Pektinreiche Früchte, wie etwa Holzäpfel oder leicht unreife Stachel- und Johannisbeeren oder Äpfel, zeichnen sich durch besondere Gelierfreudigkeit aus.

Abbauprodukte des Zuckers, z.B. die Äpfelsäure, überwiegen in Kern- und Steinobst, die Citronensäure in Beerenobst und Südfrüchten.

Reifes Obst

Der natürliche Reifungsprozeß ist bis heute nicht eindeutig verstanden; klar ist, daß Änderungen in der Zellatmung und Verschiebungen in wichtigen Stoffwechselwegen auftreten, die zu auffallend veränderten Eigenschaften der Früchte führen: Sie werden weich, das Aroma entwickelt sich, typische Färbungen treten auf, und der vorher häufig hohe Stärkegehalt sinkt zugunsten süßer Zucker. Auch die Citrusfrüchte, Apfelsine und Grapefruit, werden süßer, bei Zitronen hingegen steigt der Säuregehalt. Eine Abnahme der Pektinfraktion ist für den Reifungsverlauf vieler Früchte kennzeichnend, Äpfel werden dabei gleichzeitig mehliger. Farbänderungen von grün zu andersfarbig sind auf den Abbau des grünen Farbstoffs Chlorophyll zurückzuführen, so daß vorher überdeckte Farbstoffe sichtbar werden können. Bei Tomaten oder Zitrusfrüchten werden sie aber erst während der Reifung in größerem Ausmaß gebildet.

Viele Obstarten, aber auch Tomaten werden nicht reif, sondern unreif geerntet. Im unreifen Zustand sind sie transport- und lagerstabil, die Verlustrate ist geringer.

Beste Lagerresultate bei gleichzeitig unschädlicher Methode erzielt man:
1. durch Kühllagerung bei −1 bis +2 °C und einer relativen Luftfeuchte von 80–90 %. Gute Belüftung entfernt den reifungsfördernden Stoff Ethylen, der vom Obst selbst gebildet wird.
2. durch Lagerung in kontrollierter Atmosphäre (CA=controlled atmosphere): Temperatur 0–5 °C, Sauerstoffgehalt stark erniedrigt auf ca. 3 %, Kohlendioxidgehalt auf bis 5 % erhöht. Ist die Kohlendioxidkonzentration zu hoch, kommt es schnell zu Aromafehlern bei Äpfeln, Apfelsinen und Bananen.
Durch künstliche Reifung ist kein harmonisches Fruchtaroma zu erzielen. Unreif gepflücktes Obst bleibt auch durch »Nachreifung« gewissermaßen unreif. Ein deutscher CA-Lager-Apfel ist aber fraglos dem Granny aus Südamerika vorzuziehen, abgesehen vom unökologischen Transport, den der Apfel zudem noch überstehen muß, wird er auch unreif geerntet.
Für im eigenen Keller gelagerte Äpfel und Birnen gelten übrigens die gleichen Bedingungen: Am besten ist ein kühler, relativ feuchter Keller. Das Obst aber nicht zusammen mit Kohlgemüse legen, denn das gibt bei Lagerung viel Ethylen ab, was das Obst zu schneller Reife veranlassen würde. Alle anderen Obstarten halten sich selbst im Kühlschrank nur einige Tage. Citrusfrüchte und Bananen sind hier am längsten haltbar.
Schalenobst ist von der Lagerproblematik weniger betroffen: In der Schale ist es trocken gut ein Jahr lagerbar. Leider wird das Fett leicht ranzig; frische Nüsse sind also allemal vorzuziehen; besonders Walnüsse sind oft alt.

Außen hui – und innen...?

Wie auch für Frischgemüse gelten in der Bundesrepublik hinsichtlich Aufmachung und Kennzeichnung von Frischobst bestimmte Handelsnormen. Für neun Obstarten sind EG-weit folgende Güteklassen vorgeschrieben:
Natürlich stellen diese Normen auch einige sinnvolle Mindesanforderungen an das Obst wie Sauberkeit, Auslese fauler Produkte, Pflücksorgfalt..., halt allerlei, was bereits durch optischen Eindruck am Obst festgestellt werden kann. Mehr ist aber auch tatsächlich nicht dahinter: Über Inhaltsstoffe oder Schadstoffgehalte wird damit keine Aussage gemacht. Die Handelsklasseneinteilung hat vielmehr zur Folge, daß bei der Produktion größter Wert darauf gelegt wird, möglichst einheitliche Ergeb-

nisse zu erzielen, und das ist wiederum nur durch massive Stütz- und Kontrollspritzungen möglich.
Übrigens: Nitratsammler ist Obst, soweit untersucht, *nicht*!
Ein Beispiel: Der Apfel
Die Massenäpfel Golden Delicious, Boskop und Cox Orange müssen einwandfrei rund sein, die Apfelsorten charakteristische Färbungsnormen erbringen, und – weil nur schön ist, was auch groß ist – müssen Äpfel der Handelsklasse »Extra« 65 mm Durchmesser vorweisen. Schalen- und Stielfehler darf sich der Apfel in der Handelsklasse 1 kaum erlauben, sonst geht's ab in die Handelsklasse 2, die man in den meisten Supermärkten vergeblich an der Frischobsttheke sucht: Handelsklasse 2 und 3 findet man gut getarnt als Saft oder Mus in der Sparte Obstkonserven wieder. Die gesamte Massenapfelproduktion ist auf die Erfüllung dieser Qualitätsnormen getrimmt. Kein Wunder, daß der Obstbau neben dem Weinbau zu den Kulturen mit intensivster Düngung und häufigster Spritzfolge avanciert ist, um regelmäßige Ergebnisse abliefern zu können. Innere Qualität, wie Geschmack, Fruchtfleischbeschaffenheit, Vitamingehalt

Für folgende neun Obstarten gibt es Güteklassen, die im gesamten Bereich der Europäischen Gemeinschaft zwingend vorgeschrieben sind.

Frischobst	Güteklassen			
1. Äpfel	Extra	I	II	III
2. Aprikosen	Extra	I	II	
3. Birnen	Extra	I	II	III
4. Erdbeeren	Extra	I		III
5. Kirschen	Extra	I		III
6. Pfirsiche	Extra	I	II	III
7. Pflaumen, Zwetschgen	Extra	I	II	
8. Tafeltrauben	Extra	I		III
9. Citrusfrüchte	Extra	I	II	III

Für sechs Beerenobstarten ist die Einstufung nach deutschen Handelsklassen möglich:

Beerenobst	Handelsklassen		
1. Brombeeren	Extra	I	II
2. Heidelbeeren		I	II
3. Himbeeren	Extra	I	II
4. Johannisbeeren		I	II
5. Preiselbeeren		I	II
6. Stachelbeeren		I	II

aus: Das große Lebensmittellexikon, Innsbruck 1985, S. 306/307

oder Schadstoffbelastung sind nach diesem optischen Beurteilungschema nicht gefragt. Den niedrigen Vitamingehalt sieht man Golden Delicious, Cox Orange, Jonathan und Morgenduft nämlich nicht an.

Citrusfrüchte, besonders Zitronen sind häufig mit dem Schimmelverhütungsmittel Thiabendazol, Orthophenylphenol und Diphenyl behandelt. Ein Hinweis auf die Behandlung ist dann zwingend vorgeschrieben. Sind Citrusfrüchte gegen Austrocknen gewachst, sollte man vom Verzehr der Schale auch absehen – das reinste Bienenwachs wird's kaum gewesen sein.

Schwermetalle, besonders Blei und Cadmium sind noch immer ein Problem an stark befahrenen Straßen bzw. industrienahen Standorten.

Während im Innern der Früchte gelagerte Schadstoffe (besonders Cadmium) nicht zu entfernen sind, vermindert gründliches Waschen, bei Äpfeln mehr noch Trockenreiben, die außen anhaftenden Schadstoffe teilweise. Wer sichergehen will, *schält*.

Die Obsterzeugnisse

Grundsätzlich gilt: Obst ist ideale Rohkost, jede weitere Behandlung bedeutet eine Wertminderung.

Um Obst bei unseren Klimaverhältnissen auch im Winter zur Verfügung zu haben, wurden schon früh Trockenverfahren angewendet. Apfelringe, Aprikosen, Pfirsiche, Birnen, Weintrauben wurden durch Auslegen in warmer Luft, auf Herden oder in Backöfen luftgetrocknet. Ein »kalorienreiches Mineralstoffkonzentrat« entsteht: Vitamin C wird bei der Trocknung stark geschädigt, Beta-Carotin (Vorstufe vom Vitamin A) und die B-Vitamine bleiben erhalten, B_1 wird jedoch durch Schwefelung zerstört, Vitamin C dagegen stabilisiert. Bei einem Feuchtigkeitsgehalt von 18–25 % sind Mikroorganismen dann nicht mehr lebensfähig. Wo die erforderliche Wasserreduktion nicht gut erreicht werden kann (Trockenpflanzen und Feigen), ist heute ein Zusatz des Konservierungsstoffes Sorbinsäure erlaubt.

Der hohe Zuckergehalt (er steigt durch die Konzentrierung um fast das Doppelte) läßt Trockenfrüchte mit der Zeit dunkel und unansehnlich werden. Dagegen und auch gegen Insektenbefall hilft Schwefeldioxid: Ab 50 mg SO_2/kg Obst muß die Schwefelung ausgezeichnet sein. Welche Mengen hinter der einfachen Auszeichnung »geschwefelt« stehen, sei mit ein paar Beispielen belegt: Rosinen dürfen 1000, Äpfel 1500, Aprikosen, Pfirsiche und Birnen gar 2000 mg SO_2/kg Dörrobst enthalten – diesen Mengen sind Farbveränderungen eindeutig vorzuziehen.

Ein weiterer Effekt der Schwefelung: Da die Trockenfrüchte ja durch SO_2 vor Mikroorganismen geschützt sind, braucht der Wassergehalt auch nicht mehr so niedrig zu sein; also wird nicht so stark getrocknet, und der Verbraucher bezahlt das Wasser mit. Schonend getrocknet, ohne Wachs (auszeichnungspflichtig) und ohne chemische Konservierung behandelt, ist Trockenobst zum Süßen statt Zucker geeignet. Es sollte für Müsli am besten vorher eingeweicht werden.

Tiefkühlkost

Nicht jedes Obst ist zum Einfrieren geeignet.

Gut geeignet sind z. B. Himbeeren, Johannisbeeren, Erdbeeren, Heidelbeeren, Apfelmus.

Schlecht geeignet sind z. B. helle Kirschen oder Pflaumen, Äpfel, Weintrauben und die meisten tropischen und subtropischen Früchte. Im Handel ist hauptsächlich Tiefkühlobst mit bis zu 25 % (auszeichnungspflichtigem!) Trockenzucker (und nicht etwa ungezuckertes Obst) zur Verhinderung von Bräunungsreaktionen und zum besseren Erhalt von Konsistenz und Aroma. Auch Ascorbinsäure oder Citronensäure werden aus diesen Gründen zugegeben.

Bei −18 bis −24 °C ist Tiefkühlobst 2–4 Jahre haltbar; die Vitaminverluste nehmen allerdings ab 3 Monaten zu. Eingefrorenes Obst ohne jegliche Zusätze wird in seiner Lagerfähigkeit in der Tiefkühltruhe nicht beeinträchtigt! Es kommt bestenfalls zu leichtem Beigeschmack.

Obstkonserven

Die Hitzekonservierung ist seit Mitte des letzten Jahrhunderts das wichtigste Verfahren zur Obstkonservierung. Im Haushalt geschieht das noch immer mit Einweckglas im Wasserbad bis 100 °C. Obst mit Zuckerlösung (je nach Obstart variiert die Konzentration) wird ca. eine halbe Stunde lang sterilisiert.

Industriell werden die Früchte meist mit verdünnter Citronensäurelösung vorbehandelt, als Aufguß dient eine Zuckerlösung (Weißzucker, Invertzucker, Dextrose, Glucosesirup, Fruchtzucker), die außerdem noch 0,15 % Ascorbinsäure und dazu oft 0,05–1 % Citronensäure oder andere Säuren gegen Bräunungsvorgänge enthält. Bei »rotem« Konservenfüllgut ist mit Farbstoffzusatz zu rechnen! Statt des bisher üblichen Wasserbades geht man heute wegen besserer Qualitätserhaltung immer mehr zur Kurzzeithocherhitzung über.

Nachdem man feststellen mußte, daß Blechdosen durch die Fruchtsäuren leicht korrodieren und zu Metallrückständen in den Doseninhalten führen, sind heute nur noch verzinnte oder vernierte Dosen mit Innenlackierung in Gebrauch. Über die Lackierungen sind uns keine Untersuchungen bekannt.
Wie hoch die Vitaminverluste durch diese Behandlung sind, sei am Beispiel von Kirschen kurz vorgeführt. Natürlich ist dabei die Zuckerlösung bei Kirschen in Dosen ein wichtiger konzentrationsverändernder Faktor. Ißt man aber 100 g frische Kirschen oder 100 g Dosenkirschen, nimmt man sehr unterschiedliche Nahrungsmittel auf:

Inhaltsstoffe	Kirschen, frisch (100 g)	Kirschen in Dosen (100 g Füllgewicht)
Carotin	0,084 mg	0,041 mg
Vitamin B_1	0,039 mg	0,030 mg
Vitamin B_2	0,042 mg	0,020 mg
Nicotinamid	0,270 mg	0,180 mg
Vitamin C	15,0 mg	5,0 mg
Wasser	82,8 g	79,5 g

nach: Souci, Fachmann, Kraut, Nährwerttabellen 1981/82

Vollkonserven sind mindestens ein (Stachel-, Heidel-, Preisel-, Erdbeeren, Süß- und Sauerkirschen) bis zwei Jahre (Apfelmus, Birnen, Aprikosen, Pfirsiche) bei kühler Temperatur haltbar. *Achtung*: Aufgewölbte Dosendeckel sind ein Zeichen für unsachgemäße Konservierung, der Doseninhalt ist ungenießbar!
Als Vollkonservierung gelten auch einige Konservierungsverfahren, die weniger die effiziente Haltbarmachung eines Lebensmittels zum Ziel haben, aber der Herstellung von Genuß- oder Dekorationsmitteln dienen. Dazu gehören der Rumtopf, das Einlegen von Birnen und Pflaumen in gezuckerten Essig, »Essigfrüchte«, die Dickzuckerfrüchte Zitronat und Orangeat (hier sind auch Farbstoffe zugelassen) und sogenannte Belegfrüchte, die in Weißzucker glasiert, kandiert und kristallisiert werden und dann zu Früchtekonfekt weiterverarbeitet werden. Eine Behandlung mit Schwefeldioxid ist zulässig, und außer bei Zitronat sind Farbstoffzusätze erlaubt.

Konfitüren, Marmeladen und Mus

Wer seine Marmelade zu Hause kocht, weiß, was er hat. Wer derartige Erzeugnisse im Supermarkt kauft, sieht sich einem Begriffswirrwarr gegenüber. Wer glaubt, sich mit dem französischen Klang von Konfitüre etwas besseres einzuhandeln, ist fehlorientiert. Konfitüre ist nämlich seit neuestem alles, was aus Früchten (außer Citrusfrüchten) mit verschiedenen Zuckerarten und Geliermitteln hergestellt werden kann. Der Begriff Marmelade und Gelee-Marmelade ist ausschließlich für Citrusfrüchte reserviert.

Konfitüre extra hat den höchsten (festgelegten) Fruchtpülpenanteil, gefolgt von Konfitüre einfach. Gelee extra enthält überhaupt keine Früchte oder Fruchtanteile mehr, sondern nur noch Saft oder wässrige Auszüge von Früchten in festgelegten Mengen, noch weniger Fruchtsaft wird dann für Gelee einfach benötigt. Damit ist man dann auch bereits bei ca. 40 % Wasser- und 50–70 % Zuckeranteil angekommen, verfestigt mit Obstpektin, Wein- und Milchsäure.

Dagegen wirkt Pflaumenmus wie ein reines Naturprodukt:

Beim reinen Einkochen der Pülpe oder des Marks von frischen Pflaumen kann sogar normalerweise auf Zuckerzusatz verzichtet werden. Bei industriell hergestelltem Pflaumenmus werden 30 % Zucker beigefügt. Obstkraute sind Zubereitungen aus Apfel- und/oder Birnensaft, der auf ca. 35 % eingedampft wird und 40 bzw. 30 % Zuckerzusatz enthalten darf. Auch Rübenkraut wird so hergestellt.

Für Diabetiker sind sogenannte brennwertverminderte Konfitüren u. ä. auf dem Markt: Der fehlende konservierende Zuckeranteil wird mit dem Konservierungsstoff Sorbinsäure wettgemacht.

Konfitüre einfach, Gelee einfach und Marmelade dürfen auch bis zu 50 mg Schwefeldioxid enthalten.

Alternativen zum Haushaltszucker in Konfitüren bestehen in der Verwendung von Fruchtzucker; als Geliermittel kommt neben Pektin auch Agaragar in Frage. Ohne Zucker oder mit Fruchtzucker hergestellte Konfitüren sind nicht lange haltbar, wenn sie nicht anschließend in luftdichten Gläsern pasteurisiert werden.

Der Saftladen

Säfte sind ballaststoffarme Teilnahrungsmittel, da hilft auch kein »Bio«. Da der Getränkemarkt heiß umkämpft ist und noch für »entwicklungsfähig« gehalten wird, ist den Sprücheklopfern jedes Werbemittel recht, um den begrenzten Marktanteil zu vergrößern. Man muß schon genau Bescheid wissen und gründlich lesen, um zum wahren Quell vorzudringen.

Fruchtsäfte (richtiger: Süßmoste) aus 100 % reinem pasteurisiertem Fruchtsaft sind am häufigsten in Bioläden und in Reformhäusern anzutreffen.
Sie werden aus unvergorenem frischen Obst gewonnen, häufig nach vorgeschriebenen Filterverfahren geklärt und durch Pasteurisierung haltbar gemacht. Manche an Trübstoffen reiche Keltersäfte durchlaufen alle Verarbeitungsschritte, die man von der Weinherstellung kennt: Entgasung, Ausfällung von Gelierstoffen durch Filtrationsenzyme, Gelatineschönung oder Blauschönung mit Kaliumhexacyano-ferrat (2)-Lösung, zum Abschluß wird über Kieselgur-Schichtenfilter feingeklärt. 15 g Zucker pro Liter dürfen grundsätzlich ohne Kennzeichnung beigemischt werden. Säurereichen Säften (Zitronen-, Limetten-, Bergamotten- und Johannisbeersäfte) dürfen bis zu 200 g Zucker pro Liter, anderen (außer Apfel-, Birnen- und Traubensaft) bis zu 100 g beigefügt werden.
»Natürlich getrübte« Trübsäfte erfordern eine Trubstabilisierung. In Gebrauch sind Polygalakturonasepräparate, die die Trübstoffe partiell abbauen. Diese Teilabbauprodukte bleiben dann größtenteils in der Schwebe und setzen sich nicht so leicht ab.
Im üblichen Nahrungsmittelhandel dominiert bereits Saft aus Fruchtsaftkonzentrat, das mit Trinkwasser auf die durchschnittliche Ausgangskonzentration (deshalb 100 %) rückverdünnt wurde. Fruchtsaftkonzentrate sind deshalb so attraktiv für die Nahrungsmittelindustrie, weil sie chemisch und mikrobiologisch stabiler sind als Fruchtsäfte und die Lager- und Transportkosten verbilligen. Vor der Konzentrierung wird das Obst behandelt wie zur Fruchtsaftgewinnung. Citrussäfte werden wegen der Entwicklung unangenehmen Beigeschmacks aus Schalenölen zusätzlich entölt. Die Konzentration wird dann durch Eindampfen des Saftes bewirkt, was zu Aromastoffverlusten führt, die durch Destillation wieder aufgefangen und getrennt angereichert werden können. Beide Fraktionen werden getrennt gelagert und erst bei der Rückverdünnung wieder zusammengemengt. Zum Erhalt des empfindlichen Orangenaromas wird bei der Herstellung des Konzentrats das teure Gefrierverfahren angewendet. In Zentrifugen werden die gefrorenen, nur aus Wasser bestehenden Eiskristalle abgetrennt, zurück bleiben die Feststoffe in einer Konzentration von 60–70 % Trockenmasse.

Noch lieber als Fruchtsaftkonzentrate sind den Lebensmitteltechnologen die wegen des ganz geringen Wassergehalts (1–3%) stabileren Fruchtpulver. Die Vakuumschaumtrocknung oder die Sprühtrocknung funktioniert aber nicht ohne sogenannte Trockenhilfsmittel, Glukose, Maltose, Stärkesirup, Monoglyceride, Alginate, Cellulosederivate u. ä., die zusammen mehr als 50% der Trockenmasse ausmachen. Leider verflüchtigen sich wiederum die Aromastoffe. Um dem Pulver doch noch etwas Geschmack zu verleihen, werden einige aromaintensive, z. B. in Sorbit eingeschlossenes terpenfreies Orangenschalenöl, kontinuierlich zugemischt.

Unter dem Namen *Fruchtsirup* sind dickflüssige Zubereitungen aus Obst und bis zu 68 Prozent Zucker im Handel. Häufige Zusätze sind Wein- und Milchsäure, abgedampfte Aromastoffe können dem Fertigprodukt wieder zugesetzt sein.

Am häufigsten stößt man im Fruchtsaftregal auf den Begriff *Fruchtnektar*. Nektar – so assoziiert man – ist doch das, was Bienen aus den Blüten holen und zu Honig fermentieren. Weit gefehlt: Der »Göttertrank« aus dem SB-Regal besteht nur zu 50% aus Fruchtsaft und/oder Fruchtmark oder Fruchtsaftkonzentrat. Fruchtmark oder auch ganze Früchte werden unter Zusatz von Zucker, Wasser, Citronen- und Ascorbinsäure homogenisiert. Der Zuckerzusatz im Endprodukt darf bis zu 20% hoch sein. Ist das Ausgangsprodukt ein Halbfabrikat wie Obstmuttersaft, sind hier zur Konservierung erlaubte Schwefelverbindungen automatisch auch im Nektar. Nach absteigendem Fruchtsaft- bzw. Konzentratgehalt erreichen wir nun die Gruppe: *Alkoholfreie Erfrischungsgetränke*.

Auch hier findet man noch Produkte, die etwas mit Fruchtsaft zu tun haben, nämlich die *Fruchtsaftgetränke*. Wichtigstes Merkmal ist, daß der Hersteller hier bis auf einen Fruchtsaft- bzw. Fruchtkonzentratsaftgehalt bei Citrusfrüchten bis 6% (bei Traubensaftgetränken auf 30%) heruntergehen darf, (bei allen anderen auf 10%), die restlichen 94% werden dann mit Trink- oder Tafelwasser aufgefüllt, selbst wenn auf dem Etikett die Vollfrucht prangt. Farbstoffe, künstliche Süßstoffe und Aromastoffe sind nicht erlaubt, dafür aber Zucker, Traubenzucker, Kohlensäure und zur Geschmacksabrundung Pomeranzen-, Mandarinen- oder Limettensaft. Werden geschwefelte Obsthalbfabrikate verwendet, gibt's auch hier stark verdünnte Schwefelverbindungen. In Fruchtsaftgetränken aus einer einzigen Frucht dürfen solche Konservierungsstoffe, Genußsäuren, Essenzen und andere Säfte nicht enthalten sein.

Limonaden
bestehen aus Essenzen natürlicher Herkunft, Zucker oder Glucose (mindestens 7%), Genußsäuren und kohlensäurehaltigem Wasser oder Tafelwasser. Natürliche Farbstoffe werden häufig zur Färbung verwendet, künstliche Süßstoffe oder Aromastoffe sowie Konservierungsstoffe (außer denen, die aus Ausgangsprodukten mitgeschleppt werden) sind nicht erlaubt.
Zu den »Limos« zählen *Fruchtsaftlimonaden* (Fruchtsaftgehalt mindestens 3%), *Limonaden »mit Geschmack«* (reine Essenz-Limonaden), *Tonic Water, Bitter Lemon* (chininhaltig, mit maximal 85 mg Chinin pro Liter) und solche, die mit Kräuteraromen, z. B. »Ginger Ale« mit Ingwer, hergestellt sind.
Die Hitliste führen weiterhin die *Cola-Getränke* an. Abgesehen davon, daß die genauen Rezepte streng geheimgehalten werden, sind 65–250 mg Koffein pro Liter und bis zu 700 mg Phosphorsäure erlaubt. Der Zuckergehalt liegt durchschnittlich bei 10–11%. Geschmacksbestimmend (außer der Süße) sind neben Auszügen aus der Cola-Nuß auch Aromaextrakte aus Ingwer, Orangenblüten, Johannisbrot und Limettenschalen. Ach ja: Die braune Färbung erzielt man mit Zuckercouleur.

Brausen und künstliche Heiß- und Kaltgetränke
sind vollständig nachgemachte Fruchtsaftgetränke und Limonaden, hier findet der Lebensmittelchemiker noch ein dankbares Experimentierfeld. Künstliche Süßstoffe, künstliche Essenzen und Farbstoffe dürfen nach Belieben, allerdings in gesetzlich begrenzten Mengen, zusammengeknallt werden.
Man sieht: Je weniger Fruchtsaft ein Getränk enthält, desto mehr Extrakte, Essenzen und Zusatzstoffe enthält die Flüssigkeit – und um so wertloser werden diese Produkte, die ohnehin in der Vollwerternährung keinen Platz haben.
Lagerung: kühl, dunkel und verschlossen bis zu einem Jahr.

Empfehlungen zu Gemüse, Hülsenfrüchten und Obst

Nach üblicher Einteilung sind Gemüse Pflanzenteile, die vorwiegend gekocht, und Obst solche, die vorwiegend roh verzehrt werden. In der Vollwerternährung wird etwa die Hälfte der täglichen Kost unerhitzt verzehrt. Dazu sind auch fast alle Gemüse geeignet. Zerkleinertes Obst und Gemüse oxidiert rasch, wertvolle Inhaltsstoffe gehen verloren, Mikroorganismen machen sich breit. Salat, der morgens für das Mittagessen zubereitet wurde, gehört auf den Kompost, aber nicht auf den Teller! Ein Rohkostsalat ist nur als wertvoll zu bezeichnen, wenn er wirklich frisch zubereitet wird.
Gemüse ist reich an Vitaminen, Mineralstoffen und Spurenelementen sowie Ballaststoffen. Weiterhin ist teilweise ein sehr hochwertiges Eiweiß vorhanden, was die anderen Nahrungseiweiße aufwertet. Wenn Gemüse erhitzt wird, sollte es bevorzugt in Öl und wenig Wasser gedünstet werden. Der Fettzusatz ist nicht nur für den Geschmack wichtig, auch fettlösliche Vitamine werden besser resorbiert. Das Kochwasser sollte immer mitverwendet werden, es enthält wasserlösliche Vitamine und Mineralstoffe. Kaufen Sie Obst und Gemüse nach der Saison, nach Möglichkeit aus kontrolliertem biologischem Anbau. Eine Tomate ist in der Haupterntezeit im August nicht nur billiger als im Februar, der ernährungsphysiologische Wert einer solchen sonnengereiften Freilandfrucht ist auch wesentlich höher als der der fade schmeckenden Treibhauskreation oder der der unreif gepflückten, auf dem Transportweg künstlich gereiften Überseeware.
Denken Sie daran, je frischer, vielfältiger und bunter, desto gesünder und wohlschmeckender ist die Kost. Im Winter und zeitigen Frühjahr ist die Vielfalt allerdings etwas dürftig in diesem unserem Lande. Milchsauer eingelegte Gemüse, wie Sauerkraut stellen eine gute Ergänzung dar. Die jahreszeitlichen Schwankungen des Angebotes sind aber in unseren Breiten völlig normal. Essen Sie in dieser Zeit mehr Kartoffeln. Gemüsekonserven, vorgekochte Gemüse und Tiefkühlfertigwaren, die nur aufgewärmt zu werden brauchen, sollten Sie, wo es nur geht, vermeiden. Das gleiche gilt für Fertigsalate. Gemüse haben einen hohen Kalium- und einen niedrigen Natriumgehalt. Bei Gemüsezubereitungen ist das in der Regel umgekehrt. Aus dem wertvollen kaliumreichen, wird so ein minderwertiges, Bluthochdruck förderndes, natriumreiches Lebensmittel.

Obst enthält relativ viel Fruchtzucker und Fruchtsäuren, deshalb verwenden Sie z. B. süße Obstarten zum Süßen des Frischkornbreis, zum Nachtisch und für den Hunger auf Süßes zwischendurch. Der teilweise hohe Zuckergehalt wird durch einen hohen Ballaststoffgehalt abgemindert. Anders ist es bei den Fruchtsäften, die von der Werbung immer als ach so gesund gepriesen werden. Bei der Saftherstellung wird der Ballaststoffanteil entfernt. Der Saft von 10 Äpfeln kann so in viel kürzerer Zeit getrunken werden, als man sonst braucht, um *einen* Apfel zu essen. Folglich wird der Zucker sofort resorbiert, und der Blutzuckerspiegel steigt abrupt an. Aus diesem Grunde sollten Sie sich also beim Safttrinken etwas zurückhalten und gegebenenfalls stark mit Wasser verdünnen. Ganz wichtig sind Kräuter und Gewürze. Ein fades Essen schmeckt nicht nur nicht und verleitet dazu, zum Salzstreuer zu greifen; es ist auch nicht gesund. Gewürze regen die Sekretion der Verdauungsenzyme und den Speichel an. Speisen werden so bekömmlicher. Beispiel: Kümmel mildert die leicht blähende Wirkung von Kohlgemüse.

Exotische Gewürzpulver und fertige Würzmischungen weisen allerdings oft reichlich hohe Rückstandsmengen auf (die aber wegen der relativ geringen Verzehrmenge nicht ganz so bedenklich sind, wie bei anderen Lebensmitteln), da sie recht zweifelhaften Behandlungen unterzogen werden.

Verwenden Sie so oft wie möglich frische Kräuter!

Versuchen Sie es doch einmal mit einem Kräuterbeet im Blumenkasten!

Bei den Importgewürzen, Paprika, Pfeffer, Koriander u. a., kaufen Sie nach Möglichkeit keine fertigen Pulvermischungen, sondern besorgen Sie sich die einzelnen Zutaten, mahlen und mischen Sie diese selbst. Sie sparen sich so zumindest unappetitliche Beimengungen und erhalten eine wesentlich bessere Würzkraft.

Ein wahres Wundergewürz ist der Knoblauch. Außer der bekannten Würzkraft hat er auch mannigfaltige gesundheitsfördernde Wirkungen. Die in ihm enthaltenen antibiotischen Substanzen greifen regulierend in die Darmflora ein und unterdrücken »schädliche« Mikroorganismen, lassen aber die »nützlichen« in Frieden. Der bei Reisen in südliche Länder häufig auftretenden Reisediarrhoe läßt sich durch reichlichen Knoblauchgenuß vorbeugen, überhaupt wird das ganze Abwehrsystem dadurch gefördert. Lassen Sie sich von Leuten, die in ihrer Gegenwart die Nase rümpfen, nicht beeindrucken: Die kennen noch nicht die Kraft des Knoblauchs.

Hülsenfrüchte, bis auf dicke Bohnen (sie gehören botanisch zu den Wikken und nicht wie die anderen zu den Platterbsen), müssen grundsätzlich erhitzt werden, um die in ihnen enthaltenen Giftstoffe zu inaktivieren. Entgegen weitverbreiteter Meinung können Sie durchaus einen Salat aus rohen und gekochten Zutaten zubereiten. Auch ein Teil der Würzkräuter wird nach dem Kochen dem Essen zugefügt.

> Eßt Möhren, die enthalten viel Vitamin A!
> Die Möhre enthält in der Tat viel Beta-Carotin oder Provitamin A. Dieses Provitamin A, das in der Darmschleimhaut in Retinol (Vitamin A) umgewandelt wird, wird aber nur in Gegenwart von Fett in größerem Umfang resorbiert. Am größten ist die Ausnutzung bei in Öl gedünsteten zerkleinerten Möhren. Rohe Knabbermöhren und Möhrensalat ohne Öl tragen hingegen nur wenig zur Vitamin A-Versorgung bei.

Was ist braun, hat mehr als 2 Augen und wohnt in der Heide? Richtig! Die Kartoffel.
Die Kartoffel ist eigentlich ein ideales Lebensmittel für den modernen Menschen. Sie enthält fast alle Nährstoffe: ist reich an Ballaststoffen, arm an Fett, enthält wenig, aber biologisch hochwertiges Eiweiß, viel Vitamin C und Mineralstoffe. Schnell und ohne großen Aufwand zubereitet ist sie auch. Schon Friedrich der Große scheint dies erkannt zu haben und bewahrte die Bevölkerung dank dem aufgezwungenen Kartoffelanbau vor dem Hungertod.
In der Vollwerternährung ist die Kartoffel deshalb ein wichtiges Standbein und sollte mindestens 2mal wöchentlich auf dem Küchenplan erscheinen. Da es über 1000 verschiedene Kartoffelrezepte gibt, sollte dies nicht schwerfallen. Pellkartoffeln mit Leinöl und Quark! So könnte der Mensch sich ein Leben lang ernähren, ohne größeren Mangel zu erleiden. Die Ernährungsindustrie war mit dem Meisterstück Kartoffel nicht zufrieden und brachte Kartoffelfertigprodukte auf den Markt, die noch attraktiver sein sollten. Aber seit dieser Zeit heißt es: Kartoffeln sind Dickmacher! Der Wert der sonst so gesunden Kartoffel wird durch die vermehrte Verarbeitung stark gesenkt. Folglich: essen Sie keine Fertigprodukte und keine Fertigknödel, Reibekuchen, Fertigpüree, Kartoffelkon-

serven, tiefgefrorenen Kartoffelerzeugnisse, Pommes frites und Kartoffelknabbergebäck (Chips).

Wenn Sie oder Ihre Kinder trotzdem Heißhunger auf Pommes Frites haben, können Sie sie ohne Probleme selber machen. Bei entsprechender Fettauswahl und nicht zu langem Erhitzen sind sie dann immer noch gesünder als die aus der Frittenbude.

Auch die geschälten Salzkartoffeln haben durch die küchentechnische Verarbeitung einen verminderten Nährwert. Das Wasser laugt die Kartoffeln aus, und das Kochwasser wird weggeschüttet, anstatt weiterverwendet zu werden.

Als Pellkartoffel oder als Gemüse im Eintopf werden die Inhaltstoffe besonders gut genutzt.

Um ein möglichst gutes Kochergebnis zu haben, beachten Sie folgende Hinweise:

1. Beim Einkauf:

   Kartoffeln entsprechend ihrer Verwendung kaufen:
   - für Gemüseeintopf: mehlig oder festkochende Sorte wählen,
   - für Salat: festkochende Sorte wählen,
   - für Pellkartoffeln: mehlige Sorten wählen.
2. Möglichst aus biologischem Anbau.

3. Die Kartoffeln sollten rein, gesund, ganz, fest, praktisch sauber, frei von Mängeln (Fleckigkeit, Schorfbefall, Glasigkeit, Wachstumsrissen) sein.

Gute Küchentechniken, da bleibt viel in der Kartoffel!
- Beim Schälen und Putzen nur das Nötigste entfernen.
- Kurz und gründlich waschen, nicht wässern!
- Nährstoffschonend garen: Dämpfen, dünsten, in wenig Wasser kochen, auf gefettetem Backblech garen, in Folie, in der Pfanne braten.
- Richtige Gartemperaturen und Garzeiten einhalten.
- Wenn möglich Kochwasser mitverwenden!
- Speisen nicht warmhalten!

Ohne Wasser – kein Leben

Jeden Tag benötigen wir zusätzlich zu dem in festen Lebensmitteln enthaltenen Wasser 1,5–2 l Flüssigkeit. Ein großer Teil davon ist Trinkwasser aus der Leitung. Trinkwasser aus Regen oder aufgetautem Schnee war ursprünglich fast reines Wasser und enthielt nur geringe Spuren fremder Stoffe wie Staub und ca. 3 Vol. % Sauerstoff, Stickstoff und Kohlendioxid. Heute nehmen die Niederschläge zusätzlich Industriestäube, Schwefelsäure, schweflige und salpetrige Säure, strahlende Nuklide usw. auf, die sich als Verunreinigungen in allen Oberflächengewässern wiederfinden. Grundwasser und Oberflächengewässer wie Seen, Flüsse, Bäche, Talsperren enthalten aufgrund des engen Kontaktes mit den umgebenden Böden und Gesteinsschichten wechselnde Mengen an Mineralstoffen. Harte Wasser führen vor allem Calcium- und Magnesiumsalze als Hydrogenkarbonate.
Natürlich gehören auch die Ozeane zu den Oberflächengewässern. Meerwasser scheidet zwar aus der direkten Trinkwassergewinnung aus, wird aber vielfach anteilig Tafelwassermischungen zugesetzt und dient hier zur Erhöhung des Mineralstoffgehalts.
Die Summe aller Calcium- und Magnesiumverbindungen ergibt die Gesamthärte:
1 deutscher Härtegrad (10° dH) entspricht 10 mg CaO/l Wasser (die

Magnesiumverbindungen werden umgerechnet aus MgO in CaO). Danach bezeichnet man Wasser mit einer Gesamthärte von

0– 4°dH	als sehr weich,
4– 8°dH	als weich,
8–12°dH	als mittelhart,
12–18°dH	als ziemlich hart,
18–30°dH	als hart,
über 30°dH	als sehr hart.

Weiches Wasser schmeckt meist fade, hartes, bedingt durch den Kohlensäuregehalt, erfrischend.

Hülsenfrüchte und Fleisch werden in hartem Wasser schlecht weich. Auch bei unseren Volksgetränken Kaffee und Tee bewirkt hartes Wasser, besonders in Anwesenheit von Magnesiumchlorid, Geschmacksbeeinträchtigungen. Das trübe Häutchen bei abkühlenden Teeaufgüssen entsteht durch Abscheidung gerbsauren Calciums. Eine gesundheitliche Beeinträchtigung ist durch hartes Wasser nicht gegeben.

Neben den härtebildenden Calcium- und Magnesiumsalzen finden sich in fast allen Wässern in kleinen Mengen die Alkalichloride NaCl und KCl. Treten davon hohe Gehalte im Wasser auf, sind Verschmutzungsursachen zu suchen, sofern die geologische Herkunft nicht nachgewiesen ist. Kommen dazu weitere Faktoren wie ein hoher Keimgehalt, ein erhöhter KMn-Verbrauch bei Titration, das Auftreten von Ammoniak, Nitrit, Nitrat, Phosphat, so liegt mit Sicherheit eine Verunreinigung durch tierische Ausscheidung vor. Hohe Phosphatgehalte sind zudem auf die übertriebenen Aktivitäten deutscher Waschfrauen/-männer zurückzuführen. Ein überhöhter Nitratgehalt in Oberflächengewässern und im Grundwasser ist heute zunehmend auf landwirtschaftliche Überdüngung der Felder mit Gülle oder leichtlöslichen Stickstoffmineralien zurückzuführen. Nicht zuletzt deshalb gelang es in der BRD nicht, den im September '85 angestrebten Grenzwert von 50 mg Nitrat/l einzuführen. Wird nämlich Gülle in den Zeiten geringen Vegetationswachstums ausgefahren (Spätherbst bis Frühjahr), wird dieser Wert im Trinkwasser aus landwirtschaftlichen Gegenden um das 10–20fache überschritten. In NRW wurde deshalb die sogenannte GülleVO erlassen, nach der das Ausfahren der Gülle in diesen Jahreszeiten verboten ist. Solange jedoch die Viehdichte nicht drastisch reduziert wird, ist mit einer durchgreifenden Änderung nicht zu rechnen. Ein Gehalt von 1–5 mg Nitrat/l ist in natürlichen Gewässern normal. Auch 20 mg Nitrat/l können noch rein geologisch bedingt sein. In verschmutzten Gewässern beträgt der Nitratgehalt 50–300 mg Nitrat/l, wobei schon bei 50 mg/l die Gefahr der Methämoglobinbildung (Blausucht) bei Säuglingen besteht. Hohe Nitrataufnahme kann durch Bildung von Nitrosaminen im Magen krebsauslösend wirken. Auch Korrosionen an Wasserleitungsrohren aus verzinktem Stahl sind durch Nitrat zu befürchten. Das Auftreten von Nitriten und Ammonium in Wasser ist *immer* ein Verschmutzungsindikator. Beide Verbindungen kommen in sauberem Wasser *nicht* vor. Hohe natürliche Eisen- und Mangangehalte im Trinkwasser sind nicht aus gesundheitlichen Gründen unerwünscht, sondern weil sie schwere Störungen in den Trinkwasserversorgungsanlagen hervorrufen, Geschmacksveränderungen bewirken oder die Wäsche verfärben, nicht zuletzt aufgrund der regen Oxidationstätigkeit von Eisen- und Manganbakterien. Trinkwasser wird deshalb auf 0,05 mg Fe/l »enteisent« und auf 0,005 bis 0,03 mg Mn/l »entmanganisiert«. An Trinkwasser werden zusätzlich zum geringen Nitratgehalt von 50 mg/l und dem Ausschluß der oben genannten Verschmutzungsfaktoren demnach folgende Anforderungen gestellt:

1. Keimarmut:
   Ermittelt werden Keimzahlen und Mengen des Darmbakteriums Escherichia Coli. In Grundwasser sollen in 100 ml Wasser keine E-Coli-Bakterien nachweisbar sein. Die Gesamtkeimzahl liegt im Grundwasser unter 5/ml, kritisch sind bereits 10 Keime/ml. Kann die Keimarmut, wie häufig bei Oberflächengewässern und Uferfiltraten, nicht erreicht werden, wird mit Ozon oder Chlor desinfiziert, was zusätzliche Folgeprobleme durch Entstehung neuer Gifte schafft.
2. Abwesenheit giftiger Metalle (z. B. Blei, Arsen, Chrom)
3. Abwesenheit schädlicher organischer Verbindungen aus Industrieabwässern
4. Abwesenheit von Detergentien aus Wasch- und Reinigungsmitteln, die zu geschmacklicher Beeinträchtigung und Schäumen führen
5. Farb- und Geruchlosigkeit (kein Schwefelwasserstoff, Teer, Phenol oder Gasgeruch)

Trinkwasser aus Abwasser

Trinkwasseraufbereitungsverfahren dienen dazu, nichtverkehrsfähiges Trinkwasser zu verbessern und den Schutz vor Korrosion in den Wasserleitungsrohren zu gewährleisten. Die Aufbereitung besteht aus Klärung, Entkeimung, Entfernung von Eisen und Mangan, Entsäuerung und Entgasung (Entfernung des Gehalts an freier Kohlensäure, die für technische Zwecke notwendig ist), aber auch darin, zu verhindern, daß gesundheitsgefährdende Metalle (wie Blei) aus den Versorgungsanlagen gelöst werden; gelegentlich in der Teil- und Vollenthärtung, um die Wäschereinigung und den gesetzlich begrenzten Betrieb von Dampfkesseln, Heizungs- und Wärmeanlagen zu ermöglichen. Jeder Teilschritt führt zum Eintrag von zusätzlichen Chemikalien ins Trinkwasser. Die Wasserenthärtung kann nach thermischen, chemischen und Austausch- und Desinfektionsverfahren erfolgen. Neue Stoffe aus den Austauschverfahren verbleiben als kleine Rückstände an Fälltropfen im Trinkwasser, oder die Härtebildner werden gegen Stoffe ausgetauscht, die vorher nicht oder nur in geringen Mengen im Trinkwasser auftraten.

1. Man unterscheidet das Permutionsverfahren (Basenaustauschverfahren), nach dem Ca, Mg (Fe, Mn) gegen Natrium in künstlichen Zeolithen ersetzt wird, so daß in gefiltertem Wasser dann Natriumhydrogenkarbonat oder Natriumsulfat vorliegt. Das Wasser wird natriumreicher.

2. Die Anwendung der Austauschadsorption auf Kunstharzbasis, das eine teilweise oder sogar völlige Entfernung der Wasserelektrolyte ermöglicht.

Beim Neutralaustausch werden die härtebildenden Ca-Ionen vom Austauscher festgehalten, der dafür dann Na-Ionen abgibt: das Trinkwasser wird natriumreicher. Carbonatreiche Wässer können über einen Wasserstoffaustauscher geleitet werden, das Wasser wird sauer.

Viele Wasserenthärtungsgeräte entziehen dem Wasser Calcium und Magnesium und geben statt dessen Natrium ab. Da dadurch der Natriumgehalt des Wassers erhöht wird, sollten diese Filter von Hochdruckkranken nicht benutzt werden. Vorzuziehen sind dann Wasserfilter, die statt Natrium Wasserstoff als Austauschsubstanz enthalten.

Eine Bewertung dieser Filter ist derzeit noch nicht möglich. Behauptet wird von den Herstellern auch immer wieder eine Teilentfernung von Schadstoffen wie Blei und Cadmium. Sicher ist aber auch, daß die Filter selber eine Fülle (gesetzlich begrenzter) Stoffe abgeben dürfen. Allein die Einführung von Grenzwerten weist schon darauf hin!!!

Die in Hartwassergegenden vielfach zur Geschmacksverbesserung von Teewasser verwendeten Britta-Filter oder Wasser-Boys funktionieren nach dem Austauschverfahren.

Will man Entscheidungsproblemen ausweichen, empfiehlt sich der Kauf eines mineralarmen Wassers zu Schwarztee- und Kaffeezubereitungen. Zum Ansetzen von Kräutertees ist Weichwasser nicht erforderlich. Läßt aber die Leitungswasserqualität in anderer Hinsicht zu wünschen übrig (hohe Nitratgehalte, chlorierte Kohlenwasserstoffe, Schwermetalle), kann auch dann nur zum Kauf einwandfreien Trinkwassers geraten werden. Die örtlichen Wasserwerke sind bei Anfragen zu Auskünften verpflichtet. Bei der Dateninterpretation ist jedoch zu berücksichtigen, daß in den Wasserwerken von ca. 20000 im Wasser vorkommenden chemischen Substanzen nur 8 Parameter regelmäßig untersucht werden und nur für 20–30 einfache Analysemöglichkeiten bestehen. Es ist unbekannt, wie radioaktive Abfallstoffe wie z. B. Tritium, das in Konzentrationen bis zu 865 pico curie pro Liter (bei 1000 pCi Tritium/l will die WHO Meldung und Vorwarnung) im Rhein gemessen wurde (1978), bei Trinkwasseraufbereitung aus Oberflächenwasser überhaupt entfernt werden können. Allein aus dem Rhein werden fast 20 Millionen Menschen mit Trinkwasser versorgt. Die Qualität des Oberflächenwassers von Rhein, Weser, Main und Neckar ist aber für eine Trinkwasseraufbereitung – selbst mit modernsten Mitteln – unzureichend, seit diese Flüsse als Abwasserkanäle von der Industrie und als Absatzbecken für Chemieabfälle genutzt werden. Man unterscheidet hier den Durchbruch von Schadstoffen aus den verschmutzten Oberflächengewässern durch die »Filter« der Wasserwerke und die Neubildung gesundheitsgefährdender Substanzen im Wasserwerk selbst durch Chlorung. Dabei entstehen aus dem zu Entkeimungszwecken zugesetzten Chlor und dem organischen Restschmutz aus dem Flußwasser chlorierte Kohlenwasserstoffe (Trihalogenmethane und längerkettige Organohalogenverbindungen). Hohe Salzgehalte im Ausgangswasser führen zur Bildung der »giftigeren« bromierten Verbindungen. Die Organohalogenverbindungen sind in Tierversuchen krebserregend und wirken erbgutschädigend. Grenzwerte für Trinkwasser gibt es noch nicht! Weitere Stoffe, die bei der Trinkwasseraufbereitung nur teilweise entfernt werden, sind Stickstoffverbindungen (Ammonium, Nitrat), Schwermetalle (Blei, Quecksilber, Cadmium) und organische Chlorverbindungen (Lösemittel, Pestizide, Industrieabwässer, Chlorierungsprodukte). Von 29 Grenzwerten für Schadstoffe im Rhein werden 16 ständig und 5 weitere gelegentlich überschritten. Für gelöste Kohlenwasserstoffe (Organohalogene, Phenole, Pestizide und PCB) existieren nicht einmal welche.

Dabei ist zu berücksichtigen, daß die Grenzwerte für Arsen und auch die zur Strahlenbelastung des Trinkwassers überprüft und herabgesetzt werden müßten. Die isolierte Betrachtung und Festlegung einzelner Grenzwerte, ohne die Gesamtsituation im Griff zu haben, ist problematisch. Jeder sollte zudem ermitteln, ob Trinkwasserleitungen in seinem Wohnhaus noch aus Blei sind. Überschreitungen bis zum 7fachen des zulässigen Grenzwerts von 0,04 mg Blei/l konnten festgestellt werden, wenn das Wasser 12 Stunden in der Leitung gestanden hatte. Bei hartem Wasser ist die Gefahr der Herauslösung des Bleis aus den Rohren geringer, da sich im Innern des Rohres eine festhaftende Schmutzschicht aus schwerlöslichem Bleicarbonat bzw. Bleisulfat bildet.

Immer besser: Mineralwasser?

Die zunehmende Verschlechterung der Trinkwasserqualität veranlaßt mehr und mehr Menschen, auf Mineralwasser oder sogenannte »stille Wasser« auszuweichen: Wurden 1970 nur durchschnittlich 13 l Mineralwasser getrunken, so sind es heute fast 52 l/Jahr.

Die Mineralwassertypen

Neuerdings wird eine amtliche Anerkennung eines Mineralwasservorkommens zur Pflicht, wofür die »Mineral- und Tafelwasserverordnung« vom 1.8.84 gesetzliche Grundlage ist. Eine Übergangsregelung gilt bis zum 31.7.86. Nach zwei Jahren erlischt die amtliche Anerkennung einer Quelle, sofern sie nicht erneuert wird. Die Einhaltung dieser Vorschrift soll von der zuständigen Behörde überwacht werden. Es ist heutzutage fraglich, ob Schadstoffuntersuchungen im Abstand von zwei Jahren der sprudeltrinkenden Bevölkerung einen Schutz bieten können. Laut Verordnung müssen sowohl Quelle als auch die mit ihrer Nutzung verbundenen Einrichtungen (Rohrleitungen, Wasserbehälter) gegen Verunreinigungsgefahren geschützt werden. Was aber geschieht, wenn auf zunächst völlig unerklärliche Weise trotzdem Schadstoffe in das Grundwasser gelangt sind, so wie im Mai 1984 Chlorkohlenwasserstoffe in Bad Dürrheimer Wasser? Die Mineral- und Tafelwasserverordnung vom 1.8.84 stellt Normen auf für die Herstellung, Behandlung, Beurteilung und Kennzeichnungspflicht. Sie gilt nicht für Heilwässer; diese unterliegen dem Arzneimittelgesetz.

1. Natürliches Mineralwasser

Es entstammt einer natürlichen oder künstlich (durch Brunnenbohrung) erschlossenen Quelle, ist von »ursprünglicher Reinheit« und weist im wesentlichen einen Gehalt an Mineralstoffen und Spurenelementen auf. Unklar erscheint die Forderung nach »natürlicher Reinheit« angesichts der in jüngster Zeit diskutierten generellen Nitratbelastung des Grundwassers und der potentiellen Gefahr einer Chlorkohlenwasserstoffanreicherung im Boden.

Ein Passus über einen Mindestgehalt an Mineralstoffen ist entfallen (bisher 1000 mg/l), jedoch müssen ernährungsphysiologische Wirkungen des Wassers, das weniger als 1000 mg Mineralstoffe/l enthält, in einem wissenschaftlich anerkannten Verfahren nachgewiesen werden. Das Wasser muß frei sein von Krankheitserregern, und ein Gehalt von mehr als 1,5 mg Fluorid (F^-)/l muß auf dem Etikett mit der Bezeichnung »fluoridhaltig« versehen werden. Bei mehr als 5 mg F^-/l muß ein Warnhinweis den Konsumenten darauf aufmerksam machen, daß das Wasser nur begrenzt zum Verzehr geeignet ist.

Eisen- und Schwefelverbindungen, die eine bräunliche Farbe und einen unangenehmen Geschmack (wie faule Eier) verursachen, dürfen mit festgelegten Methoden entfernt werden. Erkenntlich wird dies auf dem Etikett durch den Zusatz »enteisent« oder »entschwefelt«. Für einige Schadstoffe werden zulässige Grenzwerte angegeben:

Arsen	As	0,050 mg/l
Cadmium	Cd	0,005 mg/l
Quecksilber	Hg	0,001 mg/l
Blei	Pb	0,060 mg/l

Erstaunlicherweise darf laut Verordnung der Arsen- und Bleigehalt von Mineralwasser höher als der von Trinkwasser sein (Trinkwassergrenzwert für Arsen 0,04 mg/l; für Blei 0,04 mg/l).

2. Säuerling oder Sauerbrunnen

Natürliches Mineralwasser, das mehr als 250 mg Kohlendioxid/l enthält. Sprudelt es aufgrund seines hohen Kohlensäuredrucks aus der Quelle hervor, so darf es auch Sprudel genannt werden.

3. Quellwasser

Natürliches Mineralwasser, für dessen Schadstoffgehalt aber andere Grenzwerte gelten, s. Tafelwasser.

4. Tafelwasser

Zusatzstoffe in Form bestimmter Salze ($NaCl$, $CaCl$, Na_2CO_3, $NaHCO_3$, $CaCO_3$, $MgCO_3$) sind erlaubt. Zur Herstellung von Tafelwasser dürfen natürliches Mineralwasser, Trinkwasser, Natursole und Meerwasser verwendet werden. Der Magnesium- oder Calciumgehalt darf einen Mindestwert nicht überschreiten. Außerdem muß Tafelwasser einen Mindestsäuregehalt aufweisen.

Schadstoffgrenzwerte:

Arsen	As	0,040 mg/l
Blei	Pb	0,040 mg/l
Cadmium	Cd	0,005 mg/l
Quecksilber	Hg	0,001 mg/l
Fluorid		1,500 mg/l
Nitrat	NO_3	50 mg/l
Nitrit	NO_2	0,100 mg/l
Polycyclische aromatische Kohlenwasserstoffe		0,0002 mg/l
Organische Halogenverbindungen		0,0500 mg/l
Tetrachlorkohlenstoff		0,0030 mg/l

Verwunderlich ist, daß Grenzwerte für viele der oben genannten Schadstoffe bei Natürlichem Mineralwasser (s. 1) nicht existieren. Es wird wohl fälschlicherweise davon ausgegangen, daß diese Stoffe in purem Quellwasser, nicht zu verwechseln mit 3. s. o., grundsätzlich nicht vorkommen.

Als »geeignet für Säuglingsnahrung« dürfen nur solche Tafelwässer angepriesen werden, die

maximal	20 mg	Natrium (Na) pro Liter
maximal	10 mg	Nitrat (NO_3) pro Liter
maximal	0,02 mg	Nitrit (NO_2) pro Liter

enthalten.

5. Sodawasser

Tafelwasser mit einem Mindestgehalt von 570 mg Natriumhydrogencarbonat ($NaHCO_3$) pro Liter.

6. Mineralarmes Wasser

Es darf insgesamt maximal 500 mg Mineralstoffe pro Liter enthalten. »Besonders mineralarmes Wasser« darf höchstens 50 mg/l enthalten. Alle genannten Mineralwassertypen unterliegen den gleichen mikrobiologischen Anforderungen wie Natürliches Mineralwasser. Mineralwässer müssen laut Gesetz am Quellort abgefüllt werden, so daß die etwa 200 Brunnenbetriebe der Bundesrepublik meist regionale Schwerpunkte haben.

Heilwässer

Sie unterliegen nicht der Mineral- und Tafelwasserverordnung, sondern dem Arzneimittelgesetz. Als entscheidender Unterschied zu Mineralwässern gilt für Heilwässer die nachgewiesene krankheitsheilende, lindernde oder verhütende, gesundheitsfördernde Eigenschaft, die durch klinische Untersuchungen festzustellen ist. Heilwässer müssen 1 g/kg gelöste Mineralstoffe enthalten oder, unabhängig vom Gesamtgehalt, einen Mindestgehalt an folgenden, besonders wirksamen Bestandteilen aufweisen:

Eisenhaltige Wässer 10 mg Eisenionen/kg.
Arsenhaltige Wässer 0,7 mg Arsenionen/kg, entsprechend 1,3 mg Hydrogenarsenationen/kg.
Jodhaltige Wässer 1 mg Jodionen/kg.
Schwefelhaltige Wässer 1 mg titrierbarer Schwefel/kg.
Radonhaltige Wässer 18 Nanocurie/l.
Kohlensäurewässer, Säuerlinge 1000 mg freies Kohlendioxid/kg.

aus: Heimann, W., Grundzüge der Lebensmittelchemie, Darmstadt, 1976

Die Bedeutung von Arsen und Radon ist derzeit umstritten. Man unterscheidet Chloridwässer (z. B. Baden-Baden, Bad Nauheim, Wiesbaden), wozu auch Sole gehören, Hydrogencarbonatgewässer (Bad Neuenahr) und Sulfatwässer (Bad Hersfeld).

Sowohl Mineralbäder wie auch Heilwässer sind nicht per se gesund: Neben unbestritten wichtigen Mineralstoffen, Kalium, Calcium, Magnesium, Phosphor, enthalten Mineral- und Heilwässer, besonders Chloridwässer, oft erhebliche Mengen an Natrium. Eine erhöhte Natriumzufuhr erhöht aber auch das Risiko, an Bluthochdruck zu erkranken (siehe vorne).

Da man annimmt, daß fast die Hälfte aller Bluthochdruckkranken oder Gefährdeten nichts von ihrem Leiden weiß, sind alle dazu angehalten, ihre Natriumzufuhr zu kontrollieren, insbesondere der Bundesbürger, der mit täglich 11,3 g Kochsalz ca. 3mal mehr als die für vertretbar gehaltene Menge von drei bis fünf Gramm (entspricht 1,2–2 g Natrium) zu sich nimmt.

Natriumreiche Mineral- und Heilwässer tragen in erheblichem Maße zu überhöhter Natriumaufnahme bei. Eine EG-Richtlinie beschränkt den Natriumgehalt im Trinkwasser auf 175 Milligramm pro Liter, die WHO (Weltgesundheitsorganisation) empfiehlt eine Obergrenze von 60 mg/l; für Bluthochdruckkranke ist auch das noch zuviel: Weniger als 20 mg Natrium sind hier angesagt.
Wer die Natriumwerte verschiedener Mineral- und Heilwässer miteinander vergleicht, wird feststellen, daß nur wenige den Bereich der WHO-Empfehlung für Leitungswasser und noch weniger (nur 3) die für Hochdruckkranke erfüllen.

Natriumgehalt verschiedener Mineralwässer
(alphabetisch geordnet) (EG-Richtwert für Leitungswasser 175 mg/l
WHO-Empfehlung für Leitungswasser 60 mg/l)

Bezeichnung	Natriumgehalt in mg/Liter
Adelheidquelle (Heilwasser)	977,2
Apollinaris	552,0
Bad Godesberger	615,3
Bertricher Bergquelle	601,0
Biskirchener Karlssprudel	834,4
Brohler	631,4
Brohler kohlensäurearme Stille Quelle	631,4
Burg-Quelle	483,3
Burgwallbronn	53,7
Brückenauer Wernarzer Brunnen (empfehlenswert für Hochdruckkranke)	2,4
Caspar-Heinrich-Quelle	32,2
Christinen-Brunnen	609,8
Christinen-Quelle	372,0
Driburger Brunnen	
– **Caspar-Heinrich Quelle**	32,2
– Driburger Grafenquelle	137,7
Elisabethenquelle (Heilwasser)	496,7
Ensinger Burgbrunnen (Heilwasser)	23,2

Ensinger (Heilwasser) (empfehlenswert für Hochdruckkranke)	2,5
Excelsis (Heilwasser)	121,0
Freyersbacher Sauerbrunnen	276,0
Gerolsteiner	126,2
Gerolsteiner Sprudel	133,9
Göppinger Christophsquelle	340,8
Grenzacher (Heilwasser)	1809,0
Heppinger (Heilwasser)	700,0
Hirschquelle (Heilwasser)	220,0
Kaiserbrunnen	1300,0
Kissinger Pandur	2520,0
Kissinger Rakoczy Brunnen	2362,0
Kondrauer Madonnenbrunnen	245,5
Lamscheider Stahlbrunnen	30,4
Marien Brunnen	678,4
Mergentheimer Wilhelmsquelle	546,0
Nürtinger Heinrichs-Quelle	3395,0
Oranien-Quelle (Heilwasser)	922,6
Perrier	14,0
Rheinfelsquelle	67,7
Römerwallquelle	70,5
Sinziger	78,9
Staatl. Fachingen	540,0
Stern-Quelle	104,9
St. Gero (Heilwasser)	166,6
Tönissteiner Heilquelle	67,8
Tönissteiner	98,6
Tönissteiner Römerfüllung	98,6
Westfalenborn	429,3
Wildunger Georg-Viktor-Quelle	41,7
Wildunger Helenen-Quelle	653,1
Wildunger Reinhardquelle (empfehlenswert für Hochdruckkranke)	13,4
Zum Vergleich: Meerwasser	~1000

Mineralwässer, deren Natriumgehalt die WHO-Empfehlung für Trinkwasser nicht übersteigt, sind fett gedruckt! Mineralwässer, die für Hochdruckkranke in Frage kommen, sind durch den Zusatz ›empfehlenswert für Hochdruckkranke‹ gekennzeichnet.
(Nach: Verbraucherinfo der Verbraucherzentrale NRW e. V., Mintropstraße 27, 4000 Düsseldorf: Natriumgehalt verschiedener Mineralwässer und Firmenauskünften)

Obwohl Heilwässer den Arzneimitteln zugeordnet werden, müssen sie bis 1990 auf ihrem Etikett keine Gegenanzeige tragen, um z. B. Bluthochdruckkranke vor dem Genuß zu warnen. Für seriöse Heilwasserabfüller sollte im Interesse der Gesundheit ihrer Kunden eine Gegenanzeige längst selbstverständlich sein. Solange das nicht der Fall ist, hilft nur ein aufmerksames Lesen der ab 1980 gesetzlich vorgeschriebenen Aufdrucke der Analysenwerte auf den Flaschen, die die Auswahl von natriumarmen Wässern ermöglichen.

Was auf den Aufdrucken leider häufig nebst anderen Schadstoffen (Kohlenwasserstoffe / Schwermetalle) fehlt, ist der Nitratgehalt. Doch warum sollte es damit in Mineralwasser- und Heilwasserquellen besser aussehen als anderorts im Grundwasser, das von Nitratverseuchung bedroht ist? Zudem dürfen Tafelwässer (»künstliche Mineralwässer«) mit üblichem Leitungswasser vermischt werden. Die Zeitschrift »Natur« nahm dieses Problem zum Anlaß, das Ökoinstitut mit der Analyse von 108 handelsüblichen Marken zu beauftragen. Die Ergebnisse sind in der Reihe »Naturtests« veröffentlicht und können bei der Zeitschrift »Natur« angefordert werden.

Die Studie kommt zu dem Ergebnis, daß
83,0 % gering nitratbelastet sind, d. h. bis zu 10 mg / l enthalten, aber
11,0 % 10–25 mg / l enthalten und damit zur Zubereitung von Säuglingsnahrung ungeeignet sind (Säuglinge reagieren empfindlicher),
4,6 % mehr als 25 mg / l aufweisen und damit sehr hoch nitratbelastet sind (sie überschreiten sogar den Trinkwasser-Richtwert von 25 mg / l),
0,9 % mit 57,3 mg / l sogar den festgelegten Grenzwert von 50 mg / l eindeutig überschreiten!

Zusätzlich ist beim Kauf von Mineral- und Heilwässern auf den Fluoridgehalt zu achten: 6 mg / l und mehr sind, wie es vereinzelt nachgewiesen werden konnte, angesichts der EG-Richtlinie, die 1,5 mg / l als Höchstwert angibt, entschieden zu hoch. Das Wasser muß dann als fluoridhaltig ausgewiesen sein, und bei mehr als 5 mg / l muß der Warnhinweis, daß nur ein begrenzter Verzehr dieses Wassers möglich ist, auf dem Etikett zu ersehen sein.

Daß die Filterkapazität der Böden für Schadstoffe allmählich erschöpft ist, beweist auch das Vorkommen von Chlorkohlenwasserstoffen in der Bad Dürrheimer Quelle. Schadstoffen in Mineral- und Heilwässern wird künftig sehr viel mehr Aufmerksamkeit gewidmet werden müssen. Bereits jetzt kommt es vereinzelt zu unauffälligen Brunnenschließungen.

Wasser ist jedoch nicht nur Hauptbestandteil von Flüssigkeiten, es dominiert auch in vielen festen Lebensmitteln und bestimmt aufgrund seiner physikalischen Eigenschaft Textur und damit Aussehen und Konsistenz der meisten frischen Lebensmittel.

Wassergehalt von Lebensmitteln

Lebensmittel	Wasser (Gew.-%)	Lebensmittel	Wasser (Gew.-%)
Fleisch	65–75	Getreidemehle	12–14
Milch	87	Kaffeebohnen, geröstet	5
Gemüse, Obst	70–90	Milchpulver	4
Brot	35	Speiseöle	0
Honig	20		
Butter, Margarine	16–18		

aus: Belitz, H.-D., Grosch, W., Lehrbuch der Lebensmittelchemie, Berlin 1985

Mit einiger Vorsicht ist die allgemeine Aussage möglich, daß der Wassergehalt eßbarer überirdischer krautiger Pflanzenanteile immer über 80 % liegt. Der Wassergehalt von Pflanzen fällt mit steigendem Kohlenhydrat- oder Fettanteil, der besonders hoch in Nüssen, Samen, Getreide und Speicherorganen (Wurzeln, Sproßknollen u. ä.) sein kann. Der Wassergehalt von Fleisch und Fisch ist dem des menschlichen Körpers vergleichbar. In den tierischen Produkten Milch und Eier liegt der Wasseranteil ähnlich hoch wie in den grünen Pflanzenteilen.
Von diesen Grundlebensmitteln lassen sich alle weiteren Produkte ableiten und sind je nach Verarbeitungsmethode wasserreicher oder -ärmer als diese.
Die Erkenntnis, daß ohne Wasser kein Leben möglich ist, macht man sich seit langem zur Haltbarmachung von Lebensmitteln zunutze: Wasserentzug (Trocknen) oder Wasserbindung durch Erhöhung der Kochsalz- oder Zuckerkonzentrationen (Salzheringe, Marmelade) oder auch der Zusatz von Sorbit und Glycerin führen zur Hemmung vieler chemischer Reaktionen und zur Wachstumshemmung von Mikroorganismen. Lebensmitteltechnologischer Ausdruck dieser Erkenntnis ist die Herstellung platzsparend lagerfähiger Lebensmittelkonzentrate (Milchpulver, Fruchtkonzentrate), die dann kurz vor Gebrauch in die geeignete Wasserver-

dünnung gebracht werden. Reiner Orangensaft besteht heute fast immer aus 100 % Orangensaftkonzentrat und Wasser, wobei weniger das Konzentrat als die Güte des Aufmischwassers für die Qualität des Saftes entscheidend ist.

Empfehlungen

Wasserbedarf

Über den Harn, die Lunge und die Haut sowie den Darm gehen täglich etwa 2–3 l Wasser verloren, die ersetzt werden müssen. Mindestens müssen täglich etwa 0,5 l Wasser ausgeschieden werden, damit gewährleistet ist, daß die Stoffwechselendprodukte und die überschüssigen Mineralsalze (vor allem Kochsalz) ausgeschieden werden. Im Durchschnitt beträgt die Wasserabgabe über die Nieren 1,5 l/Tag. Über die Haut verliert der Körper etwa 0,7 l Wasser, über die Lunge 0,4 l und über den Darm 0,1 l. Dieses Wasser muß durch Getränke und wasserhaltige Speisen ersetzt werden. Knapp ½ Liter (0,4 l) entsteht aber auch im Körper bei der Verbrennung von Nährstoffen. Der Bedarf an Wasser ist bezogen auf 1 kg Körpergewicht am höchsten bei Säuglingen (130–180 ml/kgKG/Tag) und nimmt bis zum Erwachsenenalter auf 20–45 ml/kgKG/Tag ab.

Wassermangel führt zu einer unzureichenden Ausscheidung harnpflichtiger Stoffe und schließlich zu Bluteindickung und Kreislaufversagen. Nächst der Luft sind wir auf eine regelmäßige Zufuhr an Wasser am dringendsten angewiesen. Meerwasser ist nicht als Trinkwasser geeignet, da die Niere, um die in ½ l Meerwasser gelösten Salze auszuscheiden, 0,8 l Wasser benötigt.

Gutes Wasser verlängert das Leben – so zumindest zeigt es die Geschichte der Hundsas, eines Bergvolkes des Himalaya. Getrunken wurde klares, mineralhaltiges Gebirgswasser (Gletscher), und eben dies diente auch zur Bewässerung der Felder. Die Hundsas wurden mit diesem Wasser und sicherlich mit ihrer gesamten Lebens- und Ernährungsweise uralt. 120jährige waren keine Seltenheit.

Auf die Genußgetränke Kaffee, Tee, Kakao wollen wir hier nicht weiter eingehen: Sie sind nicht Teil der Vollwerternährung. Auch Kräutertees sollten medizinischen Therapien vorbehalten sein (mit Ausnahme der

Früchtetees), da sich der Körper bei regelmäßigem Genuß daran gewöhnt. Alle Röstprodukte, also auch Getreidekaffees, können magenunverträglich sein und zudem in geringen Mengen Benz(o)apyren und Begleitsubstanzen enthalten.
Auch Wein und andere alkoholische Getränke gehören nicht in diesen Rahmen, da sie aber, wie die Statistiken zeigen, einen Großteil unseres Flüssigkeitsbedarfes decken, seien die folgenden Bemerkungen zu berücksichtigen.

In vino veritas?
Vor vielen Jahren vertraute ein rheinischer Winzer seinen Söhnen auf dem Totenbett ein Geheimnis an:
»Man kann och us Druwe Wing mache!«
Daran scheint sich bis heute nicht viel geändert zu haben: Für viele Weinhersteller ist es immer noch ein Geheimnis, aus Trauben Wein herzustellen.
An dieser Stelle soll nicht die Liste der Weinskandale wiederholt werden, noch soll hier ein Lehrbuch der Weinkultur und des Weinbaus erstellt werden. Zur Situation des deutschen Weinbaus: Wenn heutzutage Weinkenner oder solche, die sich dafür halten, von gutem Wein sprechen, meinen sie häufig französische Hochgewächse aus Burgund oder aus dem Bordeauxgebiet. Ihnen ist jedoch unbekannt, daß noch um die Jahrhundertwende Rheingau und Moselweine wesentlich teurer gehandelt wurden als die Kreszenzen der französischen Eliteweingüter.
Der Grund für diese Entwicklung liegt nicht zuletzt in einer verfehlten Weinpolitik und falschem Eingehen auf angebliche Verbraucherwünsche. In der jüngsten Vergangenheit wurde in Deutschland halt auf Masse statt auf Klasse gesetzt. Während in Frankreich nur bestimmte Gebiete als zur Qualitätserzeugung geeignet gelten und darüber hinaus der Ertrag in den Weinbergen gesetzlich begrenzt ist, gilt die gesamte Weinbaufläche der BRD als Qualitätsweinanbaugebiet. Trotzdem lag der Spitzenertrag in der Pfalz 1982 mit 5 Litern je Quadratmeter, ungefähr sechsmal so hoch wie der zulässige Maximalertrag für französischen Landwein (also nicht einmal Qualitätswein). Daß dann etwas nachgeholfen werden muß, um die Einstufung als Qualitätswein zu erzielen, liegt wohl auf der Hand. Der qualitätsmordende Massenanbau ist zudem durch brutale Flurbereinigungsmaßnahmen und enormen Chemieeinsatz ökologisch nicht vertretbar. Konsequenzen für den Verbraucher:

nach Möglichkeit trockenen, durchgegorenen Wein von einem persönlich bekannten Erzeuger trinken.
Trockene Qualitätsweine bestimmter Anbaugebiete und trockener Kabinett werden meist ohne »Tricks« produziert.
Jeder Wein mit einer amtlichen Prüfnummer ist von einer offiziellen Stelle untersucht worden. Von einem ehrlichen Winzer oder Weinfachhändler können Sie deshalb erfahren, wie hoch der Schwefelgehalt (SO_2) in Ihrem Wein ist (SO_2 wird dem Wein zugesetzt, um Fehlgärungen zu vermeiden).
Qualität hat natürlich ihren Preis. In einer Steilhanglage an der Mosel kostet den Winzer die Produktion von 0,7 l Wein mindestens 5 DM. Dann hat er allerdings noch nichts daran verdient. Welches Preis – Leistungsverhältnis Sie bei der 2,60 DM-Spätlese im Supermarkt erwarten dürfen, ist dann ja wohl klar.

Alkohol

Der Gebrauch einer Droge (und Alkohol ist eine solche, obwohl staatlich konzessioniert) ohne die entsprechende Drogenkultur (Trinkkultur) führt sehr schnell zu Mißbrauch.
Mit dem Alkohol ist es ähnlich wie mit dem Fleisch: Zur Ernährung unbedingt nötig ist er nicht, dafür können sich aus seinem reichlichen Genuß gesundheitliche (und soziale) Probleme ergeben: Trinkalkohol ist ein recht starkes Gift, er hat eine leberschädigende Wirkung und schwächt das Herz-Kreislaufsystem.
Reichlicher Genuß alkoholischer Getränke führt wie jede Zufuhr leerer Kalorien zu Übergewicht.
Der dritte Problembereich ist ein Zirkel von Wechselwirkungen: Durch das Verdrängen der Nährstoffe kann es zu einem Vitamin- und evtl. auch Eiweißmangel kommen, gleichzeitig aber steigt der Thiaminbedarf durch die Giftwirkung des Alkohols auf das Nervensystem.
Es stellt sich natürlich die Frage, weshalb es dann schon so lange alkoholische Getränke gibt? Warum gibt es in der Kirche (die ja 2000 Jahre alt ist) Brot und Wein?
Die ältesten alkoholischen Getränke sind Met, Wein und Bier, die Schnapsbrennerei wurde erst im Mittelalter erfunden. Wein war zur Zeit der Römer etwas anderes als heute und hat wahrscheinlich wie ein Mittelding zwischen Sherry und Weinessig geschmeckt. Seine Hauptaufgabe war es, Trinkwasser zu »entkeimen«. Der Aufschwung des Brauwesens im Mittelalter ist wahrscheinlich auch auf die schlechte Qualität des

Trinkwassers zurückzuführen. Tee und Kaffee gab es nicht, und abgekochtes Wasser pur schmeckte nicht sehr gut.
Hochprozentige Alkoholika sind auf jeden Fall gesundheitsgefährdend und deshalb zu meiden. Auch der tägliche Genuß einer halben Flasche Wein oder der entsprechenden Menge Bier führt irgendwann zur Leberzirrhose.
Kürzlich wurde die These aufgestellt, daß geringe Mengen Alkohol vor Herzinfarkt schützen sollen. Diese These ist allerdings sehr umstritten, auf jeden Fall sollte nur sehr mäßig getrunken werden; regelmäßig zwei Glas Wein pro Tag ist sicher schon mehr als genug, für Frauen eher zuviel. Am besten trinkt man Bier oder Wein zum Essen oder als Aperitif; positive Wirkungen kommen so am ehesten zur Geltung. Gleichzeitig schützen solche Trinkgewohnheiten vor Alkoholismus.

Lebensmittelzusatzstoffe

Zusatzstoffe sind im Sinne des Gesetzgebers »Stoffe, die dazu bestimmt sind, Lebensmitteln zur Beeinflussung ihrer Beschaffenheit oder zur Erzielung bestimmter Eigenschaften oder Wirkungen zugesetzt zu werden.« Die Zusatzstoffliste umfaßt heute etwa 480 verschiedene Substanzen. Nur wenige von ihnen dürfen allgemein und ohne Begrenzung der Menge verwendet werden. Dies gilt zum Beispiel für Essigsäure und Milchsäure. Für alle anderen Stoffe gilt das Verbotsprinzip. Das heißt, daß Zusatzstoffe, deren Gebrauch für bestimmte Lebensmittel nicht ausdrücklich erlaubt ist, nicht zugesetzt werden dürfen. Bei verpackten Lebensmitteln müssen die verwendeten Zusatzstoffe in der Zutatenliste mit aufgeführt werden. Viele Substanzen (z. B. Farbstoffe, Konservierungsmittel, Antioxidationsmittel) müssen mit der genauen Bezeichnung oder wahlweise mit der wenig verbraucherfreundlichen EG-Nummer (E-Nummer) angegeben werden. Welche Substanz sich hinter welcher E-Nummer verbirgt, ist in Tabelle S. 212/213 aufgeführt. Für die meisten Zusatzstoffe genügt allerdings die Angabe der Stoffgruppe, aus der die jeweilige Substanz stammt (z. B. für Emulgatoren, Geschmacksverstärker, Geliermittel).
Die umstrittensten Zusatzstoffe sind sicherlich die Farbstoffe, die haupt-

Kennzeichnung von Lebensmitteln

Die Bedeutung der E-Nummern im Zutatenverzeichnis

Farbstoffe

E 100	Kurkumin
E 101	Lactoflavin (Riboflavin)
E 102	Tartrazin
E 104	Chinolingelb
E 110	Gelborange S
E 120	Echtes Karmin, Karminsäure, Cochenille
E 122	Azorubin
E 123	Amaranth
E 124	Cochenillerot A
E 127	Erythrosin
E 131	Patentblau V
E 132	Indigotin I (Indigo-Karmin)
E 140	Chlorophylle a+b
E 141	Kupferhaltige Komplexe der Chlorophylle und Chlorophylline
E 142	Brillantsäuregrün
E 150	Zuckerkulör
E 151	Brillantschwarz BN
E 153	Carbo medicinalis vegetabilis
E 160 a–f	Carotine und Carotinoide
E 161 a–g	Xanthophylle
E 162	Betenrot, Betanin
E 163	Anthocyane
E 170	Calciumcarbonat
E 171	Titandioxid
E 172	Eisenoxide und -hydroxide
E 173	Aluminium
E 174	Silber
E 175	Gold
E 180	Rubinpigment BK (Litholrubin)

Konservierungsstoffe

E 200–E 203	Sorbinsäure und Sorbate
E 210–E 213	Benzoesäure und Benzoate
E 214–E 219	p-Hydroxibenzoesäureester (PHB-Ester)
E 220–E 227	Schwefeldioxid und Sulfite
E 230	Biphenyl (Diphenyl)
E 231–E 232	Orthophenylphenol und Natrium-Salz
E 233	Thiabendazol
E 236–E 238	Ameisensäure und Formiate
E 280–E 283	Propionsäure und Propionate

Kennzeichnung von Lebensmitteln

Die Bedeutung der E-Nummern im Zutatenverzeichnis

Antioxidationsmittel

E 300–E 304	L-Ascorbinsäure und Ascorbate
E 306–309	Tocopherole
E 310–E 312	Gallate
E 320	Butylhydroxianisol (BHA)
E 321	Butylhydroxitoluol (BHT)

Verdickungs-, Geliermittel

E 400–E 405	Alginsäure mit Alginaten
E 406	Agar-Agar
E 407	Carrageen
E 410	Johannisbrotkernmehl
E 412	Guar-Mehl
E 413	Traganth
E 414	Gummi arabicum
E 415	Xanthan
E 440 a+b	Pektine
E 461	Methylcellulose
E 466	Carboximethylcellulose

Emulgatoren, Stabilisatoren

E 322	Lecithine
E 470	Salze der Speisefettsäuren
E 471	Mono- und Diglyceride von Speisefettsäuren
E 472 a–f	Mono- und Diglyceride von Speisefettsäuren, verestert mit Fruchtsäuren
E 475	Polyglycerinester von Speisefettsäuren

Säuerungsmittel, Säureregulatoren

E 260–E 223	Essigsäure und Acetate
E 270	Milchsäure
E 290	Kohlendioxid
E 325–E 327	Lactate (Salze der Milchsäure)
E 330–E 333	Citronensäure und Citrate
E 334–E 337	L(+)Weinsäure und Tartate
E 338–E 341	Orthophosphorsäure und Phosphate
E 450 a–e	Di-, Tri- und Polyphosphate

Sonstige

E 251–E 252	Nitrate (Salpeter)
E 420	Sorbit
E 421	Mannit
E 422	Glycerin
E 460	Mikrokristalline oder gemahlene Zellulose

sächlich bei Süßwaren, aber beispielsweise auch bei Obstkonserven eingesetzt werden. Im Kreuzfeuer der Kritik stehen besonders die Farbstoffe. Viele von ihnen können bei empfindlichen Personen Allergien oder Asthma auslösen. Nach verschiedenen Schätzungen sind davon 18000–90000 Bundesbürger betroffen. Der wissenschaftliche Lebensmittelausschuß der EG-Kommission kommt zu dem Schluß, »daß zur Verteidigung der Gesundheit von Personen, die gegen bestimmte Lebensmittelzusatzstoffe besonders empfindlich sind, eine strengere Beurteilung der technologischen Notwendigkeit vorgenommen werden sollte.« Der Lebensmittelexperte Prof. Pfeilsticker ist der Meinung, »daß die Färbung von Lebensmitteln kein technisches, sondern eben nur ein kosmetisches Bedürfnis ist.«

Konservierungsstoffe sind Verbindungen, die den mikrobiologischen Verderb eines Lebensmittels verhindern. Ihre technologische Notwendigkeit wird von Lebensmittelherstellern immer wieder betont. Der Verzehr von Konservierungsmitteln ist unumgänglich, wenn Fertigprodukte auf dem Speiseplan nicht durch frische Naturprodukte ersetzt werden. Mit mehr Zeitaufwand, vernünftigen Lagermethoden (Kühlschrank) und sinnvollem Einkauf kommt ein Haushalt im allgemeinen aber auch ohne chemisch konservierte Nahrung aus. Konservierungsstoffe, insbesondere die Benzoesäure und ihre Salze (E 210–213), können wie die synthetischen Farbstoffe bei empfindlichen Personen allergische Reaktionen auslösen.

Da Benzoesäure nicht über normale Stoffwechselwege abgebaut werden kann, muß die ohnehin durch zahlreiche Schadstoffe beanspruchte Leber die Entgiftung leisten.

Besonders Asthmatiker müssen Benzoesäure als Zusatzstoff und als Bestandteil natürlicher Lebensmittel (in Preiselbeeren, Heidelbeeren, Himbeeren, Johannisbeeren, Pflaumen und Gewürznelken) meiden.

Obwohl sie in vielen Anwendungsgebieten zu ersetzen ist, werden ihre nachteiligen Wirkungen, die sich in Kombination mit anderen Konservierungsmitteln schon in geringen Konzentrationen zeigen, in Kauf genommen.

Die Verwendung von Konservierungsstoffen muß auch bei unverpackten Lebensmitteln gekennzeichnet werden.

Citrusfrüchte dürfen zum Schutz vor Befall von Grün- und Blauschimmel mit den Oberflächenbehandlungsmitteln Biphenyl, Orthophenylphenol und Thiabendazol behandelt werden. Die Schalen dieser Früchte sind nicht zum Verzehr geeignet, also giftig.

Antioxidantien schützen das Lebensmittel vor dem Verderb durch Luftsauerstoff (= Oxidation). Sie verhindern zum Beispiel das Ranzigwerden von Fett. Natürliche Antioxidantien sind die Tocopherole, wie das Vitamin E, deren Gebrauch auch für sämtliche Lebensmittel wegen Unbedenklichkeit ohne Kennzeichnungspflicht zugelassen ist. Der Zusatz der synthetischen Antioxidantien BHA, BHT und Gallate ist nur bei wenigen Lebensmitteln erlaubt.

Bisher ist das Schicksal synthetischer Antioxidantien im menschlichen Organismus nur unzureichend geklärt. Das geringe Gesundheitsrisiko ist aber keine Rechtfertigung für ihre Verwendung im augenblicklichen Ausmaß.

Emulgatoren, z. B. Lecithin, ermöglichen, nicht miteinander mischbare Flüssigkeiten (Wasser und Fette) in eine einheitliche Form (Emulsion) zu bringen. Gesundheitlich nachteilige Auswirkungen sind nicht bekannt.

Geschmacksverstärker verstärken den Eigengeschmack von Lebensmitteln, ohne selbst Geschmack zu besitzen. Zugelassen sind Natriummonoglutamat (eine Aminosäure, die die Geschmacksrichtung »herzhaft« verstärkt) und Maltol (ein Zuckeralkohol, der die Süße betont). Reichlicher Genuß von Glutamat kann das sogenannte »Chinarestaurant-Syndrom« hervorrufen; kurzfristige Überempfindlichkeitsreaktionen, die auch unterhalb der erlaubten Menge schon auftreten können, äußern sich in Taubheitsgefühl im Nacken, das sich auf Arme und Rücken ausbreitet, Kopfschmerzen, Schwächegefühl, Herzklopfen sowie Spannungsgefühlen in Gesicht und Brust.

Die **künstlichen Süßstoffe** (Saccharin und Cyclamat) schmecken stark süß, haben aber im Gegensatz zu Zucker keinen Nährwert. Daher werden sie vor allem in diätetischen Lebensmitteln verwendet.

Für Diabetiker sind die Süßstoffe der Stoffwechselbelastung durch Zucker vorzuziehen, aus Vorsichtsgründen sollten andere Personengruppen (besonders nichtdiabetische Kinder, junge Frauen im gebärfähigen Alter und Schwangere) auf die künstliche Kalorienbremse verzichten.

Das Krebsforschungszentrum Heidelberg kam zu dem Ergebnis, daß weder Saccharin noch Cyclamat eine krebsauslösende Wirkung besitzen. Eine Unterstützung der krebserzeugenden Wirkungen von Carcinogenen aus der Umwelt ist allerdings nicht auszuschließen.

Zuckeraustauschstoffe haben einen ähnlich hohen Kaloriengehalt wie Zucker. Sie werden im Körper aber insulinunabhängig verwertet und sind daher für Diabetiker besonders geeignet. Sie wirken in größerer Menge abführend.
Einer begrenzten Anzahl von Lebensmitteln dürfen Aromastoffe, stimulierende Stoffe (Coffein), Überzugsmittel, Säureregulatoren, Stabilisatoren, Schaumverhüter, Trennmittel, modifizierte Stärke, Feuchthaltemittel, Treibgase, Backtriebmittel oder Teigkonditionierungsmittel zugesetzt werden.
Direkt ersichtliche, nachteilige Wirkungen dieser Stoffe sind zwar nicht bekannt, jedoch müssen bei ihrem Verzehr im Einzelfall unterschiedlich starke Stoffwechselstrapazen einkalkuliert werden. Eine differenzierte Auseinandersetzung mit diesen Hilfsmitteln würde ein neues Buch füllen (detaillierte Informationen befinden sich in »Was wir alles schlucken«, dem Zusatzstoffbuch der KATALYSE).
Vollwerternährung kommt völlig ohne Zusatzstoffe aus – vorausgesetzt, es bestehen Kenntnisse über arttypische Eigenschaften und Lagerverhalten natürlicher Lebensmittel.
Viele fertig verpackte Nahrungsmittel sind mit so merkwürdigen Namen wie Alginaten oder Agaragar ausgezeichnet. Was sich hinter diesen Bezeichnungen verbirgt, sind *Dickungsmittel, Füllstoffe, Geliermittel*, die bis auf Gelatine pflanzlichen Ursprungs sind und allesamt zur Gruppe hochmolekularer Kohlenhydrate gehören.
Ihre Verwendung ist unbedenklich, weil sie auf normalem Stoffwechselweg abgebaut oder ausgeschieden werden.
Die wichtigsten sind die folgenden:

Pektine E 440 a + b
Mit diesem Begleitstoff der Cellulose sind wir bereits bei der großen Gruppe der Polysaccharide, die zu Gelier-, Dickungs- und Stabilisierungszwecken verwendet werden.
Pektin ist den meisten vom Marmeladekochen her ein Begriff (Handelsname: Opekta, Pektina, Fruttapekt u. a.).
Die Extraktion der Pektine aus Citrusfruchtschalen, Apfelschalen und Zuckerrübenschnitzeln mit Salzsäure und Schwefelsäure ist aufwendig, da dabei die Geliereigenschaft nicht verlorengehen darf.
Die Verwendung der Pektine als Geliermittel, Emulgatoren und Stabilisatoren soll gesundheitlich unschädlich sein.

Pektine (E 440a) und amidierte Pektine (E 440b) sind nach der Zusatzstoffzulassungsverordnung allgemein zugelassene Bindemittel, außer für Fleischwarenerzeugnisse. Außer als Geliermittel für Marmeladen, Gelees, Konfitüren sind Pektine in Kakaogetränken, Mayonnaisen, Dauerbackwaren und in den oft gar nicht so natürlichen »naturtrüben« Citrussäften als Trubstabilisatoren anzutreffen.

Agaragar E 406
ist ein aus verschiedenen Kohlenhydratbausteinen komponierter Pflanzenschleimstoff, der durch Heißwasserextraktion aus verschiedenen Rotalgen gewonnen wird. Agaragar dürfte den meisten aus der Mikrobiologie, in der es als Nährboden für Bakterienkulturen verwendet wird, ein Begriff sein. Lebensmitteltechnologisch relevant sind seine Eigenschaften, hitzeresistente Gele schon in 1%iger Konzentration zu bilden, emulgierend und stabilisierend zu wirken; es ist praktisch unverdaulich und liefert deshalb keine zusätzlichen Kalorien. Einzigartig soll die große Differenz zwischen Gelierpunkt (bei 32–39 °C) und Schmelzpunkt (60–97 °C) sein.
Im Handel ist Agaragar in Stangen- oder Pulverform erhältlich. Der Anwendungsbereich von Agaragar ist vielfältig: in Sorbets und Eiscreme, zur Stabilisierung von Joghurts, Käse, Zucker und Backwaren; es verzögert das Altbackenwerden von Brot und dient als Geliermittel bei Geflügel- und Fleischkonserven, Tortenguß und Puddingpulver. Für Fleischgeleewaren ist es nicht zulässig. Agaragar findet sich auch in verschiedenen vegetarischen Lebensmitteln, z. B. Fleischsubstituten und vorbehandelten Ceralien. Es ist für Vegetarier eine Alternative zu der aus tierischen Knochencollagenen hergestellten Gelatine.

Carrageen E 407
ein weiteres von Rotalgen produziertes Algenkolloid komplexer Mischung: getrocknetes irländisches Moos, eine Droge, die aus den getrockneten Algen hergestellt wird. Die Masse quillt in Wasser auf und verkocht zu einem Schleim.
Die Anwendung in der Lebensmittelverarbeitung ist der von Agaragar ähnlich. Stabilisiert Frischkäse, Kondensmilchproteine, Eiscreme, verhindert die Fettabscheidung zu Schokoladenmilch, erhöht die Viskosität von Lösungen und verbessert damit auch Teigeigenschaften und ermöglicht die Verarbeitung größerer Milchanteile. Die Gelbildung wird ge-

nutzt bei Desserts und Fleischkonserven. Lebensmittelrechtlich gehört auch Furcellaran (Danish Agar), eine Agar-Varietät aus Rotalgen, zu den Carrageenanen. Aus dem Extraktionsprozeß bleiben 8–15 % Kaliumchlorid zurück. Es sticht durch besonders gute Milchgelbildung hervor und ist deshalb für Milchpuddings ein beliebtes Geliermittel. Für Marmeladen mit niedrigen Zuckerkonzentrationen (kleiner 50–60 %) ist es als Pektinersatz nützlich, gehört aber wegen der Rückstände nicht in die Vollwertküche.

Alginate E 400–E 405
kommen in allen *Braunalgen* als Zellwandbestandteile vor und werden mit Alkali extrahiert.
Sie werden in Konzentrationen 0,25–0,5 % als Stabilisator für Lebensmittel allgemein eingesetzt, außer für Fleischerzeugnisse und Konfitüren. Bierschaum z. B. bleibt mit Alginaten schön stabil. E 405 (Propylenglycolalginat) darf nur in Fischerzeugnissen und E 403 (Ammoniumalginat) nur als Lösungsmittel und Trägerstoff für Farbstoffe verwendet werden.

Gummi arabicum E 414
Weg von den Algen hin zu den Bäumen:
Durch Einritzen der Rinde fließen aus Acacia senegal, einem afrikanischen Baum (Hauptproduzent: Sudan), 900–2000 g Saft pro Jahr. Der getrocknete Saft ist als Bindemittel, Emulgator, Stabilisator nach Zusatzstoffzulassungsverordnung bei uns erlaubt. Gummi arabicum ermöglicht auch die Herstellung von pulverförmigen Aromakonzentraten, indem es um die Öltröpfchen von ätherischen Ölen einen Film bildet, der oxidative Veränderungen verhindert.

Traganth E 413
ebenfalls ein Pflanzengummi aus Astralgusarten, der hauptsächlich im Iran, Syrien und der Türkei gewonnen wird und in Form von Pulver oder hornartigen Stücken im Handel ist.
Tragant findet man, außer in Grundlebensmitteln und Fleischerzeugnissen, wo Tragantzusätze verboten sind, als Stand- und Bindemittel in Speiseeis, Tabletten, Pastillen und in Salatsoßen.

Guaran (bekannter: Guarmehl) E 412
Polysaccharid aus den Samen der Leguminose Cyamopsis tetragonoloba. Guarmehl kommt aus Texas (USA), Indien und Pakistan und ist nach Zusatzstoff-Zulassungsverordnung als Dickungsmittel und Stabilisator, außer bei Milch, Fleisch und deren Erzeugnissen, Aromen und Kaugummi, allgemein zugelassen.

Johannisbrotkernmehl (Karobenmehl) E 410
Das Mehl wird aus dem von Schalen und Keimling befreiten Samen des Johannisbrotbaumes (Ceratonia siligua) gewonnen. Aus dem Bioladen ist uns ein anderer Teil der Früchte bekannt: Karob, ein Pulver, das aus den getrockneten Hülsen, die die Samen umgeben, gemahlen wird und als Alternative zum Kakao dient. Das Kernmehl ähnelt stark dem Guarmehl und wird wie dieses als Dickungsmittel eingesetzt, ist aber allgemein für Lebensmittel zugelassen.

Tamarindenkernmehl
Noch ein Gelier- und Dickungsmittel aus Hülsensamen, diesmal von dem indischen Baum Tamarindus indica. Das Polysaccharid wird nur mit heißem Wasser extrahiert und ist als Pektinersatz geeignet.

Arabinogalactan aus Lärchen
aus dem Kernholz von Lärchen mit Wasser und verdünnten Säuren extrahiertes Polysaccharid, das als Emulgator, Stabilisator, Trägermaterial bei ätherischen Ölen, Aromen und Süßstoffen eingesetzt wird.

Gelatine
ist ein Knochen- und Knorpelleim, bestehend aus dem Eiweißstoff Kollagen, der z. B. auch unsere Haarstruktur bestimmt. Gelatine wird so breit in Lebensmitteln eingesetzt, daß auf hygienisch einwandfreies Knochenmaterial von schlachtfrischen Tieren (meist Kälbern) unbedingt geachtet werden muß.
Bei der technischen Gelatinegewinnung wird zuerst das Fett aus dem Knochen mit Benzin oder Trichlorethylen abgetrennt, bei weiteren Schritten wird Salzsäure (zum Aufschluß), Kalk (zur Quellung), Schwefeldioxid oder Wasserstoffperoxid (zum Bleichen) gebraucht. Gießt man die erhaltene Gelatinemasse auf Glasplatten o. ä. und läßt sie trocknen, entstehen die bekannten Gelatineplatten. Gelatinepulver wird im Sprüh-

verfahren hergestellt. Auch gefärbe Gelatine ist im Handel. Fleischsülzen, Fischgeleewaren, Speiseeis, Tortengüsse sind häufigste Einsatzbereiche. *Obsterzeugnissen* darf Gelatine nicht zugesetzt werden.

Wer mehr zum Thema »Zusatzstoffe« wissen will, sei auf das Buch: KATALYSE e. V. (Hrsg.), Was wir alles schlucken, Reinbek bei Hamburg, 1985, verwiesen.

IV. Die Ernährungsumstellung

Immer wieder wird der gleiche Fehler gemacht:
Auf irgendwelchen Veranstaltungen gibt es Vollwerternährung, und da gibt es morgens, mittags und abends Gerichte aus Getreide. Wie ein nur Zivilisationskost und Junk-Food gewöhnter Verdauungstrakt auf so etwas reagiert, ist offensichtlich: Er versucht zu explodieren. Nach solch leidvollen Erfahrungen hat der Mensch von solchen Ernährungen die Nase voll und bleibt bei seinem gewohnten Hamburger und seinem Schnitzel mit Beilage.
Ganz abgesehen davon, daß in dem obigen Beispiel zu Unrecht vollwertige Ernährung mit »Körnerfressen« gleichgesetzt wurde, muß eine Ernährungsumstellung behutsam Schritt für Schritt erfolgen. Das Ziel ist ja nicht eine Diät, sondern eine Ernährungsform, welche ein (langes) Leben lang eingehalten wird.
Die erste Mahlzeit ist (meistens) – ein Gruß an alle Morgenmuffel und Nachtmenschen! – das Frühstück, also fangen wir unsere Revolution hier an; mit dem oben schon erwähnten Frischkornbrei (Rezeptteil).
Kurze Rekapitulation unserer üblichen Frühstücksgewohnheiten: Wie sieht unser übliches Frühstück aus? Kaffee oder Tee mit Milch und Zukker, Brot/Brötchen mit Butter/Margarine, Konfitüre und Honig, ein Ei und ein Gläschen Multivitaminsaft, der ja so gesund ist.
Durch die süßen Brote und den Saft werden dem Körper schnell resorbierbare Kohlenhydrate zugeführt, die den Blutzuckerspiegel schnell in die Höhe schießen lassen; von dem Kaffee noch unterstützt. Sofort setzt eine starke Insulinausschüttung ein, und der Blutzuckerspiegel sinkt wieder ab. Konzentrations- und Leistungsfähigkeit nehmen schnell wieder ab, Hunger macht sich breit (das Frühstück hält also nicht lange vor). Da die nächste Mahlzeit noch weit entfernt ist, greift man zu xyz für den kleinen Hunger zwischendurch, in der Regel auch eine »Bombe« aus leeren Kalorien und schnellresorbierbaren Zuckern, und/oder zur Tasse Kaffee. Nachmittags geht es dann mit Kaffeeteilchen und Kuchen weiter. Das Tagesprofil des Blutzuckerspiegels ähnelt dann einer Berg- und Talbahn.

Durch die ständigen extremen Schwankungen wird das Entstehen oder Manifestwerden eines Diabetes mellitus begünstigt, von der kariesfördernden Wirkung dieser Ernährung ganz abgesehen. Weiterhin steigt durch diese »Zuckerbelastungen« der Thiaminbedarf an, gleichzeitig sinkt die Versorgung mit demselben (s. o.). Sie sehen: Die Art und Weise des Frühstücks wirkt sich auf das Eßverhalten des ganzen Tages aus.

Die Alternative: Frischkornbrei ergänzt mit Vollkornbrot, Belag und Obst. Der Multivitaminsaft bleibt im Geschäft. Auf Kaffee / Tee brauchen Sie nicht zu verzichten, aber trinken Sie weniger, lassen Sie den Zucker weg sowie alle süßen Brotaufstriche.

Die geänderten Frühstücksgewohnheiten haben viele positive Effekte:

– Das Frühstück hält wesentlich länger an, ohne zu belasten.
– Die nötigen Vitamine, Spurenelemente etc. werden ohne »Tricks« in Form vollwertiger Lebensmittel zugeführt.
– Der Verdauungstrakt wird langsam an die andere Ernährung angepaßt.
– Meistens hat schon die Frühstücksänderung positive Auswirkungen auf einen regelmäßigen Stuhlgang und das allgemeine Wohlbefinden.
– Anstatt der Zwischendurch-Vitaminräuber (... bringt verbrauchte Energie sofort zurück) empfiehlt sich Obst der Saison (Bsp.: ein Apfel oder eine Mohrrübe).

Der Frischkornbrei enthält unter anderem langsam resorbierbare Stärke und Ballaststoffe. Dadurch nimmt das Blutzuckerprofil mehr die Form eines ausgeglichenen Plateaus an, d. h. es gibt keine spitzen Höhen und steil abfallenden Täler mehr, was ernährungsphysiologisch wesentlich günstiger ist.

Für die weitere Gestaltung des Tagesmenüs hilft Ihnen fürs erste der Rezeptteil weiter.

Nach dem oben beschriebenen *sättigenden* Frühstück (das kann je nach Lebensrhythmus eines Menschen früher oder auch sehr viel später am Tag liegen) sind Regeln für weitere Mahlzeiten kaum zu beachten: Der Hunger stellt sich nach einigen Stunden von selbst wieder ein und kann dann mit Speisen aus dem Rezeptteil gestillt werden. Aus unserer besonderen Empfehlung der Kartoffel und auch von Gemüse ergibt sich, daß meist auch ein »warmes« (kein heißes!) Essen dabei ist. Auch »heiße« Getränke sollten eher warm getrunken werden: Die Speiseröhre spürt die ständige Überbrühung mit z. B. zu heißem Kaffee wegen fehlender Nerven nämlich nicht.

Ich esse, was mir schmeckt. Mir schmecken die ungesunden Sachen aber besser.
Am Geschmackserlebnis sind neben der Zunge und dem Gaumen (süß, sauer, bitter, salzig) vor allen Dingen die Riechknospen in der Nase beteiligt. Im Gehirn gehört dazu das sogenannte olfaktorische System, einer der stammesgeschichtlich ältesten Hirnteile. Wenn man erkältet ist, ist der Geruchssinn gestört, und dann schmeckt das Essen nicht besonders.
Was wir als wohlschmeckend empfinden, ist eigentlich sehr subjektiv und stark von Erziehung und Gewohnheit geprägt. Deutlich wird dies an der Geschichte vom Gewürz der Seligen: Ein Ehemann war mit den Kochkünsten seiner zweiten Ehefrau einfach nicht zufrieden. Die arme Frau konnte sich anstrengen, wie sie wollte, immer kam die Beurteilung: »Das Gewürz der Seligen (der 1. Frau) fehlt!« Eines Tages hatte sie das Essen schließlich etwas anbrennen lassen, aber wider Erwarten war der Herr Gemahl zum ersten Mal zufrieden: »Genau so hat es bei meiner Seligen geschmeckt!«
Über Geschmack soll man also nicht streiten, aber nachdenken, ob Junk-food tatsächlich besser schmeckt, lohnt sich auf jeden Fall. Ein deutscher Professor für Lebensmittelchemie mußte seinen Studenten den Geschmack regelrecht anerziehen, damit sie nachher Lebensmittel sensorisch bewerten konnten.
Viele Menschen haben eine erhöhte Reizschwelle für die Geschmacksrichtungen süß und salzig. (D. h.: Ißt der Mensch sehr viel Süßes und Salziges, wird die Reizschwelle nach oben verschoben. Bei erhöhter Reizschwelle wird wiederum stärker gesüßt und gesalzen etc.)
Durch den einseitig trainierten Geschmack werden dem Gaumen viele Varianten der Kochkunst vorenthalten.

Die bei einer Mahlzeit vertilgten Portionen sollten sättigend sein – übermäßiges Essen fällt bei Vollwerternährung eher schwer. Ein langsamer Verzehr der Speisen bietet ausreichend Möglichkeit zur Kommunikation und dauert selbst bei kleiner Speisenfolge dann u. U. genauso lange wie ein übliches großes Menü.
Die Anzahl der Mahlzeiten folgt sinnvollerweise dem Hungerrhythmus.

Da Essen am besten auch ein soziales Ereignis ist, wird sich eine gewisse Koordination der Mahlzeiten (oder vielleicht einer Hauptmahlzeit) mit anderen arrangieren lassen.
Die letzte Mahlzeit sollte einige Stunden vor dem Schlafengehen eingenommen werden, um dem Körper während des Schlafes wirklich Ruhe zu gönnen und ihn nicht durch anstrengende Verdauungsarbeit zu belasten.
Sollten Sie sich bisher vorwiegend von Fast-Food ernährt haben, werden Sie jetzt mehr Zeit für Ihre Ernährung brauchen. Zur Vollwerternährung gehört nämlich auch, daß sich Essensvorgang und Lebensmittel bewußt gemacht werden; hinzu kommt eine gewisse Eßkultur und eine entsprechende Lebensweise. Dies hat nichts mit Weltanschauung zu tun. Der Erlebniswert des Essens hat durchaus Einfluß auf die Physiologie und ist ein ganz anderer bei einer bewußten Ausführung als bei gedankenloser Nahrungsaufnahme. Essen zubereiten ist auch etwas anderes als Dosen öffnen und Fertiggerichte servieren. Es bedarf etwas Zeit und Phantasie, dann geht es viel einfacher von der Hand. Probieren Sie einfach mal etwas aus! Lassen Sie sich nicht alles fertig vor die Nase setzen!
In der Vollwerternährung wird auf relativ einfache Gerichte Wert gelegt, d. h. die übertrieben verfeinerte Zubereitung der sogenannten Haute Cuisine spielt keine große Rolle und ist im Alltag auch gar nicht machbar. Der zur Vollwerternährung erforderliche Zeitaufwand ist daran gemessen eher gering.

V. Diäten – von Atkins bis Zitronensaft

Schlanksein ist gefragt und Thema Nr. 1 unter den (heutigen) zeitgenössischen Schönheitsfanatikern.
Orientierungshilfe ist das sog. Idealgewicht nach Broca (Größe minus 100, abzüglich 10–15%). Jedoch scheint von der Prämisse ausgegangen zu werden: »Je weniger, um so besser.« Das persönliche Idealgewicht entzieht sich diesen Meßgrößen und kann über oder auch unter den Tabellenwerten liegen. Es stellt sich bei einer ausgeglichenen Ernährung und psychischem Wohlbefinden selbst ein. Aber es ist schwer, sich dem Körperkult zu entziehen: Alljährlich, sobald es auf den Frühling zugeht, sind die diversen Zeitschriften und Magazine überfüllt mit verschiedensten Formen von Entschlackungskuren und Schlankheitsdiäten – ein Überangebot an Möglichkeiten, wie man/frau die überflüssigen Pfunde auf dem schnellsten Wege loswerden kann.
Daß dabei nicht sehr »human« mit dem eigenen Körper umgegangen wird, scheint gern in Kauf genommen zu werden, denn einzig entscheidend ist es ja, ein paar Kilo weniger auf die Waage zu bringen, um eine gute »Erscheinung« machen zu können.
Sich wohl fühlen und attraktiv aussehen scheint nur schwer unter einen Hut zu bringen zu sein. Das Schönheitsideal von heute fordert seinen Tribut: Wer schön sein will – muß leiden!!! In früheren Zeiten scheint es da für die Frau einfacher gewesen zu sein – denn üppigere Formen waren gefragter. Wie auch immer – Körperideale sind normierte gesellschaftsgebundene Modeerscheinungen.
Bevor also die nächste Diät-Kur ansteht, sollten wir uns diese Abhängigkeit erst mal bewußt machen – um uns von ihr lösen zu können.
Aber mal ganz abgesehen vom psychologisch-emanzipatorischen Standpunkt:
Schlankheitsdiäten sind das Letzte für unsere Gesundheit, wir tun unserem Körper wirklich nichts Gutes, wenn wir versuchen, die Pfunde zuviel durch Raubbau in kürzester Zeit loszuwerden.
Im letzten Ernährungsbericht heißt es dazu:
»Um eine Diät empfehlen zu können, darf sie nicht nur unschädlich sein,

sondern ihr gesundheitlicher Nutzen muß nachgewiesen werden können.«

Davon kann, bei den bislang über 300 existierenden, auf dem Markt angepriesenen Schlankheitskuren kaum die Rede sein (wie sich im folgenden herausstellt).

Kuren von Atkins bis Zitronensaft

Die Variationsbreite für die verschiedensten Schlankheitsdiäten ist äußerst groß, und im gleichen Maße ist der Durchblick für den einzelnen erschwert.

Es gibt Kuren mit hohem Kohlenhydrat- oder Fettanteil, mit und ohne eiweißreiche Nahrungsmittel, kalorienreduzierte Mischkost, Fastenkuren, Diäten mit kalorienarmen Fertigprodukten, Gruppentherapien zur Gewichtsabnahme, Kuren mit Heilungsversprechen sowie ein reichhaltiges Angebot an pharmazeutischen Präparaten, wie Appetitzügler und Abführmittel.

Keine Frage, Marketing-Strategen haben weder Kosten, Mühen noch pervertierte Ideen gescheut, sich auch für den ausgefallensten Geschmack etwas einfallen zu lassen bzw. jedem potentiellen Gewichtsreduzenten das Bedürfnis nach einer Schlankheits-Diät unterzujubeln.

Zahlenwerte verdeutlichen, daß dies tatsächlich der Fall ist. Immerhin werden jährlich von mehr als 3 Mio. Bundesbürgern die beachtliche Summe von 2,6 Milliarden Mark für den Wunsch nach der Traumfigur ausgegeben.

Die Geschäftemacher reiben sich da natürlich die Hände – und der »Abmagernde« hat das Nachsehen, nicht nur, was seine Figur angeht. Denn, geschmälert wird eher der Geldbeutel als die Taille.

Um mal einige der erfolgversprechenden »Kilokiller« beim Namen zu nennen (ohne Anspruch auf Vollständigkeit): Zur ersten Gruppe zählen die *Kartoffelkur*, *Reisdiät*, *Schrotkur*, *Obst-* und *Gemüse-Diäten*, *Zitronensaftkur* (Zitronensaft, Ahornsirup und Cayennepfeffer). Diese zählen zu den *kohlenhydratreichen, energiereduzierten Kostformen*. Dabei handelt es sich um eine ausgesprochene Mangelernährung, da nur ganz bestimmte, stark eingegrenzte Lebensmittelgruppen verwandt werden dürfen, die Ernährung somit sehr einseitig ist. Ahornsirup gar ist ein so konzentriertes Süßungsmittel, daß bei dieser Kur der Ausbruch einer versteckten Diabetes zu befürchten ist.

Diäten mit *niedrigem Kohlenhydrat-, aber hohem Fettanteil* sind vor allem die *Punkte-Diät, Atkins-* und *Fettdiät.* Charakteristisch für die erstere ist, daß die Lebensmittel je nach Inhaltsstoffen bestimmten Punktwerten zugeordnet werden; Lebensmittel mit hohem Kohlenhydrat-Anteil besitzen eine extrem hohe Punktzahl. Eiweiße und Fette können bei der Punkte-Diät unbeschränkt aufgenommen werden, Alkohol ist erlaubt.

Auch bei der Atkins-Diät ist eine niedrige Kohlenhydrat- und hohe Fett- und Eiweißzufuhr erwünscht. Außergewöhnlich ist die unbegrenzt erlaubte Kalorienzufuhr.

Die modifizierte Form der Atkins-Diät stellt die Fett-Diät dar. Hier werden die tierischen Fette weitgehend durch pflanzliche ersetzt.

Diese Kostformen sind ballaststoffarm, begünstigen den Mangel an essentiellen Nährstoffen sowie die Arteriosklerose-Anfälligkeit aufgrund des hohen Fettanteils. Außerdem handelt es sich hierbei um eine äußerst einseitige Ernährungsweise.

Je nach Dauer der Anwendung kann es zu mehr oder weniger stark ausgeprägten Ernährungskrankheiten kommen.

Bei weiteren Schlankheitsdiäten, wie der *Hollywood-Kur, Mayo-Diät* (hoher Fleisch- und Eieranteil) und *Quark-Diät,* dominiert die Zufuhr *tierischen Eiweißes.* Aus ernährungsphysiologischer Sicht ist eine Eiweiß-Kur abzulehnen, weil in unserer Durchschnittsernährung der Eiweißanteil ohnehin schon zu hoch ist – mit den vorne beschriebenen Konsequenzen.

Vom deutschen Bundesbürger wird täglich aus den verschiedensten Quellen ca. das Doppelte der Menge an Eiweiß aufgenommen, die von der WHO oder der DGE empfohlen wird (0,8 g/kg Körpergewicht). Wir sollten deshalb die extrem hohe Eiweißzufuhr eher erniedrigen, anstatt sie durch Diäten noch weiter zu erhöhen.

Der neueste Renner auf dem Schlankheitsmarkt sind *Fertigdiäten* aus der Tüte (sogenannte Formuladiäten): Sie sollen bei *geringem Energiegehalt* den Körper mit allen *lebensnotwendigen Stoffen* versorgen. Ursprünglich wurden diese Präparate für Kranke, die nicht mehr essen können, entwikkelt (parenterale Ernährung und Sondenernährung). Diese Diätformen sind keine Möglichkeit, stabile Eßgewohnheiten, die Ihrer Kur langfristig Erfolg verleihen, einzuüben.

Auch mit *pharmazeutischen Mitteln* wird versucht, Körpermasse zu reduzieren. Hier gibt es die diversesten Möglichkeiten: Abführmittel, Appetitzügler, Schlankheitstees oder die HCG-Kur (Injizieren von Hormonen zur Stimulierung des Fettgewebeabbaus).
Der Energieverbrauch sowie Abbau von Fettgewebe soll gesteigert werden, eine Störung der Verdauung bzw. Resorption soll hervorgerufen werden, wie auch die Beeinflussung des Appetits durch Pillen.
Bei Anwendung pharmazeutischer Mittel kann man grundsätzlich davon ausgehen, daß unerwünschte Nebenwirkungen hervorgerufen werden. Die Wirksamkeit ist äußerst zweifelhaft und eher als gesundheitsgefährdend als -fördernd einzuschätzen.
Und diese Liste ließe sich noch endlos beliebig fortsetzen ... Untersuchungen zeigen, daß »7 von 10 Diättestern sich nach sechs Monaten ihr Ausgangsgewicht oder mehr wieder angegessen haben. Nach einem Jahr hält nur noch jeder Zehnte sein Mindergewicht konstant. Zwei Jahre nach dem Abspecken sind bei allen Diätlern die alten Kilos wieder an Bauch und Hüften, selbst dann, wenn in einer Schlankheitskur zwanzig Pfund auf der Strecke blieben ...«
Daneben gibt es aber noch ein weiteres, nicht zu unterschätzendes Problem. Prinzipiell kann man davon ausgehen, daß bei einer unter dem Bedarf liegenden Kalorienzufuhr der Körper das Defizit auszugleichen versucht, indem er körpereigene Substanz (Reservestoffe = Fettdepots) abbaut, was dann zum gewünschten Gewichtsverlust führt.
Allerdings begreift der Körper die Kalorienreduktion dann auch als Mangelzustand und läuft auf »Sparflamme«. Grundumsatz und Leistungszuwachs sind extrem erniedrigt. Der Energieverbrauch ist minimal, um das Energiepotential so lange wie möglich aufrechtzuerhalten. Die bittere Folge kann sein, daß dies, anstatt zu einer Gewichtsreduktion, sofort nach Beendigung der Diät zu einer Gewichtszunahme führt, da sich der Körper nicht mehr auf die »normalen Verhältnisse« einstellen kann!
Einzige Perspektive, um – im wahrsten Sinne des Wortes – die Last loszuwerden, ist es, durch ganzheitliche Ernährung das Problem bei der Wurzel anzugehen, anstatt zu versuchen, die Symptome durch Abmagerungskuren zu beseitigen.
Um es mal etwas philosophischer auszudrücken:
Die Eßkultur spiegelt den Zeitgeist wider! Es wird Zeit für uns einzusehen, daß der Grund für die immensen Übergewichtsprobleme zum überwiegenden Anteil (jeder 3. Bundesbürger wiegt zuviel!) tatsächlich

das unweigerliche Resultat unserer schnellebigen Gesellschaft ist und einzig und allein vom falschen Ernährungsverhalten herrührt.
Schlankheitskuren und Diäten, die nur für eingegrenzte Zeiträume konzipiert und durchführbar sind, sind schon von vornherein abzuwerten, wenn sie neben dem angekündigten Gewichtsverlust nicht auch eine Lernerfahrung mit sich bringen.
Wird nach der Kur noch genauso süß, salzig, fett und viel gegessen wie vorher, ist wohl einzusehen, daß auf diese Weise keine langfristigen Erfolge zu erwarten sind.
Abschließend noch einige Sätze zu sogenannten »Heildiäten«: Alle Diäten, welche alsbaldige Heilung von allen möglichen Krankheiten versprechen, sind zumindest zweifelhaft. Eine Aufzählung und Beschreibung aller Kuren, die auf der »Gesundwelle« segeln, würde den Rahmen dieses Buches sprengen. Nur soviel sei gesagt: Einseitige Kostenempfehlungen, dazu gehört auch eine reine Rohkosternährung, sind als Dauerernährung völlig ungeeignet und schaden mehr als sie nützen. Ernährungsempfehlungen von Lebensmittelherstellern (auch von denen mit » Dr.-Titel«) oder überhaupt solche, die ein bestimmtes Produkt zum Mittelpunkt eines Ernährungssystems machen, dienen der Absatzförderung und nicht Ihrer Gesundheit.

Fasten

Seit einigen Jahren gewinnen auch sogenannte »Fasten-Diäten« immer mehr Zulauf. Meist handelt es sich dabei nicht um »Null-Diäten«, nach denen über eine längere Zeit (unter medizinischer Aufsicht!) nur Flüssigkeiten wie Wasser und Tees getrunken und keine Kalorien aufgenommen werden, sondern nur um gemäßigtere Gemüsebrühe- und Saftfastenvarianten, durch die dann zumindest eine teilweise Mineralstoffzufuhr und eine Teilversorgung mit wasserlöslichen Vitaminen stattfindet.

Die Darmreinigung, die bei der Vollwerternährung durch den Ballaststoffreichtum der Darmfüllung gegeben ist, wird mit Hilfe von Glaubersalz oder Wassereinläufen durchgeführt.

Die Vorstellung allerdings, daß man den Körper so von aufgenommenen Umweltgiften befreien könnte, ist sicherlich nicht richtig: Schadstoffe (aus dem Fettgewebe) können zwar mobilisiert werden, sie werden aber nicht direkt ausgeschieden, sondern beeinflussen zunächst einmal die Lebensvorgänge im Körper.

Ein allmählicher Abbau von zuviel Fettgewebe ist über Vollwerternährung und viel körperliche Bewegung ratsamer.

Saftfastenkuren sind ballaststoffarm und gewähren im »Dauerfasten« auch keine ausreichende Vitamin- und Mineralstoffversorgung. Einige Tage »Saftfasten« sind aber geeignet, das übliche Fehlernährungsverhalten zu unterbrechen und den Einstieg in die Vollwerternährung zu erleichtern, wie sie ohnehin bereits häufig in den Aufbautagen vorgeschlagen wird.

Psychologische Auswirkungen und religiöse Aspekte des »Fastens« werden hier ausgeklammert.

Achtung! Für Menschen, die an Hyperurikämie (Gicht) leiden, sind Fastenkuren aller Art nicht geeignet, da sie Gichtanfälle auslösen können.

Fast-Food =

Kurzbezeichnung für alle gastronomischen Produkte, bei denen zwischen Bestellung und Erhalt der verzehrsfähigen Mahlzeit nicht mehr als 3 bis maximal 10 Minuten vergehen – die Antwort auf das »Keine Zeit«- und »Außer-Haus-Syndrom« unserer industrialisierten Lebenshaltung. Die angestrebte Verweildauer des Gastes in einem Fast-Food-Restaurant liegt bei 10 Minuten: In dieser Zeit soll bestellt, bedient und gegessen worden sein, und zum Schluß soll der Kunde seinen Abfall möglichst selbst in den vorgesehenen Behältern entsorgt haben. Dieses Ziel kann nur erreicht werden, wenn es gelingt, dem Kunden trotz Kurzabfertigung das Gefühl »Bei Fast-Food ist der Kunde König« zu erhalten. Denn McDonalds' Anziehungskraft z. B. beruht nicht zuletzt auf seiner kinder- und jugendfreundlichen Atmosphäre: Hier herrscht Unkonventionalität, die Länge des Besuchs spielt scheinbar keine Rolle. Die Rentabilität der Fast-Food-Küche basiert auf:

- Funktionsteilung,
- Rationalisierung einzelner Vorgänge,
- Spezialisierung auf wenige Leistungen,
- Einrichtung einer zentralen Bedienungstheke,
- vorgefertigten Produkten,
- Einwegverpackung,
- Finger-Food und

last not least auf der Einstellung billiger, ungelernter Arbeitskräfte, die flexibel in das perfekte Zusammenspiel Mensch–Maschine–Material eingepaßt werden können. Im Restaurant werden lediglich Endgarung, Garnierung, Verpackung und Entsorgung durchgeführt.

Dieses weltweit konfektionierte System unterbietet kostenmäßig jedes konventionell geführte »Gutbürgerliche Restaurant« mit aufwendigem Bedienungsritual, großer Speisekarte und Gedeckaufwand – obwohl die ernährungsphysiologische Qualität der servierten Produkte auch hier keinen Deut besser ist als bei McDonalds; denn auch hier ist der Anteil vorgefertigter Produkte hoch, ob Pommes oder Bratwurst, Champignoncremesuppe oder gebundene Fertigsauce.
Die Fast-Food-Industrie liegt voll im Ernährungstrend, wie sich an astronomischen Umsatzzahlen und Zukunftsplanung ablesen läßt. Sie ist heute bereits die zweitgrößte Branche der USA – und prägt auch in der Bundesrepublik allmählich das Stadtbild. Am bekanntesten sind bei uns die Hamburgerketten Sam's Quick, McDonalds, Burgerking, Kentucky Fried Chicken und Hamburger Farm.

Die Hamburger-Ketten in der Bundesrepublik

	Netto-Umsätze in Millionen DM		Anzahl der Betriebe	
	1983	1984	1983	1984
McDonalds	506,0	593,0	189	207
Burger King	49,9	60,0	22	24
Wendy's	34,0[1]	39,0[1]	15	20
Sam's Quick	18,7	17,2	11	10
Hamburger Farm	15,0	15,0	8	9

1 Schätzwerte
aus: Grefe, C. u. a., Das Brot des Siegers, Bornheim-Merten, 1985

Neue Nischen für Standardprodukte sind: Seafood-Ketten (mit z. T. synthetischen Fischprodukten), Süßgebäck-Ketten, Ethno-Food (die industrialisierte Spezialitätenküche über die italienische Schnellpizza hinaus). Und übrigens: Auch Vegetarier brauchen Fast-Food: Der Vegeburger aus texturiertem Sojaprotein (siehe Soja-Sonein) und Reis wurde extra für ihn konzipiert. Die Entwicklungsgeschwindigkeit von McDonalds wird allmählich zum Alptraum – nicht nur für die traditionelle Gastronomie. Seit der Eröffnung des ersten Lokals 1955 in einer Vorortsstraße von Chicago sind gerade 30 Jahre vergangen, aber weltweit bereits über 8000 Lokale eröffnet worden. Bis 1990 soll die Schallgrenze von 10 000 Lokalen erreicht sein, und bis zum Jahr 2000, so die Planung, soll die McDonalds-Idee in 15 000 Lokalen realisiert werden, was das McDonalds-Management schon heute veranlaßt zu prognostizieren, »daß der Hamburger zu einem Basisernährungsmittel wird, wie Brot, Milch, Eier, Kartoffeln, oder es eigentlich schon ist ...« Um der Gesundheit willen: hoffentlich nicht.

Das Fast-Food Menü

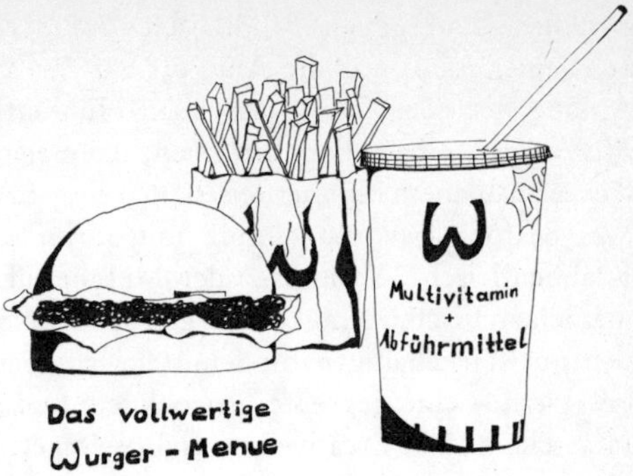

1. Das Fleisch

Whopper oder Big Mäc: 98 mm Durchmesser, 145 oder 125 g schwer, gebettet in Schmelzkäsescheiben (siehe Schmelzkäse bei Milchprodukte), verpackt in ein süßlich-weiches Sesambrötchen. Ohne technologische »Adaption« kommen Produkte, die nach dem Gleichheitsprinzip hergestellt werden, nicht aus. Eine korrekte Fertigstellung ist *nur* in industrieller Herstellung möglich. Das fängt bereits im Mastbetrieb an. Praktisch alle Hühner, Schweine und Rinder der USA werden mit Antibiotika gefüttert und schlucken bis zu 40 % der gesamten US-Antibiotika-Produktion. Gezüchtet werden in den USA auch nur noch die 4 Rinderarten, die das schnellste Fleisch bringen: Die Schlachtreife liegt bei 193 Tagen, das ist im Vergleich zum Weidefleisch nur noch der halbe Zeitaufwand.

In Deutschland drehen Lütz und Otto im schwäbischen Günzberg derzeit jährlich ca. 100000 Rinder allein für McDonalds durch den Fleischwolf. Die Firma, eine Tochtergesellschaft des US-Fleischunternehmens Otto & Sons und des größten bundesdeutschen Viehverwerters, Südfleisch-Südvieh-Gruppe, kann direkt auf die Fleischproduktion einwirken und nach McDonalds Vorgaben arbeiten: Für »100 % pure beef« wird ein durchwachsenes, fettreiches Fleisch (am besten 25 % Fett) gewünscht, dann sind weitere Bindemittel zur Bulettenherstellung überflüssig. Kalkulierbares Mastrindfleisch, das völlig gleiche Verarbeitung und Konsistenz ermöglicht, ist dazu am besten geeignet.

Trockenfütterung mit Mais (stickstoffintensive Kultur) und Soja (brasilianisches Futtermittel, meist DDT-gespritzt), dazu die Östrogene auf dem Schwarzmarkt, oder das fertige »Bullenmasthorn«, ein mit Eiweißen, Mineralsalzen, Vitaminen und veterinärmedizinischen Präparaten angereichertes Fertigfutter, bewirken gleichförmige Resultate. Die Buletten bestehen bevorzugt aus Rindfleisch. *McRib*, ein McDonalds-Produkt aus Schweinefleisch, war die Antwort auf den Preisanstieg für Rindfleisch Anfang der 80er Jahre, und auch Hühnerfleisch wurde mit *Chicken McNuggets*, einem knochenfreien, daumengroßen Preßhühnerbällchen aus zermahlenem Hühnerfleisch, neu eingeführt.

Wer Seafood bevorzugt, muß mit *Surini* rechnen, einem japanischen Krabbenfleisch-, Shrimps- oder Muschelsurrogat aus entgrätetem, gemahlenem Fisch, vermischt mit getrockneter Schalentiersubstanz, gebunden mit stärkehaltigen Bindemitteln, angereichert mit Geschmacksverbesserern – eine gepreßte, getrocknete und gefärbte »Delikatesse« des Herstellers IAC, Creative Foods, Los Angeles.

Zu viel Fleisch!

60 % der tropischen Wälder zwischen Panama und Mexiko sind bereits zerstört. Jährlich werden bis zu 700 000 ha Wald für die Viehzucht in Costa Rica abgeholzt, so daß zwischen 1950 und 1978 die Waldbedeckung von 72 auf 34 % verringert wurde. Auch Brasilien ist Opfer dieses Fleischraubbaus:

VW do Brasil (eigentlich Auto-Hersteller) hat in Ostamazonien 139 000 ha zur Viehzucht bestimmt. Bereits jetzt ist der Export an brasilianischem Rindfleisch hoch:

1983	450 000 t
1984	600 000 t

Zudem produziert Brasilien 30 % des EG-Bedarfs an Soja für Kraftfutter, das sind 18 % des gesamten brasilianischen Ackerlandes.

Doch auch im eigenen Land führt der Fleischkonsum zu ökologischer Verwahrlosung. Wer bei uns durchs Oldenburgische fährt, wird Mais sehen – nichts als Mais – Kraftfutter fürs Vieh.

Das Brot: Buns

Das Softbrötchen für die Hamburgerherstellung besteht aus Weizenmehl Type 405, Wasser, Zucker, Zusatz- und Aromastoffen nach dem Lebensmittel- und Bedarfsgegenständegesetz – von allem genug, um die Uniformität des Produktes zu garantieren (z. B. gleiche Farbe und Schnittfläche). Gute Haltbarkeit ermöglicht Vorratskäufe. Für Ernährungsbewußte wurde extra ein um 40 % der Kalorien vermindertes Weißbrot »Fresh Horizon« von der Firma Continental Bakeries (Tochterfirma des Elektronikkonzerns ITT) entwickelt. Faserstoffe aus Holzmelasse erhöhen den Ballaststoffanteil.

Rohkost:
die Tomate.

In den USA wurde extra von der Universität in Florida ein Tomatentyp gezüchtet, die Hybride MH-1, die den technologischen Anforderungen des Fast-Food-Betriebs gewachsen sein sollte, mit dicker, zäher Haut, festem, aber wäßrigem Fleisch und planbarem Erntezeitpunkt. Daß der Geschmack schimmelig, wäßrig und zäh ausfiel, war nicht zu vermeiden. Auch die Treibhausprodukte (60%), die bei uns auf dem Teller landen, schmecken nach »mehr Schein als Sein«.

Ein weitaus größerer Tomatenanteil wird in der Branche zu Ketchup verarbeitet, in dieser Form läßt sich der seltsame Geschmack weitaus günstiger beeinflussen. 90% der gesamten Ketchupversorgung hat die italienische Niederlassung des US-Gemüsemultis Del Monte in ihrer Hand. McDonalds wirbt mit 10–15% mehr Tomatenanteilen als in herkömmlichen Qualitäten der roten Sauce. Was ist sonst noch drin?

Dressings

Das A und O eines guten Rohkostsalates besteht bei McDonalds aus Honigpulver, Joghurtpulver, Bindemittel, Palmöl (billiger als Milchprodukte) und Konservierungsmitteln – ein einfaches Gemisch aus Honig, Joghurt und Gewürzen erwies sich leider als nicht haltbar. Hilfen bietet auch der Ölkonzern Standard Oil, indem er aus Abfällen der Petrochemie preiswerte Eiweiße für Salatsaucen und Dressings herstellt.

Eggrolls

Wer kennt sie nicht, die appetitlichen Eischeibchengarnierungen auf Salat oder Brötchen?

Auch der bundesdeutsche Gastronomiemarkt hat nun entdeckt, was dem Gast im US-Restaurant schon seit 10 Jahren vorgesetzt wird: den Eierschlauch, ein echtes Fast-Food-Produkt: eine 30 cm lange runde eifarbige Substanz, innen gelb und außen weiß. 75 perfekte Eischeibchen lassen sich daraus schneiden, eine Anzahl, für die man früher 25 normale Eier benötigte. Das »Ei« schmeckt gummiartig, gelatinös und hat einen schwefeligen Beigeschmack. Gebrauchsanleitung:

7 Min. in heißem Wasser auftauen, kein Kochen, Schälen, Abfall. Nicht nur in Fast-Food-Küchen eine hilfreiche Erleichterung.

Beilage: Die Fritten

Die Niederländer haben mit ihrer Industriekartoffel »Bintje« den Erfolgsschlager gelandet: geschmacksneutral, groß, schnellwachsend. Bei intensiver Stickstoffdüngung bringt sie höhere Erträge pro Bodenfläche und höheres Trockengewicht als andere auf die Waage. Für Fritten wird »Bintje« unter Heißdampf geschält, unter Wasserdruck geschnitten, heiß blanchiert, in Öl einige Minuten auf 170 ° erhitzt und dann eingefroren. McCain und Simplot (USA), Martkbeherrscher für die Produktion tiefgefrorener Kartoffelstifte, beliefern auch die Fast-Food-Ketten in der BRD: Nur Bintje ist hier gefragt.

Fett:

Fritierfette unterliegen als Lebensmittel der Lebensmittelüberwachung (siehe Speisefette und Öle) und dürfen nicht gesundheitsschädlich, verdorben oder anderweitig nachteilig beschaffen sein. Bei Überprüfungen ergab sich leider, daß 20 % zu beanstanden waren.

Zum guten Schluß:

Damit alles gut rutscht: kein Fast-Food ohne Cola! (siehe Getränke bei Obst) Ein Milch-Shake Vanille – entspricht 16 Stückchen Würfelzucker!

Der Hamburger – ein Grundnahrungsmittel

Was bei Fast-Foods auf dem Pappteller liegt, ist nach allen Raffinessen der Industriekochkunst komponiert, mindere Produktqualität wird mit Farbstoffen, Konservierungsmitteln, Stabilisatoren, Geliermitteln, Geschmacksverstärkern kaschiert; aber ungeachtet dessen gilt allgemein: Zuviel Salz, zuviel Fett und zuviel Zucker machen diese Ernährungsform nicht nur als Basisernährung ungeeignet – sie macht sogar krank!!!

– Mit einem einzigen Hamburger und Fritten (z. B. Wendy's Dreifach) nimmt man seinen gesamten Tagesbedarf an Salz auf.

– Mit einem doppelten Cheeseburger, einer Portion Pommes und einem Shake nimmt man 1516 kcal auf, das sind fast ¾ des durchschnittlichen Tagesbedarfs eines Erwachsenen. 1 BigMäc hat 540 kcal, 1 Whopper mit Käse 740 kcal. 40–50 % der Kalorien in den meisten Fast-Food-Mahlzeiten stammen vom Fett.

Dem Fett- und Kohlenhydrateüberangebot steht gleichzeitig ein Mangel an Ballaststoffen, Vitaminen und Spurenelementen gegenüber. Besonders bei den Vitaminen hapert's:

Nur 2–4 % des Vitamin-C-Bedarfs liefert eine Mahlzeit; Vitamin B_1 muß sogar zusätzlich aus anderen Quellen bereitgestellt werden, um die Kohlenhydrate abzubauen. Genau dieses Vitamin fehlt nämlich den weißen Bun-Brötchen und den süßen Milch-Shakes.

McDonalds' Viertelpfünder

	McDonalds' Viertelpfünder Pommes frites, Apfeltasche Milchshake Vanille	*selbst hergestellt* Viertelpfünder gebackene Kartoffeln, Apfeltasche, entrahmte Milch
Gewicht	584 g	766 g
Kalorien	1216	736
Eiweiß	43 g	40 g
Fett	51 g	25 g
Kohlenhydrate	146 g	90 g
Calcium	446 mg	365 mg
Natrium	1476 mg	1114 mg
Eisen	5 mg	6 mg
Vitamin A	263 I. U.	650 I.U.
Niacin	7 mg	9 mg
Vitamin C	14 mg	40 mg

aus: Rebecca M. Moulis, Foods and Nutrition, Newsletter No. 16, August 1977

Der Vitamin-B_1-Mangel ist in den USA bereits so ausgeprägt, daß eigens ein verursachernaher Name für ihn kreiert wurde: Junk Food Desease steht für Konzentrationsstörungen, Nervosität, u. U. Zittern und Schweißausbrüche infolge von Fast-Food-Dauergenuß. Dazu kommen weitere Zivilisationskrankheiten, wie Fettleibigkeit, Anstieg des Cholesterinspiegels, Zuckerkrankheit und Bluthochdruck – alles Risikofaktoren, die die Wahrscheinlichkeit erhöhen, sein Leben mit einer Herz-Kreislauf-Krankheit zu beenden. Folgen der Verstopfung durch ballaststoffarme Nahrung sind Hämorrhoiden, Krampfadern und schlimmstenfalls Dickdarmkrebs.

Und das alles für einen zweifelhaften Genuß; denn das Sättigungsgefühl bleibt aus – dahinter steckt der Konsum »leerer Kalorien«, die mit den isolierten Kohlenhydraten und dem Fett geliefert werden. Denn für das Sättigungsgefühl sind neben dem Heraufschnellen des Blutzuckers (ein Effekt, der auch nach Verzehr eines BigMäc zu verzeichnen ist) die Darmfüllung durch Ballaststoffe verantwortlich, die Volumen und Gewicht der Nahrung vergrößern, aber nicht mitverdaut werden und im Darm zurückbleiben. Auch die Dauer und Intensität des Kauens und des gesamten Verdauungsprozesses sind Einflußgrößen für das Sättigungsgefühl. Und da täuscht der Hamburger die menschliche Physio- und Psychologie: schnell ungekaut geschluckt, leicht und komplett verdaut, gaukelt er dem Körper vor, nur wenig Nahrung aufgenommen zu haben – der Hunger bleibt.

Weshalb Fast-Food »trotzdem schmeckt«, ist rational nicht zu begründen – einfach eine Sucht?

Alles Juncoholics!!!

Wer mehr zu Fast-Food wissen will, findet diese und eine ungeheure Fülle weiterer Informationen in: Christiane Grefe u. a.: Das Brot des Siegers, Lamuv-Verlag, Bornheim-Merten, 1985

»Haute cuisine«

»Haute cuisine« ist die Kunst, den typischen arteigenen Geschmack eines Lebensmittels durch Zubereitung gekonnt hervor- und in Harmonie mit dem anderer Lebensmittel zu bringen. Frischekriterium und schonende Behandlung qualitativ hochwertiger Lebensmittel verstehen sich da von selbst. Erfreulich ist auch der Trend, Fleisch oder Fisch zugunsten von Gemüsekreationen nicht mehr unbedingt zum Zentrum eines Menüs zu machen. Auch die fetten »Sahneschlachten« weichen allmählich einem geschmacklichen Purismus. Eine Verstärkung dieses Qualitätsbewußtseins bei Erhöhung des Getreideanteils und gleichzeitigem Verzicht auf ökologisch nicht vertretbare hochveredelte tierische Schleckereien wie Froschschenkel, Schneckeneier, Kaviar u. ä. liegt durchaus auf der »Vollwertlinie«.

Eine gesunde Vollwerternährung ist allerdings nicht auf das teure Ambiente eines Nobelrestaurants angewiesen, sondern in jedem Haushalt machbar.

VII. Vollwertkost Praxis

(Für Salz werden keine Angaben gemacht, man salze nach der Devise: »So wenig wie möglich – am besten gar nicht.«)

Rezepte

Frischkornbrei, Keimen

1. Frischkornmüsli
für vier Personen

8 EL Weizen, Hafer oder Fünfkorn:	am Vorabend schroten, mit Wasser bedecken und max. 10 Stunden einweichen lassen
30 g Trockenfrüchte:	abends separat einweichen
Saft einer Zitrone:	morgens dazugeben
2 EL Leinsamen	
500 g gewürfelter Apfel	
300–400 g Obst der Jahreszeit (Johannisbeeren, Erdbeeren, Pfirsiche, frische Ananas, Orangen ...)	
30 g Nüsse, Mandeln oder Sonnenblumenkerne:	anrichten

2. Frischkornfrühstück mit Keimlingen
Weizen, Roggen, Mungobohnen, Linsen, Alfalfa-, Rettichsamen ...
über Nacht einweichen. Am nächsten Morgen das Wasser abgießen (zum Blumengießen verwenden!). Die Körner in ein Glas geben, dieses mit Haushaltsgaze abdecken und verkehrt herum in ein Sieb stellen, so daß das Wasser immer ablaufen kann. Abends einfach durch die Gaze wieder Wasser ins Glas füllen, die Körner kurz einweichen lassen und wieder abgießen. Jetzt morgens und abends so weiterverfahren, bis sich kleine

Keime zeigen. Beim Weizen ist das am zweiten oder dritten Tag der Fall (je nach Zimmertemperatur!), bei Roggen am dritten oder vierten Tag ...

Rezept für 4 Personen

8 EL Weizen keimen lassen Saft von 1 Zitrone 50 g eingeweichte Trockenfrüchte 2 EL Leinsamen, geschrotet:	vermischen
600–800 g gemischtes Obst 30 g Nüsse (4 EL Quark *oder* ⅛ l geschlagene Sahne *oder* 1 Becher Joghurt)	

Frühjahr

4 Rezepte

1. Hirse-Spinat-Auflauf

2 Tassen Wasser:	Hirsebrei bereiten, aufkochen
1 Tasse Hirse:	einstreuen, erneut aufkochen und bei geringer Hitze 20 min ausquellen lassen
1 EL ungeschwefelte Rosinen, gewaschen 1 EL Haselnüsse, gehackt:	zu Hirsemasse geben
lauwarme Milch:	dazugeben, bis ein Brei entsteht
Für den Auflauf: 1 kg Blattspinat, Mangold oder Brennessel:	waschen und 5 min dünsten, abtropfen lassen
mit Kräutersalz Muskat Zitronensaft:	würzen
Spinat mit 250 g Hirsebrei:	mischen, in gebutterte Auflauftorten füllen
mit 100 g geriebenem Käse:	bestreuen und mit Butterflöckchen besetzen, 20–30 min bei 200 °C backen

2. Buchweizenfrikadellen

½ l Wasser:	zum Kochen bringen
250 g Buchweizen:	in einem Sieb waschen, zusammen
mit	
1 EL Gemüsebrühe:	in das kochende Wasser geben, 10 min köcheln, anschließend 20 min quellen lassen
125 g Haferflocken	
100 g Magerquark	
1 TL Curry	
1 EL Majoran	
1 Bund Schnittlauch:	zur abgekühlten Getreidemasse geben, gut vermengen und mit feuchten Händen Frikadellen formen
in	
Vollkornsemmelbrösel:	wenden, auf beiden Seiten leicht anbraten

Anstelle von Buchweizen können sämtliche andere Getreidesorten verwendet werden. Statt Curry und Majoran probieren Sie ruhig einmal Paprika und eine Knoblauchzehe aus. Das Getreide kann auch schon zusammen mit einem Lorbeerblatt gekocht werden. Als Krönung kann man die fertigen Klopse auch noch mit Ananasscheiben belegen und mit Käse kurz überbacken. Der Phantasie sind also keine Grenzen gesetzt!

3. Feuriger Weizensprossensalat

250 g Weizenkeime	
1 rote Paprikaschote gewürfelt	
1 TL scharfer Paprika	
1 TL Kräutersalz	
1 TL Currypulver	
2 EL Cashew- oder Haselnüsse, trocken geröstet und gehackt	
½ säuerlicher Apfel, grob geraffelt	
Cayennepfeffer	
150 ml saure Sahne:	alle Zutaten vermischen

4. Grünkernklöße mit Tomatensoße

¾ l Gemüsebrühe: aufkochen
250 g Grünkernschrot: hineinstreuen, 30 min quellen lassen
2 Zwiebeln: glasig dünsten
zusammen mit 2 Eiern
ca. 70 g Haferflocken
feingehackte Petersilie: zum Grünkornbrei geben
mit
Pfeffer
Muskat: würzen
Aus der Masse etwa 12 Knödel formen und in kochendes Wasser geben.
15 min ziehen lassen.
Dazu Tomatensauce und geriebenen Käse reichen.

Sommer

6 Rezepte

1. Ratatouille

2 Zwiebeln: feinkochen
2 Knoblauchzehen
in:
2–3 EL Olivenöl: goldgelb dünsten
2–3 Auberginen
4–5 Zucchini: ungeschält in dicke Scheiben schneiden
4 Tomaten: vierteln
4 Paprikaschoten: putzen und würfeln
Gemüse nacheinander zu den Zwiebeln geben.
Gemüsebrühe
Basilikum
Thymian
Pfeffer
Kräutersalz: würzen, 30 min leise köcheln lassen
mit
gehackter Petersilie: bestreut servieren
Dazu Nudeln, Reis oder Kartoffeln kochen.

Eine arabische Variante wird mit	
je 1 TL gemahlener	
Koriander	
Oregano	
Paprika	
Kümmelpulver	
gemahlener Ingwer	
1 Handvoll Petersilie	
Saft einer Zitrone:	gewürzt

Die Ratatouille schmeckt an warmen Tagen auch sehr gut kalt!

2. Gefüllte Gurken

2 Schmorgurken (ca. 1 kg):	schälen, waschen, halbieren, Kerne entfernen
½ l Gemüsebrühe:	Gurkenhälften andünsten
4 Zwiebeln:	in Ringe schneiden, in Öl andünsten
4 Tomaten	
zusammen mit	
300 g Champignons:	in Scheiben schneiden und zu den Zwiebeln geben
mit	
Pfeffer	
Paprika	
Majoran:	würzen
zum Schluß	
gehackten Knoblauch	
gehackte Petersilie:	unterrühren
	Gurkenhälften in feuerfeste, gefettete Form setzen, Champignonmasse in Gurken einfüllen
mit 5–6 EL geriebenem Käse:	bestreuen
	10 min überbacken, mit gehacktem Dill bestreuen

Mit etwas weniger Aufwand läßt sich das Gericht auch zubereiten, wenn die Gurken in Stücke geschnitten mit den anderen Gemüsen gedünstet werden und zum Schluß ¼ l Sahne untergezogen wird.

3. Blumenkohl-Kohlrabi-Frischkost

1 Blumenkohl:	zerteilen, Strunk und dickere Stiele abschälen, zarte grüne Blätter mitverwenden, ⅔ des Kohles grob, ⅓ fein raspeln
Kohlrabiknollen:	schälen, Herzblätter von Hand kleinschneiden, ⅔ grob, ⅓ fein raspeln
Für die Sahnesauce:	
1 Becher saure Sahne	
1 Becher Joghurt:	verrühren
abschmecken mit	
Hefeflocken	
Edelsüßpaprika	

4. Quarkklößchen

250 g Schrot	
100 g Quark	
2 EL Öl	
etwas Honig:	alle Zutaten vermengen, Klöße abstechen und 10 min in siedendem Wasser garen

Dazu z. B. einen frischen Obstsalat.

5. Buchweizen mit Früchten

1 Tasse Buchweizen	
3 Tassen Wassermilchgemisch:	zum Kochen bringen, anschließend ausquellen lassen
Zimt	
etwas Honig oder	
Banane	
1 EL Joghurt, Dickmilch oder saure Sahne	

Dazu: zerkleinertes Obst nach Belieben.

6. Gefüllte Maispfannkuchen

250 g Maisgrieß
75 g Buchweizenmehl

½ l lauwarmes Wasser:	verrühren und eine Stunde stehenlassen
zwischenzeitlich	
200 g Zwiebeln:	glasig dünsten
175 g Emmentaler oder Gouda:	reiben
500 g Tomaten:	in Scheiben schneiden

Aus dem Teig Pfannkuchen backen (etwas mehr Fett nehmen), die Kuchen brauchen nicht gewendet werden.
Den fertigen Pfannkuchen auf einen Teller geben, mit 1 EL Zwiebeln und geriebenem Käse bestreuen und eine Hälfte mit Tomatenscheiben belegen. Zusammengeklappt auf ein Backblech legen und bei 150 °C backen, bis der Käse geschmolzen ist. Mit Schnittlauch garniert servieren.

Herbst

6 Rezepte

1. Ofenkartoffeln

Kartoffeln:	gründlich waschen und bürsten, Backblech mit Öl bepinseln und mit Kümmel bestreuen (schmeckt auch mit Paprika bestreut), Ofen auf 200 °C heizen. Kartoffeln halbieren und mit Schnittfläche nach unten auf das Backblech legen.

Dazu Quark servieren.

2. Kartoffelauflauf

1 große Stange Lauch (oder entsprechend viele Zwiebeln):	waschen und in Ringe schneiden, kurz andünsten
200 g Käse:	grob raspeln
4–6 Kartoffeln:	schälen und in dünne Scheiben hobeln
4–6 Tomaten:	in Scheiben schneiden

Alle Zutaten in eine gut gefettete Auflaufform reihenweise einschichten. Mit

Basilikum:	würzen

30–40 min bei 220 °C garen

2. Ungarisches Kartoffelgulasch

3–4 Zwiebeln hacken und goldgelb dünsten. Mit Rosenpaprika bestäuben und mit 2 EL Obstessig ablöschen.

1 kg gekochte Kartoffeln:	in Scheiben dazugeben
½ l Gemüsebrühe:	angießen. Etwa 20 min köcheln lassen
mit	
Pfeffer:	abschmecken, kurz vor dem Servieren
⅛ l Sahne:	unterrühren

mit
Petersilie verzieren

Das Kartoffelgulasch wird indisch, wenn man statt Obstessig 1 TL Curry, 1 Ringel Zitronenschale und eine Stange Zimt verwendet.

4. Blumenkohl mit Mandelsauce

2 EL Mandeln:	überbrühen, abschälen und in Splitter hacken
in	
4 EL Butter:	rösten
mit	
Pfeffer:	würzen
über	
1 fertig gedünsteten Blumenkohl:	geben und servieren

5. Gemüsereis

für 3 Personen

½ Tasse Sellerie, gehackt	
½ Tasse Zwiebeln, gehackt	
½ Tasse grüne Pfefferschote, gehackt	
½ Tasse Mohrrüben, gehackt	
1 Knoblauchzehe, zerdrückt:	in Öl andünsten, bis Zwiebeln goldgelb sind und der Sellerie gar ist

je ¼ TL Paprika	
Salbei	
Majoran	
Rosmarin:	zufügen
mit	
2 Tassen heißer Brühe:	ablöschen
4 EL Bierhefe	
1 Tasse Naturreis:	zufügen und auf kleinem Feuer zugedeckt köcheln lassen, bis der Reis alle Feuchtigkeit aufgenommen hat

6. Chicoreesalat mit Bananen

500 g Chicoree:	waschen, putzen, in Scheiben schneiden
2 Bananen:	in Scheiben schneiden, unter Chicoree mischen

Soße bereiten aus:
2–3 EL Öl
Zitronensaft
½ TL Honig
Mit gehackten Mandeln bestreut servieren.

Winter

8 Rezepte

1. Vegetarische Kohlroulade

1¼ Tassen Naturreis	
⅛ Tasse Sojaschrot:	zusammen kochen
1 Zwiebel:	hacken und in Öl dünsten
½ Tasse Pinienkerne oder	
Sonnenblumenkerne	
1 knapper EL Kümmel	
¼ Tasse Rosinen	

Alle Zutaten mischen. Um die Masse geschmeidiger zu machen, etwas

Tomatensauce:	unterrühren

12 Kohlblätter:	kurz in kochendem Wasser aufwellen lassen. Je drei EL der Reismasse auf ein Kohlblatt setzen, zusammenrollen und mit Zahnstochern feststecken
Rouladen in Tomatensauce:	15 min schmoren lassen

Vor dem Servieren auf jede Roulade etwas Joghurt klecksen.

Für die Tomatensauce:

2–3 Zwiebeln:	würfeln und in etwas Fett andünsten
1 Dose Tomaten (wenn man frische Tomaten hat, müssen diese überbrüht und gepellt werden, bevor man sie passiert):	passieren, zu den Zwiebeln geben
mit	
Pfeffer	abschmecken

2. Zwiebelragout

für 1 Person

150 g Zwiebeln:	in Ringe schneiden, in
2 EL Öl:	anbräunen
2 EL gewürfelten Tofu	
1 TL Kümmel:	dazugeben
mit	
0,2 l Gemüsebrühe:	ablöschen, 15 min köcheln lassen, eventuell mit
etwas Vollkornmehl:	andicken

Dazu Kartoffeln, Getreide oder Nudeln.

3. Linsensalat

250 g Linsen:	waschen und in
1¼ l Wasser:	über Nacht einweichen
1 Zwiebel:	feinhacken, in etwas Öl andünsten
Knoblauch	
Lorbeerblatt	
Pfeffer:	dazugeben. Mischung zu den Linsen geben und diese weichkochen
Für die Sauce:	1 Zwiebel (feinhacken)

4 EL Öl	
1–2 EL Obstessig oder Zitronensaft	
1 TL Senf	
eventuell Pfeffer	
4 EL gehackte Petersilie:	vermischen
zum Garnieren:	
2 Tomaten	
ca. 10 schwarze Oliven	

4. Rezepte mit Tofu

Kochtips:

a) Tofu läßt sich sehr leicht marinieren, z. B. in 2 EL Sojasauce mit 6 EL Wasser, 1 MS Ingwer, 1 Prise Muskat, 1 Schuß Sherry, Kräuter

b) angebrochenen Tofu im Kühlschrank unter Wasser lagern.

Tofu-Kräcks

Tofu:	in Streifen schneiden. Diese in
Kartoffelstärke	wälzen und in
Pflanzenöl	braten

Tofu-Omelett

300 g Tofu:	würfeln und 2 min lang in
Salzwasser	kochen. Gut abtropfen lassen
5 Eier	
4 EL Sojasauce	
1 TL Salz	
3 EL Schnittlauch	
1 kleine zerdrückte Knoblauchzehe:	mit Tofu mischen, etwas Öl erhitzen und Omeletts darin backen

5. Chinesischer Gemüsetofu

1¼ Tassen Tofu:	würfeln. In etwas
Öl	kurz andünsten
Spinat oder ähnliches Blattgemüse	dazugeben. Mit
Sesam	überstreuen und kurz schmoren lassen, mit

Sojasauce	abschmecken, dazu
Naturreis	

6. Boston baked Beans

1 Zwiebel	mit
5 Nelken	spicken, in eine gefettete Auflaufform setzen
500 g gekochte weiße Bohnen	zufügen
½ l Gemüsebrühe	
2 TL Senf	
Kräutersalz	
Pfeffer	
Bohnenkraut	
etwas Rübenkraut	
oder Honig:	vermischen und über die Bohnen gießen. Zugedeckte Form im Ofen bei 200 °C 50 min backen

7. Rotkohlsalat mit Lauch und Apfel (1 Pers.)

1 EL Öl	
EL Obstessig:	zu Soße verrühren
100 g Rotkohl:	in schmale Streifen schneiden
1 Apfel (Boskop):	raspeln
½ dünne Stange Lauch:	putzen und in feine Streifen schneiden, Zutaten mit Soße vermischen

8. Rotkohl mit Banane und Preiselbeeren

1 kleiner Rotkohl:	putzen und in Streifen schneiden
50 g Butter	
1 EL Öl:	erhitzen, Rotkohl zufügen, kurz anbraten

1 Tasse Wasser:	aufgießen, mit
Salz, weißem Pfeffer:	würzen. Bei schwacher Hitze 30 min dünsten
1 EL Honig 1 Banane:	in Scheiben schneiden. Zusammen mit
3 EL Preiselbeeren Saft einer halben Zitrone: Saft einer halben Orange:	zum Kohl geben, umrühren und weitere 10 min dünsten

Adressen

Allergien

Projekt Nahrungsmittelallergie
Fachhochschule Fulda
Fachbereich Haushalt und Ernährung
Marquardstraße 35
D-6400 Fulda

Gewürze und Kräuter

Heuschrecke
Heinz-Dieter Gasper
Äußere Kanalstraße 16
5000 Köln 30
Tel.: 0221/544261

Lebensbaum
Lohnstraße 25
2840 Diepholz

Phoenix
Hopfengartenstraße 12–14
6365 Rosbach

Wurdis
Stadlermühle
8471 Stadlern

Landbau-Verbände, Organisationen, Erzeuger-Verbraucher-Gemeinschaften

Anbauer- Verteiler- Verbraucher-Gemeinschaft e. V.
Rotenfelser Weg 15
1000 Berlin 45
Tel.: 030/7745855

Erzeuger-Verbraucher-Gemeinschaft e. V.
Verein für ökologische Landwirtschaft und Ernährung
Barbarossastraße 61
1000 Berlin 30
Tel.: 030/2153107

Landwirtschaftliche Arbeitsgemeinschaft
Buschberghof
2053 Fuhlenhagen
Tel.: 04156/7132

Bäuerliche Gesellschaft Nordwestdeutschland
Hof Dannwisch
2203 Horst/Holstein

Verein Niedersächsischer Bildungsinitiativen
Beratungsring Ökologischer Landbau
c/o Eberhard Röhring
Scharnhorststraße 6
3000 Hannover 1
Tel.: 0511/281158

Arbeitskreis naturgemäßer Landbau
Im Pohlschen Bock 9
3352 Einbeck
Tel.: 05561/81107

Arbeitskreis Naturgemäßer Landbau
Dr. E. Siefert
Holzbergstraße 7
3410 Northeim-Imbshausen
Tel.: 05553/2376

Arbeitsgemeinschaft f. bio.- dyn. Wirtschaftsweise
gemeinn. e. V. Nordrhein-Westfalen
Apelbacherstraße 18
4600 Dortmund 41
Tel.: 0231/456723

Landesverband organisch-biologischer
Land- und Gartenbau NRW e. V.
In Hagen 5
4700 Hamm-Süddinker
Tel.: 02385/1817

ANOG, Arbeitsgemeinschaft f.
naturnahen Obst-, Gemüse- und
Feldfruchtanbau e. V.
Metternich, Anton-Reuterstraße 18
5400 Koblenz
Tel.: 0261/22110

OINOS Bund ökologischer Winzer
e. V.
Am Lindenplatz
5584 Bullay
Tel.: 06542/2718

Forschungsring f. bio. dyn.
Wirtschaftsweise e. V.
Baumschulenweg 19
6100 Darmstadt
Tel.: 06155/2673

Gütergemeinschaft Rinde f.
Pflanzenbau
Vogelbergstraße 174
6420 Lauterbach

Anbau u. Versuchsring ökologisch
arbeitender Winzer e. V.
c/o H. & K. Simon, Drollmühle
6501 Wörrstadt-Rommersheim
Tel.: 06732/2334

IFOAM, p.A. Stiftung Ökologischer
Landbau
Eisenbahnstraße 28–30
6750 Kaiserslautern
Tel.: 0631/64265

Bionomica Gemeinschaft
Postfach 249106
6800 Mannheim 24

Otto Hinsberg Nackenheim
Ges. f. naturgem. Landkult
Postfach 106
6800 Mannheim 24

NATURATA
Assoziative
Großhandelsgenossenschaft
für Erzeuger, Händler und
Verbraucher
Tauberstraße 25
6970 Lauda
Tel.: 09343/2011

Bundschuh Land u. Forstwirtsch.
Produktionsgen., Schwabhausen
Baulandstraße 1
6973 Boxberg
Tel.: 07930/2211

Demeter Bund e. V.
Wellingstraße 24
7000 Stuttgart 75

Gesellschaft f. Boden und Gesundheit
Postfach 19
7183 Langenburg

Bioland
Langestraße 26
7326 Heiningen

Fördergemeinschaft Organisch-
biologischer Land- und Gartenbau
e. V.
Bahnhofstraße 1
7326 Heiningen

Demeter-Fördergemeinschaft
Umweltpflege e. V.
Lärchenstraße 15
7405 Dettenhausen

Verein f. biol. Anbauweise e. V.
Binsdorf, Beethovenstraße 2
7465 Geislingen
Tel.: 07428/8403

DGGL, Deutsche Gesellschaft f.
Gartenkunst u. Landschaftspflege
Markgrafenstraße 14
7500 Karlsruhe 1

Vereinigung d. Ag. f. bio.-dyn.
Wirtschaftsweise e. V.
Gravelottestraße 12
7530 Pforzheim

Vereinigung d. Ag. f. bio.-dyn.
Wirtschaftsweise, Baden Württ. u.
Pfalz e. V.
Mathystraße 34
7530 Pforzheim

Arbeitsgem. f. Naturgemäßen Land-,
Obst- und Gartenbau e. V.
Binzburgstraße 40
7601 Schutterwald
Tel.: 0781/52804

Arbeitskreis Naturnaher Landbau
Fam. Lau, Großherrischwand
7881 Herrischried
Tel.: 07764/239

Arbeitsgem. Bodenfruchtbarkeit
und Qualitätserzeugung
Postfach 1112
7900 Ulm
Tel.: 0731/66340

Förderkreis f. Umweltgesundung
durch bio.-dyn. Wirtschaftsweise e. V.
Fehwiesenstraße 51
8000 München 80
Tel.: 089/435547

Verein z. Förderung des
naturgemäßen Landbaus
Ismaningerstraße 112
8000 München 40

Verein f. naturgemäßen Landbau
und naturgemäße Ernährung e. V.
»ökogarten vaterstetten«
Johann-Straußstraße 42
8011 Baldham
Tel.: 08106/31435

Naturland e. V.
Pasingerstraße 94
8032 Gräfeling
Tel.: 089/8543234

Entwickl. sanfter Technol. f. d.
Landwirtschaft, Landtechnischer
Verein i. Bay. e. V.
Vöttingerstraße 36
8050 Freising-Weihenstephan
Tel.: 08161/71460

Arbeitskreis f. biol. Landbau u.
naturgemäße Ernährung, Dipl. agr.
ing. Johann Reitmayer, Enkering
Hauptstraße 29
8079 Kindling
Tel.: 08467/255

Biokreis Ostbayern e. V.
Rosensteig 13
8390 Passau

Farm Gemeinschaft e. G.
8821 Dornhausen Nr. 29
Tel.: 09834/762

Verein z. Förderung ökologischer
Kultur
Prinzigstraße 4 1/2
8940 Memmingen

Fördergemeinschaft org.-bio.
Landbau, Landesvorstand Bayern
Franz Abröll
8942 Ottobeuren Bühl
Tel.: 08332/237

Pensionen

Ernährung vom eigenen bio.-dyn. Hof
Bauckhof
2124 Amelinghausen
Tel.: 04132/1021

Landhaus Eichenhorst, Vollwert-Küche
Margaretenstraße 19
2947 Friedeburg 1
Tel.: 04465/1482

Haus Natur, Naturkostpension
Dellertstraße 14
2983 Nordseeheilbad Juist
Tel.: 04935/482

Erholungsheim Spöktal
3045 Bispingen

Reform-Hotel Neuhaus
Steinbergstieg 15
3490 Bad Driburg
Tel.: 05253/3061

Kur-Landhaus Hitzelrode, vollwert + vegetar.,
Auf dem Gänseland 2
3446 Meinhard-Hitzelrode
Tel.: 05651/5711

Dorint, Schloßhotel Arolsen
Große Allee 1
3548 Arolsen
Tel.: 05691/3091

Vita-Zen
Remmeker Ring 64
3548 Arolsen
Tel.: 05691/7313 + 14

Naturkost, Hans Borger
Erlenweg 25
4502 Bad Rothenfelde
Tel.: 05424/5353

Landhaus Wuttke, Vollwertkost
Crottorferstraße 57
5226 Reichshof- Bergerhof
Tel.: 02297/1330

Gilde-Hotel Landgasthof Reinhold
Vollwertkost nach Schnitzer
Kirchplatz 2
5270 Gummersbach-Liebenhausen
Tel.: 02354/5273

Landhaus Arnoth
Auf dem Pütz
5551 Kleinich
Tel.: 06536/286

Gästehaus und Diätheim Horus
Vegetarische Vollwertkost
6124 Beerfelden 2
Tel.: 06068/1318

Peter Guth
Bärenbrunnerhof
6781 Schindhard
Tel.: 06391/1564

Hotel-Pension Wartberg
Raiffeisenstraße 11
6927 Bad Rappenau
Tel.: 07624/1667 + 7840

Landhaus Freya, biolog., vegetar.
6990 Bad Mergentheim-Herbsthausen
Tel.: 07931/8593

Haus auf der Wacht, biolog. Vollwertkost
Widensteinblick 1
7201 Irndorf
Tel.: 07466/364

Kurhotel Lauterbad
7290 Freudenstadt-Lauterbad
Tel.: 07441/81007

Gesundheitstraining, Schwefelbäder, veget. Vollwertkost
Haus Mayer, Joh.-Seb.-Bach-Str. 6
7525 Bad Schöborn

Hotel-Restaurant Zum Wagnerstüble
Wildbader Str. 45
7544 Dobel
Tel.: 07083/8758

Schnitzer-Diät, Parkhotel Wehrle
Gartenstr. 24
7740 Triberg
Tel.: 07722/4081

Hotel Sonnenhaus am Kurpark
Hermann-Voland-Str. 15
7744 Königsfeld

Fremdenheim Hardthof
7759 Immenstadt
Tel.: 07545/6731

Vegetar. Pension
Mainauweg 6
7770 Überlingen

Haus Wagner – veget. Naturkost-Pension
Tiefenhäusern Nr. 14
7821 Höchenschwand
Tel.: 07755/513 + 597

Pension Herzog, veget. Vollwertkost
7863 Zell-Pfaffenberg
Tel.: 07625/7803

Landhaus Vita, veget. Vollwertkost
7895 Klettgau 2
Tel.: 07742/1515

Naturkost-Pension Moierhof, Vollwertkost
aus eigenem Anbau, G. Schuhböck
8224 Chieming
Tel.: 08664/1017

Bio.-dynam. Bauerhof, Höllmühle
Dr. E. C. Klein
8411 Brennberg
Tel.: 09484/435

Haus Maranatha, veget. Vollwertkost
Naturpark Bayerischer Wald
8491 Stamsries
Tel.: 09466/394

Pension Spessartblick, Vollwertkost
Tannenstr. 1
8752 Krobach

Heilfasten, Meditation, Veg. Kost
Haus Seefeld, Gailnau 78
8801 Wettringen
Tel.: 09869/224

Kneipp-Kursanatorium Berghof
Schnitzer-Kost, Schlingener Str. 5
8939 Bad Wörishofen
Tel.: 08247/1426

Kurpension Schliephake
Jahnstr. 13
8939 Bad Wörishofen
Tel.: 08247/2685

Waerlandhaus Daheim, veget., vollwert
Enzianstr. 3
8967 Oy-Mittelberg
Tel.: 08366/691

Hotel Almagnach
Steigbachtal 13
8970 Immenstadt

Pension Zinth, Vollwertkost
Schindelberg 11 1/2
8974 Oberstaufen
Tel.: 08386/8148

Kochkurse

Ost-West-Zentrum Hamburg e. V.
Eppendorfer Marktplatz 13
2000 Hamburg 20
Tel.: 040/472750

Morgenland Naturkost
Auf dem Anger 2
3410 Northheim 19
Tel.: 05551/64592 u. 65342

Vollwert, Vita-Zen
Elisabeth Weiling
Remmeker Ring 64
3548 Arolsen
Tel.: 05691/7313 u. 14

Öko-Bildungswerk
Bildungswerk für Ökologie und Gesellschaftspolitik
Herwarthstraße 22
5000 Köln 1
Tel.: 0221/514029

Studienhaus Hof Sonneborn
5970 Plettenberg
Tel.: 02391/70332

Die Werkstatt f. gesundes Leben u. kreative Freizeit
Bremhof 10, Vielbrunn
6120 Michelstadt
Tel.: 06066/1366

Arbeitskreis f. Ernährungsforschung e. V.
bio.-dyn. Ernährung
Zwerweg 19
7263 Bad Liebenzell
Tel.: 07052/3061

Mühlen-Studio-Kaisergarten
Thierschstr. 4
8000 München 22
Tel.: 089/224859

Robert u. Isabella Hofmann
Tannenweg 11
8011 Parsdorf
Tel.: 089/9039050

Bildung auf dem Lande e. V.
Oberdorf 2
8018 Taglaching
Tel.: 08092/5363

Vollwert, Biomarkt
Gabriele Sießmeier, Auenweg 2
8941 Erkheim
Tel.: 08336/9156

Vollwertkost
Erika Petri
Rohrachweg 4
8959 Schwangau
Tel.: 08362/8331

Verbraucherverbände/ -stiftungen, -zentralen

Arbeitsgemeinschaft der Verbraucher e. V.
(AgV)
Heilsbachstraße 20
5300 Bonn 1
Tel.: 0228/641011

Verbraucherzentrale Baden-Württemberg e. V.
Augustenstraße 6
7000 Stuttgart 1

Verbraucherzentrale Bayern e. V.
Haydnstraße 7
8000 München 2

Verbraucherzentrale Berlin e. V.
Bayreuther Straße 40
1000 Berlin 30
Tel.: 030/240251

Verbraucherschutzverein
Lützowplatz 11–13
1000 Berlin 30
Tel.: 030/2611357

Verbraucherzentrale des Landes
Bremen e. V.
Ansgaritorstraße 3
2800 Bremen 1

Verbraucherzentrale Hamburg e. V.
Große Bleichen 23
2000 Hamburg 36

Verbraucherzentrale Hessen e. V.
Berliner Straße 27
6000 Frankfurt/Main 1

Verbraucherzentrale Niedersachsen
e. V.
Georgswall 7
3000 Hannover 1

Verbraucher-Zentrale Nordrhein-
Westfalen e. V.
Mintropstraße 27
4000 Düsseldorf 1
Tel.: 0211/377089

Verbraucherzentrale Rheinland-Pfalz
e. V.
Große Langgasse 16
6500 Mainz 1

Verbraucherzentrale des Saarlandes
e. V.
Hohenzollernstraße 11
6600 Saarbrücken 1

Verbraucherzentrale Schleswig-
Holstein e. V.
Bergstraße 24
2300 Kiel 1

Der Deutsche
Verbraucherschutzverband
(DVS) e. V.
Leberberg 4
6200 Wiesbaden
Tel.: 06121/528616

Der Deutsche
Verbraucherschutzverband
(DVS) e. V.
Fichtenstraße 2
6272 Niedernhausen

Verbrauchergemeinschaft –
Interessenverband u.
SH-Organisation der Verbraucher
e. V.
Maximilianstraße 26
5300 Bonn 1

Stiftung Verbraucherinstitut
Reichpietschufer 72–76
1000 Berlin 30
Tel.: 030/2611765

Stiftung Warentest
Lützowplatz 11–13
1000 Berlin 30
Tel.: 030/2631-1

Stiftung Ökologischer Landbau
Eisenbahnstraße 28–30
6750 Kaiserslautern

Sonstige wichtige Verbraucherorganisationen

Infodienst für Gesundheitsläden
c/o Barbara Krekeler
Langemarkstraße 48–50
2800 Bremen 1

Bundesverband Naturkost e. V.
Friedrichstraße 2
6233 Kelkheim

Die Verbraucherinitiative e. V.
Postfach 1746
5300 Bonn 1

Haushaltswaren und -geräte

Hafenschmiede
Keramikwerkstatt
Körner-Miller
Hasenstraße 4
7958 Laupheim
Tel.: 07392/4479

Treibholz – Küchengeräte aus Holz
Planetenstraße 1
4000 Düsseldorf
Tel.: 0211/344711

Geschirr u. Besteck aus Holz (Herst.)
Werkhof Getelo, Grenzweg 83
4459 Getelo
Tel.: 05942/895

Hausrat aus Holz, Werkstatt-Blätter
Manufaktur (Herst.)
4553 Merzen 3
Tel.: 05466/642

Gärtöpfe, Thomas Hölzer (GH)
Behringweg 3
4630 Bochum-Querenburg
Tel.: 0234/701518

Run Haushaltswaren GmbH
Industriestr. 9
5220 Waldbröl

Energiesparkochtöpfe, Rai Stuplich
Görgenstr. 7
5400 Koblenz
Tel.: 0261/32277

Bildungs- u. Gesundheitszentrum
(Versand), Memeler Str. 25
5657 Haan 1
Tel.: 02129/3038

Öko-Zwilling (Mülleimer),
M. Westermann
& Co. GmbH (Herst.)
Postfach 2680
5760 Arnsberg 1

Reilo GmbH
Postfach 1446
5880 Lüdenscheid
Tel.: 02351/85078

Bachgau-Versand E. Krautwurst
Prof.-Heinr.-Geißler-Str. 41 a
6117 Schaafheim

Turmalin Naturwaren Käfer &
Partner GmbH (GH)
Esslinger Str. 48
7307 Aichwald 3
Tel.: 0711/361095

Gärtopf, Steinzeugwerk
Harsch KG
7518 Bretten
Tel.: 07252/771

Ökomülleimer, Leo Pröstler (Herst.)
Postfach 753
7811 Sulzberg
Tel.: 07634/6255

Obstpressen u. Mühlen z. Saft- u.
Weinherstellung, Fa. Hrink
7989 Amtzell
Tel.: 07520/6145

Gartöpfe, Barbara Hufschmied (EH)
Pfarrer-Kerer-Straße 3
8058 Erding
Tel.: 08122/14071

Alles f. d. Fruchtsaft- u.
Weinherstellung Arauner
Postfach 349 GL
8710 Kitzingen 1

E. Adam
Kemptener Str. 16
8958 Füssen

Über Produkte wie z. B. Getreidemühlen, Biolacke, Naturfaser-Textilien, Waschmittel usw. sollte man sich in Bioläden beraten lassen

Behörden

Bundesforschungsanstalt für
Ernährung
Engesserstraße 20
7500 Karlsruhe
Tel.: 0721/60114 + 60116

Ministerium für Ernährung,
Landwirtschaft und Forsten
Postfach 243
Calenbergerstraße 2
3000 Hannover
Tel.: 0511/1201

Bücherliste

Kochbücher und Einkaufshilfen

- Eve Marie Helm, Feld-, Wald- und Wiesenkochbuch, Heyne-Verlag, München, 1983
- Paul Southey, Die Feinheiten der vegetarischen Küche, Unipart-Verlag, Stuttgart, 1984
- I. Früchtel, Das große Vollkorn-Kochbuch, Gräfe und Unzer Verlag, München, 1980
- H. Danner, Biologisch Kochen und Backen, Econ-Verlag, Düsseldorf, 1979
- Verband Unabhängiger Gesundheitsberater Deutschland e. V. Vollwert-Ernährung zum Überlegen, Ardos-GmbH, Gießen, 1985
- Ralf Goetz, Naturkost – ein praktischer Warenführer, Bala-Verlag, Schaafheim, 1983

Schadstoffe / Zusatzstoffe

- KATALYSE e. V., Chemie in Lebensmitteln, Zweitausendeins-Verlag, Frankfurt, 1986
- KATALYSE e. V., Was wir alles schlucken, Reinbek, 1985

Grundlegende und weiterführende Werke

- Wolfgang Franke, Nutzpflanzenkunde, Georg Thieme Verlag, Stuttgart, 1976
- H. D. Belitz und W. Grosch, Lehrbuch der Lebensmittelchemie, Springer, Berlin, Heidelberg, 1982/85
- W. Heimann, Grundzüge der Lebensmittelchemie, 3. Auflage Steinkopf, Darmstadt 1976
- H. Kasper, Ernährungsmedizin und Diätetik, 3. Auflage Urban und Schwarzenberg, München, 1985
- K. Lang, H. Bässler, Vitamine Steinkopf, 1981
- W. Schuphan, Mensch und Nahrungspflanze, Dr. W. Junk, Den Haag, 1976

– Deutsche Gesellschaft für Ernährung, Ernährungsbericht 1984 Frankfurt a. M., 1984
– V. Körber, Mannle, Leitzmann, Vollwert-Ernährung, 2. Aufl. Haug-Verlag, Heidelberg, 1982
– W. Kollath, Die Ordnung unserer Nahrung, 7. Auflage Karl F. Haug Verlag, Heidelberg, 1979
– M. O. Bruker, Gesund durch richtiges Essen Econ Verlag, Düsseldorf-Wien, 1976

VIII. Vollwerternährung nach Tschernobyl

Auch nach dem Reaktorunfall von Tschernobyl Anfang Mai 1986 besteht kein Grund, die Vollwerternährung zugunsten stark verarbeiteter oder aus Massentierhaltungen stammender Produkte aufzugeben.

Im Gegenteil! Wichtiger denn je ist es jetzt, sich an den Prinzipien einer gesunden Vollwertkost zu orientieren. Denn nach allem, was wir von dieser Ernährungsform wissen, ist sie – neben der Vermeidung ernährungsbedingter Krankheiten – am ehesten in der Lage, das Immunsystem zu stärken und einen wichtigen Beitrag zu unserem körperlichen Wohlbefinden zu leisten.

Außerdem kommt es nicht nur auf die Vermeidung von Radioaktivität, sondern generell auf eine schadstoffarme Ernährung an.

Entscheidend sind dabei die vertrauenswürdigen Produktions- und Vertriebsformen nach ökologischen Grundsätzen erzeugter Lebensmittel, bei denen die rückhaltlose Offenlegung aller Daten ernst genommen wird. Ansonsten hat der Verbraucher noch immer keine Möglichkeit, die Strahlenbelastung seiner Lebensmittel beim Einkauf zu erkennen, da sich die Bundesregierung nicht veranlaßt fühlte, eine entsprechende Kennzeichnung von Lebensmitteln einzuführen.

Eine Auswahl strahlenärmerer Lebensmittel ist aber auch jetzt, acht Monate nach dem radioaktiven Fallout über der Bundesrepublik, anzuraten. Das gilt besonders für die Risikogruppen Schwangere, Stillende und Kleinkinder.

Der Hauptteil einer zusätzlichen Strahlenbelastung wird nun bis zu 90 % von verzehrten Lebensmitteln verursacht.

Das radioaktive Iod-131, das in den Maitagen die Nuklidhitliste anführte, hat sich bis auf einen nicht mehr nachweisbaren Bruchteil in das stabile, nicht radioaktive Xenon umgewandelt. Dominierend in der Nuklidzusammensetzung sind jetzt und in Zukunft die langlebigen Radionuklide Caesium-137, Caesium-134, die biologisch weniger schädlichen Isotope Ruthenium-103 und -106 sowie Cobalt-60. Dazu kommt das wegen seiner Gefährlichkeit für das blutbildende System des Knochenmarks bekannte Strontium-90. Die wenigen vorhandenen Daten über dieses meßtechnisch schwierig nachweisbare Nuklid weisen darauf hin, daß man in etwa von 1/10 bis 1/100 des gemessenen Caesiumwertes ausgehen muß.

Orientierungswerte für Empfehlungen zur radioaktiven Belastung der Lebensmittel nach einer Empfehlung der Gruppe Ökologie Hannover (GÖK) für die Arbeitsgemeinschaft Ökologischer Forschungsinstitute (AGÖF):
Eine unschädliche Strahlendosis gibt es nicht!
Eine Orientierungshilfe bieten aber die durch die Strahlenschutzverordnung für die allgemeine Bevölkerung festgelegten Dosisgrenzwerte, die während eines Jahres nicht überschritten werden sollen.
Mit Hilfe sogenannter Dosisfaktoren, über deren Höhe sich die Wissenschaftler allerdings streiten, soll die biologische Schädlichkeit eines bestimmten Nuklids für den ganzen Körper oder ein bestimmtes Organ ermittelt werden.
Der menschliche Körper darf danach jährlich höchstens einer Ganzkörperbelastung von 30 mrem, einer Knochenbelastung von 180 mrem und einer Leberbelastung von 90 mrem ausgesetzt sein. Werden diese Dosiswerte in die entsprechende Aktivität der einzelnen Nuklide, also in die seit der Reaktorkatastrophe meistgehörte Einheit Becquerel (Bq) umgerechnet, so ergeben sich bei einem Lebensmittelverzehr von 400 kg (für die Risikogruppe Kleinkinder) folgende Durchschnittswerte:
7,5 Bq / kg Nahrungsmittel für Caesium-137
0,7 Bq / kg Nahrungsmittel für Strontium-90
Maßstab für diese Orientierungswerte sind Risikogruppen, wie Schwangere, Stillende und Kleinkinder.
Wegen möglicher außerdurchschnittlicher Verzehrsgewohnheiten werden für Grundnahrungsmittel strengere Orientierungswerte vorgeschlagen:
5 Bq / kg Grundnahrungsmittel für Caesium-137
0,5 Bq / kg Grundnahrungsmittel für Strontium-90
Personen aus Risikogruppen (siehe oben) sollten keine Lebensmittel mit Aktivitätswerten oberhalb der Orientierungswerte verzehren. Als Orientierungswerte für gesunde Erwachsene ergeben sich nach vergleichbarer Rechnung:
30 Bq / kg Nahrungsmittel für Caesium-137
1,5 Bq / kg Nahrungsmittel für Strontium-90

Bei selten oder in geringen Mengen verzehrten Lebensmitteln ist u.U. auch ein höherer Belastungsgrad zu tolerieren. Anhaltspunkte bietet folgendes Diagramm:

Diagramm: Empfehlungen zum Verzehr von Lebensmitteln, die die Orientierungswerte überschreiten.

Lesebeispiel:
Von einem Grundnahrungsmittel sollten demnach entweder 100 kg (oder mehr) pro Jahr mit nicht mehr als 5 Bq / kg Cs-137 gegessen werden. Bei geringerer Verzehrmenge von z.B. 10 kg / Jahr besteht ein Toleranzbereich bis etwa 15 Bq / kg. Beträgt die Verzehrmenge dieses Nahrungsmittels nur 1 kg im Jahr, reicht die Toleranzgrenze bis 50 Bq und nicht etwa bis 500 Bq, da davon ausgegangen werden muß, daß außer diesem einen Kilogramm weitere belastende Lebensmittel verzehrt werden und mit 500 Bq bereits ein Achtel der gesamt duldbaren Jahresdosis erreicht wäre.

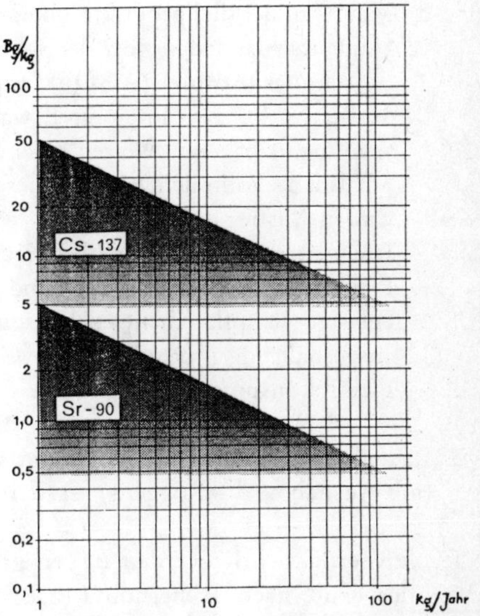

Versuchen Sie die Caesium-137-Belastung Ihrer Lebensmittel zu ermitteln, um wenigstens ansatzweise nach diesem Orientierungsrahmen auswählen zu können.

Aufgrund neuerer Untersuchungsergebnisse der Strahlenmeßstelle »Gamma«, die die KATALYSE e.V. und das Bremer Umweltinstitut e.V. seit

Juni 1986 betreiben, geben wir folgende Empfehlungen zur Reduzierung der Strahlenbelastung durch Lebensmittel:

1. Lebensmittel aus Jugoslawien, Griechenland und der Türkei weisen sehr hohe Belastungen auf. Insbesondere soll auf Produkte aus der Türkei verzichtet werden (vor allem auf Nüsse, Trockenfrüchte und Tees, wobei letztere extrem kontaminiert sind).

2. Generell zeigen folgende Nahrungsmittel überhöhte Belastungswerte:
   a) Nüsse (insbesondere Haselnüsse, Eßkastanien)
   b) Wildpilze
   c) Roggen zeigt im Gegensatz zu anderen Getreidearten sehr überhöhte Werte. Getreideprodukte aus Italien (besonders Spaghettis) erreichen Werte bis 70 Bq/kg.
   d) Milch- und Milchprodukte überschreiten zur Zeit in Nord- und Süddeutschland den von der »Arbeitsgemeinschaft ökologischer Forschungsinstitute« (AGÖF) festgelegten Orientierungswert von 30 Bq Cs-137 pro Liter für Erwachsene (Risikogruppen müssen sich an niedrigeren Werten orientieren). Die im Kölner Handel erhältliche Vollmilch zeigt zu diesem Zeitpunkt noch keinen relevanten Anstieg der Belastung.
   Die weitere Entwicklung bleibt jedoch abzuwarten.
   e) Fleisch und Fleischprodukte sind grundsätzlich höher radioaktiv belastet als pflanzliche Lebensmittel. Es empfiehlt sich (auch aus ernährungsphysiologischen Gründen) eine Reduzierung des Fleischkonsums.

3. Bedenkenlos können Gemüse- und Gemüseprodukte und Getreide (mit Ausnahme des Roggens) verzehrt werden.

Es muß berücksichtigt werden, daß ein großer Teil haltbarer Lebensmittel aus der Ernte nach Tschernobyl (z. B. türkische Tees, Pilzkonserven) noch nicht auf dem Markt ist, sondern erst im Laufe der nächsten Jahre die Regale füllen wird.
Auf Konserven, deren Rohstoffe zur Kategorie der stark belasteten Nahrungsmittel gehören, sollte für die nächsten Jahre verzichtet werden.

Register

KATALYSE – in eigener Sache

KATALYSE, Institut für angewandte Umweltforschung
KATALYSE, das bedeutet einen Vorgang beschleunigen oder ihn in eine andere Richtung lenken.
Für die Mitarbeiter unseres Instituts charakterisiert der Name KATALYSE gleichzeitig den Arbeitsrahmen und die Ziele auf den Gebieten des Umwelt- und Verbraucherschutzes.
Arbeitsschwerpunkte sind:
- Umweltanalytik
- Verbraucheraufklärung
- Wissenschaftsdienst
- Beratung von Kommunen und Betrieben

Umweltanalytik
Im Labor der KATALYSE werden Umweltproben wie Trinkwasser, Raumluft, Lebensmittel und vieles andere mehr mit modernsten Analysegeräten untersucht. Seit neuestem besteht hier auch eine Meßstelle für Radioaktivität, deren Ergebnisse regelmäßig der Öffentlichkeit weitergegeben werden.

Verbraucheraufklärung
Ziel der KATALYSE ist es, dem Verbraucher allgemeinverständliche Informationen über die von ihm verwendeten Produkte zu geben und ihn vor Gefahren zu warnen.

Wissenschaftsdienst
Die KATALYSE verfügt über ein computergestütztes Terminal, mit dem alle relevanten nationalen und internationalen Datenbanken für die Bereiche Umweltschutz, Medizin, Chemie, Toxikologie, Arbeitsschutz und Agrarwissenschaften befragt werden können. Informationen sind über Bildschirm und Drucker sofort verfügbar.

Beratung von Kommunen und Betrieben

Betrieben, die bei der Beschaffung von Materialien, bei Produktion und Endkontrolle ökologische und gesundheitliche Überlegungen verstärkt berücksichtigen wollen, kann die KATALYSE in Form von Beratung, Arbeitsplatzmessungen bzw. Labormessungen behilflich sein.

Die KATALYSE berät Städte und Kommunen in Fragen des Umweltschutzes, der ökologischen Verträglichkeit von Produkten, Produktionsanlagen sowie Deponien.

Katalyse
Institut für angewandte
Umweltforschung e.V.

Kinderernährung

KiWi 136

Der Ratgeber *Kinderernährung* entwirft auf dem neuesten Stand der wissenschaftlichen Erkenntnisse ein geschlossenes Ernährungskonzept für Kinder in allen Entwicklungsphasen, d.h. für Säuglinge, Kleinkinder, Vorschulkinder und Jugendliche.

Die Themenschwerpunkte:
Das Stillen · Prüfsteine für Babynahrung · Markenzeichen »Strahlengeprüft« · Nahrungsmittelallergie · Wenn Kinder das Essen verweigern · Zucker · Magersucht · Fluor und Zahnbildung · Bewertung von Produktarten (Süßigkeiten, Fast-Food, Fischstäbchen, Fritten, Ketchup usw.) · Vollwerternährung für Kinder?

Kurt Langbein
Hans-Peter Martin
Hans Weiss

BITTERE PILLEN

Überarbeitete Neuausgabe 1988/89
Broschur

»*Bittere Pillen* ist kein Buch gegen Medikamente. Im Gegenteil – durch die gezielte Beurteilung versteht es sich als Buch für den sinnvollen Gebrauch von Arzneimitteln... Tatsache ist, daß die Zahl der verkauften Medikamentenpackungen in einzelnen Anwendungsgebieten deutlich zurückgegangen ist. Die negativen Erfahrungen mit einer Reihe von Medikamenten sind für viele Patienten zu offensichtlich, als daß weiterhin unkritische »Jubel«-Berichte über Arzneimittel geschrieben werden könnten. Insofern hat das Buch bereits eine heilsame Wirkung entfaltet.«
Bundesarbeitsblatt, herausgegeben vom Bundesminister für Arbeit und Sozialforschung.

»Es ist das beste, verfügbare Nachschlagewerk für Laien, und selbst Fachleute sind damit gut bedient.«
Dr. med. Ulrich Moebius, Deutsche Apothekerzeitung.

»Die Bibel für Laien« *Der Spiegel*

KATALYSE E.V.
INSTITUT FÜR ANGEWANDTE
UMWELTFORSCHUNG

UMWELT-LEXIKON

in 1500 Stichworten
Broschur

Das Lexikon enthält 1500 Stichworte aus allen Fachgebieten und gibt für Betroffene in allen Fragen detaillierte Hinweise und Ratschläge:
Wie gefährlich ist ein Stoff, der auf der Verpackung eines Konsumgutes angegeben ist? Welche gesundheitlichen Schäden verursachen bestimmte Baustoffe oder z.B. Haarfärbemittel? Welche ungefährlichen Alternativen gibt es? Wohin kann man sich in Gefahrenfällen wenden?
Alle Texte zu den einzelnen Stichworten wurden von Fachleuten so formuliert, daß auch komplizierte Begriffe verständlich werden. In zahlreichen Fällen wird der Sachverhalt zusätzlich durch Zeichnungen und Tabellen anschaulich gemacht.

KIEPENHEUER & WITSCH

Egmont R. Koch
Reinhard Klopfleisch
Armin Maywald

Mit Haut und Haaren

Ein kritischer Kosmetik-Ratgeber
Broschur

Das Buch des Bremer Autorenteams weist einen Weg im Dschungel der Kosmetika. Es deckt auf, wie das Spiel der geheimen Wünsche der Verbraucher funktioniert, welche Chemiekonzerne in der Branche das Sagen haben, welche bedenklichen Stoffe in Kosmetika enthalten sind, und gibt konkrete Tips, wie man Haut und Haare preiswert und gesund pflegen kann.